JN063926

# 親族外事業承継と株主間契約の税務

後藤　孝典［編著］

牧口晴一・島田幸三・阿部幸宣・深山　曉・

李　永壽・酒井　修・親泊伸明［著］

発行　民事法研究会

# はしがき

コロナウイルスの猛威によって、店を開いて客を待つタイプの中小企業、アパレル関連の大企業、旅行関連の幾多の中堅中小企業などが、年余にわたる赤字続きで廃業し、あるいは倒産し、法的整理に入っています。あろうことか、「中小企業は規模の利益がなく、労働生産性が低いのだから、潰れることは合理化を進めることになり望ましいことだ」と、まことに愚かなことを公言し続けている政府関係者がいます。何かが狂っています。

会社法、法人税法にお世話になって糊口を凌ぐ我ら弁護士、税理士として、コロナ不況に抗して、些かなりとも世に貢献できる対抗策を打ち出すことができないものでしょうか。

会社法制の生まれながらの不幸は、取引法の発達に引っ張られて発展してきたことにあります。法人格はまずもって、迅速、安全な取引を実現できる市場の下僕となるよう要求されてきました。安定的な法主体であるためには、法人内部の意見構成員たちがいつまでも異論を主張することは許されず、会社として意見が迅速に集約され、ただ一人の人格として立ち現れることが、強く要求されたのです。このため、株主総会は少数派株主を黙らせるための絡繰り舞台であり、かかる舞台を掻い潜ってきた代表取締役一人が会社の意思発信者であるという虚構を、取引相手に信じ込ませるための舞台回しの台本が会社法制であったということでしょう。

しかし、このような法制度による説明の仕方は上場会社には向いていても、中小企業には説得的ではありません。そもそも中小企業における株主は会社に資金を投下した存在である以上、自己に不利益な他人の意見を、それに見合う反対給付もなく、受け容れ納得するはずがないからです。そうである以上、株主総会議決過程は、少数派を黙らせる仕組みではなく、株主同士が相互に反対給付を吟味し合い、相手を説得し合い、相互に納得し合う取引の場とするほかはないはずなのです。中小企業においては、株主総会の場だけではなく、あらゆる商的・会社法的事象にわたって、相互の取引として遂行し実現する道しかないように思われます。つい最近の東京高等裁判所令和２年１月22日判決（金融・商事判例1592号８頁）は、集積された日本の会社法判例の分水嶺を超え、この考え方に肯定的な方向を指し示していると私は考えています。本書はこの意味で合意を基礎とする会社法体系を追求しようとするものです。

過去数年間、何度にも及ぶ会社法の改正には、上場会社クラスの大会社が中小企業の生きる道を塞ぎ、中小企業を追い詰め、廃絶に追い込みかねない独りよがりの方策が多すぎました。合併、株式の現物出資、株式併合のほかに、株式売渡請求、全部取得条項付き種類株式、株式交換など数多くあります。最後に登場した株式交付などは、少数派株主を社外に追い出し中小企業株式の50%超か、場合によれば会社全体を乗っ取る技法として完成形態ともいうべき高度な技法です。

それら改正の度に、組織再編技術の導入は企業併合等による生産性の向上、合理化に貢献するものであると謳われてきました。しかし事実として、どれだけそれら会社法改正は社会に貢献したのでしょうか。

重要なことは、会社法改正によって企業の生産活動の合理化がどれだけ達成されたかだけではすまないことです。それによって、どれだけ日本社会全体の経済的更生の向上に貢献できたのか、なのです。大企業が中小企業を合併しやすくなり、あるいは子会社化しやすくなったとして、日本全体の経済的更生にどれだけ貢献できたのかが問われなければなりません。

そもそも改正を立案した方々、あなた方はそれを検証したことがあるのですか。今や日本中の中小企業が、デフレ経済から、あるいは後継者難から、そしていまコロナ禍から、どれほど廃絶を余儀なくされていることでしょう。企業による生産活動は、社会に貢献できるものを生産すると同時に、その反面、社会にマイナスを与えることがあるとの認識をもたなければなりません。

20世紀に入り、多発する大阪アルカリ会社事件とか浅野セメント会社事件等の企業生産活動による人身被害の発生を目前にした鳩山秀夫や我妻榮らは、新たな不法行為理論の建設を目指しましたが、そのいずれも不法行為の成立を企業活動の危険と調和すべきものとして論じていました（鳩山秀夫「工業会社ノ営業行為ニ基ク損害賠償請求権ト不作為ノ請求権」法学協会雑誌29巻４号（1911年）599頁以下、607頁）。我妻は、不法行為制度は「対立者間の加害と責任とを解決する制度たるべきではなく、社会に生じた災害を協力して塡補するため損失の合理的分配を定める制度とならなければならない」と主張していました（我妻榮「現代債権法の基礎理論」同『民法研究Ⅴ　債権総論』（有斐閣、1968年）13頁以下）。それによれば、被害は生身の被害者の上に発生するものではなく「社会に生じた災害」であり、被害者も加害者と共に「協力して塡補す」べきものであったのです（拙著『現代損害賠償論』（日本評論社、1982年）23頁以下＜調和の思想としての不法行為法論＞参照）。これらの学者たちは、企業生産活動による「社会に生じた災害」をなぜ被害者たちが加害者と共に協力して担わなければならないかを論証することはできていません。それでも彼らは、企業生産活動が社会に貢献するばかりではなく「災害」をもたらすものであるとの明快な認識があった点では共通していました。

この間の連続する会社法の改正は、中小企業、非上場企業に対する「災害」をもたらしているといえるでしょう。改正法を立案した方々には、その認識があるのでしょうか。それほどまでに、中小企業、非上場企業はあなた方の眼中にないのでしょうか。

---

本書が取り上げる「株主間契約」は、中小規模株式会社の株主たちまたはその少数派の株主たちが、上場会社の法となってしまった「会社法」に不満をもち、自分たち株主が結束して自分たちの利益を守ることができる、中小企業の実態に適合的な、かつ、民法体系とも会社法体系とも矛盾しない、契約法的な方法をつくり出そうとするものです。

本書の目的は、現行の会社法が中小規模企業の法的活動の実態からあまりにもかけ離れてしまっていることから、税理士、公認会計士、弁護士、司法書士の方々を念頭に、会社法を、中小規模企業にとって使いやすい仕組みに変えるため「株主間契約」という手法を開発し、深化させようと訴えることにあります。そのための第一歩として、まず中小企業にとってもっとも身近な税務関連事案から始めてみようという試みです。

言葉としては、「株主間協定」のほうが実務向きかとも思いますが、やはり民法第３編債権の第２章契約に根を下ろした非典型契約の一つであることを、はっきりと打ち出したほうが、法的性質が明瞭になるであろうと考え、「株主間契約」と本書でも呼びたいと思います。

読者は疑問に思われるかもしれません。株主間契約は、特に新しい技法でもないはずだ、ただ株主と株主が契約を取り交わすことを意味するに過ぎないのではないか、契約が締結されたとしても相手方が約束を守らなかったときは、損害賠償を請求できる程度のことで、それ以上の効力はないのではないのか、と。確かに、そのように記述している教科書類があったことは確かです。しかし、それは間違っています。

令和2年4月1日から施行された新民法は、その414条で、債務者が任意に債務の履行をしないときは、債権者は強制履行を裁判所に請求することができると規定しています。実は旧民法にも、414条とほぼ同趣旨の規定がありました。強制履行とは、民事執行法の規定による直接強制、代替執行、間接強制などの方法による履行の強制を意味しています。株主間契約に違反したときは、損害賠償請求だけでなく、履行の強制ができるところが本筋です。履行の強制は、原則として、給付訴訟を起こして確定判決を得て初めて可能になる手続ですが、訴訟提起前の段階においても、民事保全法に基づく仮差押え、仮の地位を定める仮処分をすることが可能です。損害賠償請求債権については公正証書、株主総会における議決権行使の意思表示の履行強制については即決和解（起訴前和解）調書による強制執行の方法もあります。

株主間契約をめぐる最大の課題は、株主総会や取締役会において、議決権行使の仕方を約束し合う議決権拘束契約の適法性はどこまで認められるか、その効力はどこまで及ぶとしてよいかという問題です。確かに、議決権拘束契約に違反する株主総会議決や取締役会議決の事前の差止め（仮の地位を定める仮処分）に関する限りは、立証手続が制限されていることからも、第三者の利害に絡む場合があることからも、認容決定を得ることは簡単なことではありません。しかし、それは株主間契約だからという理由からだけではありません。一つには、訴訟法上の制約があるからです。それでも、株主間契約の内容を定款に規定することができれば、将来の株主をも拘束することが可能になり、会社自体をも拘束することができます。株主全員が当事者である場合とか株主の3分の2以上が当事者である場合に、株主間契約に違反する株主総会議決がなされたときは、その取消訴訟（会社法8311条2号・3号）で勝訴する道もありうると考えます。

少数株主追い出し技法のうちでも種類株式を用いる方法は、属人株や拒否権付き種類株式を除いて使い勝手が悪く、利用する人はそれほど多くはないでしょう。そのほかの少数株主追い出しに利用できる組織再編手法も、反対株主の株式買取請求に出くわして、とどのつまり、株式を買い取らされることで終わるのが常です。組織再編技法といい、株式売渡請求といい、この意味で法的手法というよりも、少数株主に対する金銭的解決に誘導するための脅しのテックニックにすぎないのが実態です。

昭和40年前後の経済復興期のころから60年代以降の高度経済成長期にかけて、従業員持株制度を採用する中小規模会社が増え始め、現在では業績の良い会社にはかなり普及しています。しかし、この制度の目的はかなりいかがわしいというべきでしょう。数多くの会社法の教科書にも法学者の論文にも、また裁判所の判決例にも、従業員持株制度の目的は従業員の福利を図り、従業員の資産保有を図り、従業員の経営参画を図ることにあると、経営者を褒めたたえる甘言が並んでいます。しかし、中小規模会社の経営者が、そんな歯の浮いたようなことを本気で考えるはずがありません。高度経済成長期などに会社の業績が上がって自社株の評価額が天文学的に高くなり、自己の子孫の負担となる相続税納税額が高額になることに怯える経営者たちが、節税対策として従業員たちを利用する仕組みであるというのが実態です。経営者たちは同一価格で買い戻すことを従業員に約束することによって、株式を実際は支配しているけれど、所持はしていないと外形を偽って相続税の課税対象株数を減少させる。取得価格は譲渡価格と同じであると言い張って株式を買い戻す、そのようなことをすれば利益を受けるのは経営者であることは明瞭ではありませんか。本書は、従業員持株制度の変革を目指してさまざまな提案をします。

少子高齢化が静かに進行しています。大量の中小規模企業が後継者を得ることもできず、いたるところで廃業、店じまいを余儀なくされています。これに対し民法も会社法も有効な対抗策を全く打ち出せません。ところが相続税法が対策を打ち出しました。平成30年に新設された特例事業承継税制（租税特別措置法70条の７以下）は驚くべき内容です。その概略は、親族ではない第三者に事業承継財産たる非上場株式を贈与した場合においても贈与税納税義務を長期にわたって猶予し、贈与者の死亡とともに受贈者の贈与税納税義務そのものを免除したうえ、その非上場株式のみなし相続による相続税も一定の条件の下に猶予する仕組みです。

この仕組みでは、最初の贈与者と最初の親族外受贈者との間との法律税務関係は、かなり複雑なうえに、数十年以上の長期にわたって継続する関係です。その間には旧経営者の死亡、諸事情の変化によるやむに已まれぬ裏切りが発生するおそれがあります。経営に慣れぬ事業承継経営者がどれほど頑張っても事業はうまくいかないかもしれず、投げ出したくなるかもしれない。事業承継させようにも自分の子供たちにはどうも無理だ、それならいっそ他人に任せようと決断した、しかしその他人に裏切られたとき、どうしたらよいのか。事業承継税制は法的要件が厳しく、かつ煩雑で、要件の充足を維持することだけでも担当税理士の負担は相当なものです。自然、事業承継税制よりより優れた方法はないのかと代替策を模索せずにはいられません。本書は事業承継税制の適用によるよりは、はるかに法的にまた税法的にも安定性のある新設会社分割と株主間契約の組み合わせによる親族外事業承継方法および議決権信託、吸収信託分割と従業員持株会の組み合わせによる親族外事業承継方法を具体的に提示します（第２編第４章、第３編VI）。

これら中小企業の眼前に横たわる幾多の難問に、本書は株主間契約の手法をもって、あるいは株主間契約と会社分割や組織再編技法などとの結合策によって、税法的ないし法的に有意な解決策を提示しようとするものです。

会社法の厳重な強行法規に比べれば、株主間契約は柔軟であることに加えて簡易、軽便で使いやすいという特徴を挙げることができます。会社法上の意思決定は株主総会決議、取締役会決議にみられるように、原則として、法定された多数の株主と、同じく法定された数の取締役が特定の一カ所に同時に集まって集団的に多数者の意思を集約して団体意思を決定する仕組みであり、そのために履践すべき手続は厳重となり、これを遂行するにはかなりの時間とコストを要します。これに対し株主間契約の締結は、書面で済ませることを常態とし、株主の意見を集約するために履践すべき手続や形式が要求されるわけでもありません。

株主間契約の考え方は欧米諸国の間で長い論理発展の歴史をもっています。

特に戦後のアメリカで実務弁護士たちの驚くほどの努力によって発展した手法です。この歴史は、浜田道代『アメリカ閉鎖会社法――その展開と現状および日本法への提言――』（商事法務研究会、1974年）に詳しく展開されています。

よく知られた、アメリカのデラウェア州一般会社法（DELAWARE GENERAL CORPORATION LAW）は、中小規模会社のための特別規定をもっており、その351条は次のように定めています。「閉鎖会社はその定款に会社の経営を、取締役会ではなく、会社の株主たちがすることができる旨を定めることができる」と。

定款に規定することさえできれば、株主たちが取締役会に取って代わって会社経営することを認めるというのです。同法の解説書（“FOLK on the the Delaware General Corporation Law, 5th ED.”）は、この規定が定める株主による会社経営が順調にいく場合とは、株主の数が少ない場合とか、会社株主が同一親族であるとか、仲のいい長年のビジネス仲間である場合などであろう、そのような中小規模会社にとって、この規定は会社経営を至極簡略化できる道を提供することになる、と説いています。

本書は、設立以来19年になる一般社団法人「企業再建研究会」によって企画され、その一部会員によって執筆されました。本書末尾にその執筆者の名前を掲げています。なお、現在、株主間契約の法務を主題とする本書の続編の執筆を進めています。

令和３年７月

弁護士　**後　藤　孝　典**

# ◎本書の構成◎

本書は、株主間契約が役立つであろう課題について、具体的な事例を設定し、税務上の問題も十全に検討しつつ、大胆に活用方法を提案するものです。いままで議論がほとんどされてこなかった方法だけに、問題もあり簡単とはいかないですが、株主間契約の可能性を実感して実際の案件への活用を工夫していただけるものを目指しました。

本書は３編構成となっています。第１編が総論、第２編が具体例による各論、第３編が株主間契約のテンプレート（書式例）と解説です。

**第１編「総論〔株主間契約の基礎〕」**（後藤孝典弁護士執筆）では、株主間契約の意義、株主間契約の法的性質、株主間契約の種類、株主間契約の履行強制、株主間契約における意思表示を求める強制執行、株主間契約の保全執行（仮地位仮処分）について、それぞれ簡潔に扱います。本編の詳細は、本書に続いて発刊を予定している『親族外事業承継と株主間契約の法務』で、関連する事柄も含め展開します。

**第２編「各論〔株主間契約の活用例〕」**は、株主間契約の具体的な使い方について、その実務上の課題も含めて、具体的な事例を設けて解説します。

**第１章「従業員持株会の課題と対策」**（牧口晴一税理士執筆）では、従業員持株会を徹底的に考究します。最初に問題とすべきは、そもそも従業員持株会は会社の資金を使う一つの制度であるというのに、かつまた、日本の大会社、中小会社の約80％近くが実施しているというのに、従業員持株会について、会社法にも、法人税法にも、税法通達にも、どこにも、何の規定もないことです。日本法の七不思議の一つかもしれません。

まず初めに、従業員持株会とは一体、法的にはどういう性質なのか、を取り上げます。根本的な問題として、会社が従業員持株会に、会社株式を保有させるための資金を供給するという性質があり、かつ、取締役が従業員持株会の議決権行使に介入できる直接間接の仕組みがある限り、取締役らが不当にも会社の資金を使って自己の支配権維持のために従業員を篭絡する手段ではないかという疑いを禁じ得ないのに、裁判所は合法だと言い切っていることがあります（熊谷組従業員持株会事件（福井地方裁判所昭和60年３月29日判決判例タイムズ559号275頁）。同判決に関する中村一彦「会社の従業員を会員とする持株会に対する奨励金の支出が商法294条ノ２に違反しないとされた事例」金融・商事判例725号46頁参照）。

この疑いを基調にしながら、牧口は、従業員持株会を親族外事業承継の主体に転換することはできないかという問題意識を高らかに掲げ検討を開始します。従業員持株会は民法上の組合であるといわれていますが、「組合員同士の関係で」は税法的にはどういう性質をもっているのかについては解明されているとはいえません。組会員同士は民法上の「合有関係」であるとされていますが、合有とは税法的には何を意味しているのでしょう。合有であるばかりに、一組合員のわずかばかりの会社株式の買い足しが、目の眩むような複雑な会計処理を余儀なくさせる理由を竹中工務店事件を素材に分析します。従業員持株会の法的性質が民法上の組合である限り、従業員持株会が親族外事業承継の受け皿となることは、とどのつまり、天文学的複雑な経理と莫大な課税が不可避となり、事実上不可能なのです。それでは従業員持株会を「人格なき社団」として組成したらどうなるか（相続税法66条）、「一般社団法人」として組成したらどうなるか（同法66条の２）を解説します。しかし、結局いずれもうまくいきません。では「従業員持株会が主導権をとって親族外事業承継を実現する方法」はないのか、です。アメリカでは会社経営者たちが従業員持株会に会社を売り渡したり、逆に従業員持株会が銀行から融資を受けて会社株式を買収した事例がゴロゴロしています。これについては、論者である牧口は従業員持株会が会社を支配する道筋を本書の姉妹書である『親族外事業承継と株主間契約の法務』（未刊）で詳細に提示します。なお、それとは別に、本書第３編「株主間契約 TEMPLATE」の「Ⅵ　従業員持株会型事業承継」で編著者である後藤孝典が、従業員持株会が会社の発行済株式の過半数以上を、無対価、無税で手に入れる方法を提案します。

**第２章「国際税務と株主間契約」**（島田幸三税理士執筆）では、受贈者は韓国人で非居住者、そして贈与財産の所在地も韓国であるというのに、日本人相続人に対して日本の国税徴収法に基づきその贈与についての相続税が課税されるという、日本の相続税課税の不思議とそれを回避できない株主間契約の限界、そしてその調整方法としての事業承継 ADR を論じます。

**第３章「穏やかな親族外事業承継と株主間契約」**（阿部幸宣税理士執筆）では、親族外事業承継とは現経営者と新経営者との共同事業であると把握すべきではないかとの新視点を提起し、その観点から現行税法を巧みに利用する手法を解説します。

**第４章「会社分割を活用した事業承継」**（深山曉税理士執筆）では、特定事業承継税制を用いて、伝統ある和菓子屋を有能な番頭に任せ、事業一切を承継させようと決意して税理士に準備を進めさせていた社長が、突然死亡する。遺された妻と娘たち。会社株式をすべて他人に贈与してしまう特例事業承継税制に乗っていくには遺族たちには不安がある。しかし故人の遺志は無視できない。税理士はどの道を選択すべしと依頼人に勧めるべきか。このような場合、株主間契約と会社分割とを連結する手法が特例事業承継税制の適用よりも優れている実例を示します。

**第５章「別れの株主間契約と課税問題」**（李永壽税理士執筆）では、株主間契約が誰にとっても有意義な存在であると認められる場合とは、お互い仲が悪くなり、互いに別れなければならならなくなった場合であると問題を設定し、想定される別れ方の種類に応じ、合意の別れ、喧嘩別れ、それぞれに想定される株主間契約の類型を整理し、特に別れに際して株式の譲渡を余儀なくされる場合の課税関係を売主買主が法人である場合・個人である場合、みなし配当が認められる場合・認められない場合等に類別し、詳細に検討整理しています。組織再編行為を知る我々としては、別れよう別れようと思っても相手がどうしても別れてくれない場合にも、断固として別れてしまう方法を知っています。しかし、です。無理やり別れようとすると、相手には反対株主買取請求権というしっぺ返しの方法があります。ところが、です。反対株主買取請求権を完全に封じ込んでしまう方法が実はあるのです。それにも副作用があるにはあります。しかし副作用を封じる方法もあるのです。

**第６章「株主間契約とM&A」**（酒井修公認会計士・税理士執筆）では「ミニTOB」をかけたという事例について、応募株式数が90％、60％、45％の三通りだった場合、ミニTOBを仕掛けた会社が目的完遂のためとりうる方策は何か、ミニTOBに応じなかった株主にはどのような対応方法があるかを株主間契約の観点から検討します。

特に、45％の買収しかできなかった場合にミニTOBを仕掛けた側として、令和3年3月1日から施行されている株式交付制度を使ったとすれば、どのような法律問題、税務問題が発生するかを詳細に検討します。株式交付親会社が株式交付を現実に利用しようとする場合、考えなければならない問題は二つあります。一つは株式交付親会社が株式交付子会社の株主の中で誰が提案に乗ってもよいと思っているのかを探索する手続が全くないことです。株式交付親会社が株式交付子会社の株式の譲渡しの申込みをしようとする者に対し、株式交付親会社の商号、株式交付計画の内容を通知しなければならないという規定があるだけです。それで十分小魚は寄ってくるはずだという自信があるというのであれば「自惚れ」もいいところではないでしょうか。もう一つは、株式交付子会社の定款に株式譲渡制限規定がある場合に備え、株式交換の場合のように株式交換子会社の株式の全部を取得するときには株式交換子会社は会社法137条1項の承認を与えたものとみなす、という「みなし規定」（同法769条2項）がありません。そうである以上譲渡制限株式についての譲渡承認の手続をとらなければならいでしょう。すると手続はかなり煩雑で厄介なものになります。それとも、大会社が株式交付手続に入れば中小企業は喜んで譲渡承認をしてくるだろうという、やはり「自惚れ」があるせいでしょうか。

**第7章「株主間契約と事業承継」**（親泊伸明税理士執筆）は、資本金額3億円、年商300億円、経常利益25億円、純資産280億円、従業員数1000人という中堅企業の社長が70歳になったが、その息子二人は頼りなく、その経営能力に疑問がある場合に、社長は他人である取締役工場長に新社長になってもらい、20数年間は経営を任せるが、20数年後に自分の息子の息子たち（孫たち）に経営を担えるシッカリした者が現れた場合はそれらの孫たちに経営を引き継いでもらいたい、もし孫たちの中には経営を引き継げる者がいないときには、会社の役員か従業員の中から能力あるものを選んでその者たちに経営を承継してもらいたい、そして将来自分の家系から経営能力のあるものが現れたときには、その者に経営権を引き継いでもらいたいという、かなり複雑で難解な前提条件を設定し、これを株主関契約と特例事業承継税制とを使って税法上有利な事業承継を実現するにはどのような方法がありうるかに挑戦するものです。

しかしこの大挑戦には重大な疑問が立ちはだかります。その一つは、長期にわたる事業承継では株式移転による完全親会社を設立して創業家企業を支配する方法、一般財団法人を設立して創業家の所有株式を配当還元方式で評価した価額で同法人に移転し、その後同株式を創業家企業に譲渡して課税を受けることなく金庫株とする手法を検討し、長期にわたる事業承継では組織再編行為や税法的軽減課税手法を用いるなど株主間契約以外の手法を用いるべきではないかという問題提起です。もう一つの重大な疑問は、20年先、30年先それ以上の長期間を支配する株主間契約は利害関係者を法的拘束できるのであろうかという疑問です。この疑問は重大です。日本においてもアメリカにおいても過去何回も繰り返し提起された問題点だからです。

編者のコメントで、最近登場した、この問題に答える東京高等裁判所の判決を二つ紹介します。これら判決は、長期間にわたる株主間契約の法的効力を正面から肯定します。そして法的効力の存否判断は論理の問題ではなく、証拠の問題だと明確に判示しています。さらに編者のコメントは、このように長期間にわたる契約によって後世の人々を拘束する方法として、新規信託分割契約（信託法159条）の技術があることを紹介します。

**第３編「株主間契約 TEMPLATE」**（後藤孝典弁護士執筆）では、株主間契約のテンプレート（書式例）を６例示し、それぞれ長めの解説を加えました。

第１は、取締役選任のための議決権相互拘束株主間契約です。第２は、デッドロック回避のための解散定款に全員が同意した場合の株主間契約です。第３は、譲渡制限株式を無承認で譲渡を許すための全株主間の株主間契約です。第４は自己の議決権を他人に委付してしまう株主間契約です。静かに密航性をもつ契約ですから、その威力にはかなりのものがあります。

第５は、名義株についての株主間契約です。名義株とは頻繁に聞く言葉ですが、ほとんどの事例で名義株の言葉が誤用されていることを示します。名義株契約とは正式な株主間契約の一種なのです。

第６は、従業員持株会が一般社団法人と組んで、これに議決権信託と吸収信託分割を結び付けるとき、従業員持株会が、無償かつ無税で、会社の議決権の過半数以上を支配できる方法があることを示します。

『親族外事業承継と株主間契約の税務』

## 目　次



# 第1編　総　論
# 〔株主間契約の基礎〕

# 第2編　各　論
# 〔株主間契約の活用例〕

# 第３編　株主間契約 TEMPLATE

# 第1編

# 総　論
## 〔株主間契約の基礎〕

# 1　株主間契約を重視する背景

## (1)　中小規模企業株主の不満

現代の株式会社の傾向として、大規模会社が資本と経営の分離の道を進む一方で、中小規模会社においては逆に、資本と経営の一体化が進行しています。ところが問題は、わが国の会社法制がこれと四つに組むことができず、現行会社法は大規模会社のための法律に傾いており、中小規模会社については法的整備が進んではいません。

旧商法が株式会社設立時に複数の発起人を要求する規定を削除して以来、会社法は株主一人の会社の設立とその存続を認めています。中小規模会社は、業務遂行上資本金額を多くする必要性が低いうえに、資本金額を集める能力も低い。このため、会社法の定める会社内部機関の運営に関する厳格な諸規定を遵守しなくなる傾向にあり、その内部では、重大な事項についての選択、決定についても法定の株主総会、取締役会の議決による場合は少なく、株主と株主との協議によって運営されている部分が広範囲に広がっています。この意味で、わが国で大多数を占める中小規模会社の内部は民法上の組合と大して変わらないのが実態です。この実態を会社法立法関与者たちはどうとらえているのかを問いたい。

会社法は中小規模会社をも包摂する法規である以上、このような株主と株主との会社運営上の合意内容、つまり、株主間契約に注意を払うべきであり、中小規模会社の実際の姿に適合するよう、何らかの法的手当てをすべきではないでしょうか。残念ながら、会社法で新しくできた合同会社は、中身は良くてもネーミングが貧乏くさく、そのうえ有限責任のイメージがなく、合資会社も合名会社も無限責任を問われてはついていけないと思う人が多くなっています。

他方、中小規模会社が、会社法から退出していき、その実態に即して、自己を組合として組織化すべきではないか、と一応はいえても、組合であれば構成員は無限責任を問われます。やはり株主の有限責任制の魅力から逃れられないのです。外部的には有限責任社団の外套を着ており、内部的には組合のように株主間の協議で動いている。この意味で現行会社法の設立、増資、株主総会の招集、議決等に関する諸規定などは、長谷部茂吉（元東京地方裁判所民事第８部判事）が指摘するように、中小規模会社においては、会社法を遵守する気などさらさらなく、反対派を攻撃するための借りてきた道具に過ぎないのかもしれません（長谷部茂吉『裁判会社法』（一粒社、1964年））。

中小規模会社であっても株主有限責任特権の保護を受けている以上は、自分の身に代えて、会社法を支配する神々に犠牲の羊を差し出すよう求められているのかもしれません。それに抗する道はないとしても、どの羊を選ぶかが問題です。上場会社の経営者は経営に失敗して責任をとらされたとしても、金融機関債権者から自宅を含め身ぐるみ剥がされることはありません。中小規模会社の経営者は、神々から賜与された有限責任の外套と引き換えに、個人連帯保証責任という無限責任を負っています。平成29年改正民法によっても、この経営者個人の無限責任の傾向は変わってはいません。会社の債務の額としてはさほど大きな額ではないとしても、連帯保証を負っている個人からすれば到底支払うことができないほど巨額です。そのうえ、引退すれば必ず連帯保証から抜けられるとする公的ルールは定まってはいません。中小規模会社の代表者は、この意味で、一生を賭け、人生の全重量を懸けて金融債務と格闘せざるを得ないのです。神々に十分犠牲を差し出しているといえるのではないでしょうか。ならば、中小規模企業の経営者株主たちが会社運営を享受して生きる自由を認めてほしいと願うのも、もっともではないでしょうか。

### (2)　株主間契約は会社法に反するのか――会社法の強行法規性――

判例上にも学説上にも現在では影が薄くなったが、かつては日本でも外国でも、株主間契約の法的効力を否定する見解が優勢でした。否定理由の根拠は、会社株主は有限責任という、国家から与えられた特権に基づいて収益活動をするのだから、会社に関する法はすなわち国家が与えた特権を規定するものである、だから株主たちが国家の許しもなく株主同士で徒党を組んで、意を通じ、勝手に会社法を捻じ曲げることは許されない、この意味で会社法は強行規定であるという点にありました。しかし、今はこのあまりにも古色蒼然とした議論は相手にしなくともよいでしょう。

しかし、私たちが法学部の学生であった、つい最近まで、会社法強行法規説が主張されていたことも事実です。その理由づけには二種類あり、その一つは、会社法は声なき第三者、つまり、発言しない株主、債権者、労働者を保護する規範である、だから公開会社も非公開会社も会社法を遵守しなければならないという点にありました。しかし、第三者である債権者を保護しなければならないという点は、有限責任の特権下にある株式会社としては当然であって、今ここで検討している株主間契約の法的効力を否定する理由になるとは考えられません。

二つ目は、会社法が会社の内部規範であるという点にありました。内部規範が強行法規性をもつ理由は、広く小規模な出資を集めて運営される会社においては出資者である株主を恣意的行為から守る必要があるという点にありました。しかし、そのような考えが妥当することがありうるのは公開会社だけです。非上場会社では小口の株主を公募しているわけではないのですから、自ら身に合った内部運営規定や定款、契約を株主同士の相談でつくり上げたとしても第三者を害することになるはずがありません。逆に、株式交付が典型例ですが、現行会社法は小規模出資者株主を会社から追い出す仕組みづくりに精を出しており、出資者である株主に恣意的行為をしているのは会社法自体ではないでしょうか。

このように考えると、株主間契約が会社法の強行法規性に反する根拠はないといえます。ただし、株主間契約の当事者株主も、有限責任という外套特権に守られている株主であることは間違いないから、会社債権者である従業員に対しては軽率に経済的損を与えないよう慎重な考慮が要請されるでしょう。この点、厳しく問われるべきなのは従業員持株の逆境です。

中小規模会社の株主が、多数派であっても、少数派であればなおさら、自己の資産を投資して、この魅力的な、それにしては息の詰まる、会社という組織の株主というものになった以上は、もっと息のできる自由を手に入れる方法はないものか、と考え始めるのには理由があります。自分一人では何もできないが、自分と同じ立場にいる少数株主たちと結束すれば、何かを実現することができるかもしれない、と。

### ⑶　少数株主放逐推進法と化した会社法

平成18年5月1日、会社法が施行されると同時に有限会社法が廃止されました。このため、会社法は公開会社とともに資本と経営とが一体となっている中小規模企業にも目配りした法体系の道を歩むのであろうと私などは思っていたのですが、この数年間、毎年のように会社法は改正され、公開会社の管理の強化と、少数株主社外放逐技法づくりが押し進められてきました。会社法は、株式の譲渡制限問題（譲渡が厳重に制限されているため経済価値は低いはずなのに同族株主となれば資産税は禁止的に高額になる）とか従業員持株会問題（従業員株主が経営者株主の相続税対策に利用されている制度）、特例事業承継税制下における非公開株式の第三者事業承継問題（長期間にわたる納税猶予期間中いつ納税猶予が取り消されるかわからない不安と、その後も納税猶予や免税がいつまで続くか誰も知らないという不安定さ）とかの、中小規模会社が現に呻吟している難問に向き合う気など更々ないように見受けられます。公開会社だけの会社法へ遠ざかってゆくばかりです。

また、会社法は株主を、会社を支配する多数派株主と支配される少数派株主に区別し、多数派株主が少数派株主を社外に追い出す法的技法の新設に力を入れてきました。取得条項付き株式の取得（170条1項、107条2項3号）、全部取得条項付き種類株式の取得（173条1項）、特定の種類株式に対する株式の無償割当て（185条）等々に伴う株式の交付に起因する端株処理による少数株主の追い出し、吸収分割と全部取得条項付き種類株式との連動（758条8号イ、108条2項7号）、新設分割と全部取得条項付き種類株式の連動（763条1項12号イ）、合併、株式交換、スピンオフなどの組織再編行為と株式無配分との連動（108条2項1号、454条2項1号）。そして、少数派株主社外追い出し手法にトドメを刺すのが株式売渡請求法制（179条以下）による少数株主の追い出しです。

しかし、これら条文が、どれほど税務、法務の実務に貢献する能力があるかといえば、すこぶる疑問です。実際に手続を始めてみても、反対株主の株式買取請求に出くわして株式を買い取ることで終わるのが常です。条文の構造上そう進行するよう筋道が刻み込まれているのです。実務上は、組織再編技法といい、株式売渡請求といい、この意味で法的手法というよりも、少数株主に対する脅しのテクニックにすぎないという感じです。

## 2　株主間契約の法的性質

### (1)　株主間契約の当事者

株主間契約は契約ですから、契約の当事者となる者が必要です。株主間契約の当事者は、原則は、株主と株主です。ただし、同一の株式発行会社の株主と同じ会社の別の株主との間だけとは限りません。合弁契約、ジョイントベンチャー契約には、上場会社の株主と別の上場会社の株主との契約もあるでしょう。もちろん中小規模会社の株主と別の中小規模会社株主との契約もあるでしょう。

株主間契約の原則的な当事者ではないが、株主間契約を検討する際に、関連する第三者の範囲を少し広げておいたほうがよい場合はかなりあります。

組織再編との関係では、現時点ではまだ株主ではないが、株主となろうとしている者も議論のうちに加えて考えないと、かえって議論が無意味に複雑になる場合があります。たとえば新設分割の場合、新設分割計画が株主総会で議決される時点では分割承継会社の株主は存在してさえいません。しかし株主総会で議決されようとしている分割計画書の中には分割承継会社の株主となる者の名前が明記されているし、その時点までに分割会社の代表取締役等が、その分割計画書の中に記されたその分割承継会社の中心株主となろうとする者と、なぜ会社分割をするのか、会社分割実行後の分割承継会社の事業計画、収益計画、報酬計画、配当計画などの内容などについて事前の討議をしているはずであり、その時点でそれら協議によって取り決めた事項のうち少なくとも重要事項は分割計画書に現に記載されているはずです。分割実行後に分割承継会社の命運を決する事項が分割実行前に協議され確定している以上は、その協議の過程に株主間契約の理論が貢献すべきものでしょう。このような場面では、いまは株主ではないが、これから株主となる者も含めて扱ったほうが実務的でしょう。

また、株式会社を協同して新設し、その新会社で新事業を遂行しようと合弁事業契約を締結するとき、新会社の株主になろうとする既存の会社も株主間契約の議論の場に登場させておかないと、大変不便なことになります。

このように「株主間契約」の類型は三つあり、その第一は「株主と株主」の類型であり、その第二は「株主と株主になろうとする者」の類型、その第三は「株主と会社」の類型です。しかし株主間契約の枠組みをこの三つの類型だけに限るとするのも意味のある限定とは言い切れません。たとえば、議決権信託の場合、委託者は株主ですが受託者は株主ではなく、民事信託では一般社団法人であったり弁護士法人であったり、営業信託では信託会社になります。

さらに、従業員持株制度を検討するときにも、一方当事者は株式を発行している会社の大株主である場合もあるでしょうが、その株式発行会社自体である場合もあります。株式発行会社は株主ではないからといって、従業員持株制度で扱うべきではないことになると、はなはだ不都合です。

同様に、株主間契約の枠組み内で、組織再編などにおける反対株主の株式買取請求権の検討をするとき、買取りの相手は必ず株式発行会社になります。このようなときも株主間契約の議論をするときは株式発行会社自体も含めて考えたほうが好都合です。

このように株主間契約の理論という独立の枠組みを認識すべきであると主張する理由は、契約の一方当事者だけが株主であって他方当事者は株主ではない場合であっても、株主に関する契約としての独特の法的現象が認識把握できる法的状況があるのであり、そのような特殊な法的現象を一括して認識処理することができる点にあります。また論理構成の実益からみて、株主間契約の議論をするときは、その議論に上る第三者の範囲は緩くとらえるほうが、緻密な論理構成が可能であり、かつ些末な議論を排除することができ、実務的にも便利だからです。

このように考えると「株主間契約」の内縁は上記の三つの類型ということができますが、その外延はかなり大きく、契約法の世界に接しておりその境界はかなり曖昧であるとなるでしょう。

### ⑵　株主間契約は「民法上の」契約である

株主間契約を理解するにあたり、まずその法的性質を押さえておきましょう。

およそ、いかなる契約においても、契約締結当事者となりうるものの範囲の限定、契約の成立要件、契約の効力などを規定している法規は法律世界の中で民法しかありません。したがって民法の適用を受けます。契約が成立するための要件のうちでも、すべての契約に共通する基礎的事項、つまり契約の当事者になりうるものはいかなる「人」か、その当事者に契約締結の権利能力があるといえるか、契約締結の法的行為能力があるといえるか、いかなる条件が満足するとき契約成立要件が充足したといえるか、締結した契約の無効、取消要件、その効果、取得時効、消滅時効の要件、その効果発生の要件などについては民法第１編総則の適用を受けることになります。令和２年４月１日に大改正と称された平成29年改正民法の最終的な施行が始まりましたが、大方の予想に反し、契約成立の意思と意思との合致という最重要点について何の改正もありませんでした。(「約款を契約とみなす」という、意思の合致を要件としない意味不明の条文が民法第３編債権第２章契約の中に入り込んだために、ますます、今回の民法改正騒ぎは一体何だったのかと思います)。

そこで、「契約」について考えてみます。契約は何かと何かの交換です。この答は正しい。しかし、契約は何と何が交換されるのですか、と質問すると、大抵の人は間違えます。一例を出します。売買契約とは何と何の交換ですか？ 答えてください。大抵の人の答は、物とお金の交換です、と。この答は99.999999999999……％程度、間違いです。

契約の正確な定義は次のとおりです。「契約は、契約の内容を示してその締結を申し入れる意思表示（以下『申込み』という。）に対して相手方が承諾したときに成立する」(民法522条１項)。つまり、申込みと承諾によって成立するのです。物と財貨との交換によって成立するのではありません。契約の典型例である売買契約についていえば、「売買は、当事者の一方がある財産権を相手方に移転することを約し、相手方がこれに対してその代金を支払うことを約することによって、その効力を生ずる」(同法555条)。つまり財産権を移転する「約束」と、代金を払う「約束」によって成立するのです。売買は、財産権移転と金銭支払によって成立するのではなく、(物を交付する) 約束と（お金を支払う）約束によって成立するのです。このため、大抵の契約は、瞬時には履行が完了せず、履行することが残ります。

もっとも売買契約とは、物とお金の交換です、と答えた人は100％間違っていたのではなく、ほんの少しだけは正しかったのです。なぜなら、日常的な生活用品についての消費者と商品販売店舗での動産売買契約には、動産を引き渡す約束とお金を引き渡す約束によって契約がいったん成立し、成立した瞬間に双方がその契約上の義務の履行（それぞれを引き渡す）を完了してしまう（場合が多い）からです。要するに双方が履行を残さないため、双方が契約を交わしたことが第三者には不可視であり、いかにも物とお金が交換されたように「見える」からです。

複雑な契約になればなるほど履行を残します。税理士の顧問契約は双方（顧客と税理士）が（顧客は毎月顧問料を、年度末に決算料を支払う、税理士は税務事務を履行する）約束をしただけで成立します。家の建築契約も、発注者と建築業者が履行をする（工事代金を支払う、家を建築する）約束をしただけです。契約しただけで建築請負契約は完結しているのです。重要なことは契約が成立した時点では、双方が契約書に署名捺印し、双方の意思が合致しただけで、まるまる履行が残っていることです。履行が残っているということは、当事者間に契約が締結されたときに、相互に相手方に対する債権（代金請求債権と商品引渡請求債権）が発生したことを意味しています。税理士が依頼者と顧問契約した後に顧問先が一方的に約束を破ったとすれば契約違反だと思うでしょう。２階建ての自宅建築工事の契約後１階ができ上がった段階で、発注者が２階はいらないと約束を一方的に破れば建築業者は怒るでしょう。なぜでしょう。２階建て建物を建築する約束したのに、債務（債権）が未履行で残っているからです。

ですから契約違反には、契約を履行させるための強制執行ができなければならないのです。強制執行ができなければ、履行を残す約束と約束の交換である契約がは成立しても完結しないのです。したがって、株主間契約も契約である以上、成立した後に契約違反があれば、契約の完結を求めて、強制執行ができるのが当然のことなのです。

### ⑶　株主間契約は「債権」契約である

債権契約であるという意味は、人（法人を含む）と物とに関する契約（所有権、留置権、質権、抵当権など）ではなく、特定の人と別の特定の人との間の契約であるという意味です。

#### ㋐　強制執行ができる

しかし通常、それだけではなく、債権契約という言葉には独特の匂いがあり、特定人と特定人との間の契約に過ぎないのだから、物権契約のように契約の効力は第三者に及ばず、したがって債権契約に違約があっても、契約相手に損害賠償を請求できるだけで、たいして効力がない、というニュアンスです。

しかし、これは明らかな誤りであり、債権法を不当に軽んずる中世的迷妄の一種です。このようなことをいまだに言っている人たちは、令和２年に、なぜ民法が債権法を中心に、120年ぶりに大改正されて施行されたのかを理解できない、と非難されてもやむを得ないでしょう。改正民法第３編債権法は５章からなり、その大部分を占める第２章は契約法であり、最初の第１章は、総則です。何の総則かといえば、契約によって成立した債権についての総則なのです。いわば、今回の大改正は契約法についての改正ともいえるのです。

契約という以上、いかなる契約であっても当事者Ａと相手方Ｂとの間の契約に過ぎないのです。したがって、当事者間で成立した契約に「過ぎない」という表現は論理的ではありません。すべての契約が二当事者間で成立するからです。Ａ、Ｂ、の三者間で成立する三者契約というものもありますが、これもＡとＢ、ＢとＣ、ＣとＡの二者間契約が三つ同時的に成立しているだけに過ぎません。四者間契約でも五者間契約であっても同じです。

債権契約を軽んずる人たちには、25歳で東京大学法学部の助教授になり、文化勲章を受章された我妻榮が著した、日本の民法史上不朽の名論文と称賛されている「近代法における債権の優越的地位」という論文を読まれるようお勧めします。近代の幕開けのころ、昔からの大地主が、その土地（物権）

を耕作に使うのではなく、その土地を銀行から資金を借入れするための担保として提供し、借り入れた資金でその土地の上に工場を造り、従業員を雇い入れてその工場で製品を作り、その製品を市場で販売して利益を得て銀行に返済する。このサイクルを繰り返していく過程で活躍する法的技術は、土地所有権などの物権ではなく、金融債権債務であり、労働契約債権債務であり、原材料販売債権であり仕入債務であり、商品販売売掛金債権債務であり、手形小切手債権債務であり、預金債権債務である。このサイクルの行き着くところ、蓄積された銀行に対する預金債権は、恐るべき資本に転化し、労働者を支配し工場建物を支配し工場敷地を支配し市場を支配し会社を支配し銀行を支配し、ついに土地（物権）をはじめとして、あらゆるモノ、つまり物権を支配するに至る。つまり近代産業資本主義の発展とともに債権が物権に対してどのように優越していくかを説いた論文です。私は学生のころ、この論文を読み身の震えるような感動を覚えました。債権の性質をこの論文ほど明確に説いた論文はありません（ただし、我妻榮の不法行為法論は債権論の一部ではあっても、あまりにもマルキシズム的であって賛成できません。興味がある人は、拙著『現代損害賠償論』（日本評論社、1982年）を読んでください）。

債権契約であっても契約である以上、裁判所は契約を破る者に、約束を守れと命じます（東京地方裁判所令和元年５月17日判決金融・商事判例1569号33頁参照）。従わなければ強制執行をすると命じます。

### (イ)　株主間契約が会社を拘束する場合もある

ただ、契約の相手方を拘束するだけだから株主間契約は意味がないと主張する人たちは、株主間契約は相手方株主を拘束するだけであって、当該株式を発行した会社を拘束しないから意味がない、という趣旨でそう主張しているのかもしれません。表面的にはそうかもしれません。

しかし、中小規模会社にとっては重要な問題である株式譲渡制限に関して、会社の同意とは別に、特定の株主の同意を得ない限り株式を譲渡できないという株主間契約が成立した場合には、仮に、会社がその譲渡禁止契約に反して譲渡を承認したとしても、当該譲渡に特定株主の承諾がない場合には、当該譲渡人は契約違反になることを慮り結局譲渡はしないでしょう。この結果は、特定人の同意なき限り譲渡は禁止されるとの債権契約の効力によるものです。債権契約だから意味がないとはいえないでしょう。

また、株主間契約で株主総会における取締役選任議案についてすべての株主相互間で特定人を取締役に選任するとする議決権拘束の約束をした場合で、その議決権拘束内容を定款に記載したとしましょう。その約束内容に反対である株主がいたとしても、その株主は、定款による取締役選任は会社法の強行規定に違反すると主張するにしても会社に対抗することはできないでしょう。しかし、仮にすべての株主がその約束に賛成していたとすれば、いずれの株主の利益をも侵害することはあり得ないのだから、会社は拒否できないというべきでしょう（江頭憲治郎『株式会社法〔第７版〕』（有斐閣、2017年）62頁)。したがって、この場合、株主間契約は会社を拘束したことになります。

中小規模会社において、特に株主総数が数名の場合とか、株主全員が法人税法上の同族ないしは相続財産評価基本通達上の同族である場合には、全株主が会社法の規定に反する合意をすることは珍しくもありません。この現実からすれば、やはり長谷部茂吉が指摘したように中小規模企業の株主たちが遵守できもしない会社法のほうを変えてしまうのが正しいのかもしれません。しかし会社法の規定を大幅に変更したとしても、変更後の会社法の規定が遵守されるという保障があるのでしょうか。われわれは、会社法が改正に次ぐ改正を重ねるに従い（定款の自由化はある程度評価すべきかとも思いますが、現実は定款の自由化程度ではどうにもならないところまできています)、中小規模会社の実態からどんどん離れていってしまった現実に辟易しており、今後の改正は中小企業の実態に適合する改正になると信ずるほど会社法改正関与者たちを信用する気にはなれません。簡易で、コストのかからない、株主間契約という、中小規模会社の身の幅、身の丈に合った法をつくっていくほかはないのではないでしょうか。

さらに、株主間契約が直截に株主総会決議の取消事由になる、とまではいえないとしても、株主間契約の一方当事者がその株主間契約に著しく違反した結果、ある株主総会決議が総会決議取消事由になる場合がありうるとはいえるでしょう。

株主Ａと、一人で50％以上の株式を単独で所有するＢとの間で、Ａを次期取締役に選出する株主総会決議を成立させる旨のＡとＢとの株主間契約が成立しているとします。Bは、ある理由から、その株主総会で会社経営上の能力もない自分の子Cを選任する必要に迫られ、決議内容に重大な利害関係を有することとなってしまっていました。BはAを裏切ることとし、A以外の他の株主はBと法人税法上の同族関係があったか腹心の部下であったため、Bの息子であるCを選出することに賛成しました。このためAが選出されずCが選出されるという決議が成立した場合、Aが原告となり、Bは当該決議に特別の利害関係を有していた結果、著しく不当な決議となった場合に該当するとして、株主総会決議の取消事由になる（会社法831条1項3号）と考える余地は十分あるといえるでしょう（森田果「株主間契約　六　完」法学協会雑誌121巻1号1頁参照）。

### (4)　株主間契約は「有償双務」契約である

有償双務契約とは、契約当事者を甲と乙とすると、甲は、乙が甲から取得したいと願っているモノを乙に与える約束をし、これと交換的に、乙は、甲が乙から手に入れたいと願っているモノを甲に与える約束をしているという契約です。この両者の約束関係は、相互に相手方に対するモノの給付を要求できる権利をもっており、かつモノを給付する義務を負っていますから、双方が相手に対し権利を有し義務を負う関係、つまり双務関係があるといえます。かつ、一方の約束があるから他方の約束もあるという対価関係がありますから、有償性があるといえます。現代の経済的社会においては、ほとんどの契約がこの有償双務契約です（これに対し単純な贈与契約は、一方当事者だけが他方当事者にモノの給付を約束する関係ですから、有償契約でもなく双務契約でもありません。無償片務契約といいます）。株主間契約についても有償双務契約であることが通常と思われますが、株主間契約のすべてがすべて有償双務契約であると断定はできず、契約類型の中に贈与契約という型があるように、例外があるかもしれません。

重要なことは、有償双務契約における対価は金銭とは限らないことです。売買契約では一方当事者の提供する対価は金銭ないしは金銭類似の財産権であることを特徴としますが、株主間契約では、対価が金銭であることは稀で、発行済株式あるいは発行予定の株式に関する何らかの相手方に対する行為

（作為）または不行為（不作為）を対価とするのが通常です。次回の株主総会においてＡを取締役に選任するという議案に反対してくれれば、あなたをＢ会社の取締役に選任するよう推薦する、などという例です。作為と作為が対価関係に立つことも不作為と不作為とが対価関係に立つことも、作為と不作為とが対価関係に立つこともあります。この意味で株主間契約は抽象性の高い契約です。

このように、株主間契約において交換の対象は「有体物」ではありませんから、そのような契約が存在することを外部から視認することが困難です。そのため訴訟になった場合、裁判所に対し株主間契約の存在・内容を立証することは、通常、困難が伴い、株主間契約は、その成立の可否とか、その内容の意味解釈とかに関する紛争が起きやすい性質をもっています。このことから、将来の紛争発生に備え、株主間契約、特に何十年の長期にわたって効力を維持し、かつ金額も巨額になる親族外事業承継に関する株主間契約を締結するときは、違約金条項を必要とする意味もあって、書面化することは当然として、公正証書（執行証書）にすることが強く要請されます。

ちなみに、株主間契約が書面化もされていないし、上記の有償双務契約の形になっていない場合は、判例から判断して、裁判所は当事者を相互に拘束する法律上保護すべき契約であるとはみなさず、単なる紳士協定に過ぎないなどと付言して、効力を否定する可能性が高いことに注意してください（孫の代まで拘束する趣旨であるとは考えられないとする前掲東京地方裁判所令和元年５月17日判決、株主間の和解契約に15年後も取締役選出合意に法的拘束力があるとは認められないとした東京地方裁判所昭和56年６月12日判決下級裁判所民事裁判例集32巻５～８号783頁参照）。

なお、金銭を対価とする株主間契約について、その法的効力を否定的に考える傾向があるようですが、その対価が特定の日における特定の議案についての議決権行使の対価であれば、適法でもあり、原則、有効でもあると考えています。その理由は次のとおりです。

①　金銭対価を規制する法がない。会社法120条は議決権行使を有償とすることを違法としていますが、これは会社が総会屋を使って株主総会を乗り切る場合のように、会社が会社内部機関の議決の対価として金銭を

交付する場合のことであって、株主間契約では株主同士の間で金銭が交付される場合であり、局面が違います。

② 議決権行使の対価であって株式譲渡の対価ではない。したがって社内の株主相互間の譲渡も含めて全株式に譲渡制限がある会社においても、譲渡制限規定に違反するわけではありません。この理は、議決権委付契約（後述）が適法である理由と同じです。それに加え、全株式譲渡制限が規定されていたとしても譲渡によって当該株式の取得について当該会社の承認を要するとする規定であり、譲渡契約当事者間の譲渡禁止規定ではないこともあります。

# 3　株主間契約の種類

## (1)　議決権拘束契約

株主間契約に関する諸問題の中でも、最も突き詰めて考える必要がある課題は、株主総会や取締役会において、議決権行使の仕方を約束し合う議決権拘束契約です。確かに、議決権拘束契約に違反する株主総会決議や取締役会決議の事前の差止め（仮の地位を定める仮処分）に関する限りは、立証手続が制限されていることからも、また第三者の利害に絡む場合があることからも、認容決定を得ることは困難な場合があるとはいえるでしょう。しかし、それは株主間契約という理由からだけではありません。即時の取調べが可能な証拠の提出ができるときや（保全訴訟では緊急性の観点から、申請できる証拠が即時取調べ可能な証拠に制限されています。民事保全法13条、民事訴訟法188条）、事前の差止請求の内容がその第三者の利害と相反しないときは認容して問題はないでしょうし、その利害に相反している場合であっても、仮処分が「急迫の事情」があるときにのみ許容される性質をもっていることから（民事保全法15条）、その理由だけで一般的に事前の差止めが許されないとはいうことはできず、事前差止請求の内容が利害の反するその第三者の利益と比較衡量して、当該会社としては総会決議ないしは取締役会議題を否定するのが望ましいのか肯定するのが望ましいのかという、比較衡量によって決すべき場合があるはずです。つまり、一概には決し得ず、事実関係によっては、議決権拘束契約に違反する株主総会決議や取締役会決議の事前の差止めができる場合がありうると考えます（会社法831条項２号・３号)。

上記のように履行強制を踏まえて、株主間契約の理論は、資本と経営が分離していない中小規模企業においては特に顕著に、今後の会社法に関する税務、法務の底流をゆっくりと変えてゆく原動力の一つとなってゆくでしょう。

### ⑵　議決権契約の種類（その１）――議決権の行使方法の観点

株主間契約の種類はさまざまな観点から種類分けすることができます。適切な種類分けとしては、議決権の行使方法の観点からのものと、事業承継の観点からのものがあるでしょう。

議決権行使方法からみた株主間契約は、会社支配権争奪戦とほぼ同義語といってよいでしょう。このためいろいろな事例が考えられます。ほんの数例を示せば、

①　支配株主であるＡが事前に指示するとおりに議決権行使をする約束

②　当該株式発行会社以外の第三者が指示するとおりに議決権行使をする約束

③　特定の株主Ｂが希望する条件（たとえば、今回の株主総会にＡがＢを取締役に推薦する）を、ＡがＡの支持者と一緒になって満足させるときは、Ｂは次回の株主総会にはＡの指示に従った議決権行使をする約束

④　株主総会直前に開催される少数派株主の集会において決議された内容に従って、集会参加者全員が当該株主総会議において集会での決議に従った議決権行使するとの約束

⑤　少数派株主の指導者Ａ株主が総会前に多数派工作を行い、その結果賛同者が過半数を占める見とおしが立った場合には取締役候補Ｃに賛成票を投じ、そうでない場合にはいずれの取締役候補者にも賛成票を投じないとの少数派全員との約束

### ⑶　議決権契約の種類（その２）――事業承継の観点

おなじ議決権契約であっても、事業承継との関係で考えると次のような種

類がありうるでしょう。

① 事業承継と株主間契約　　この視点は第２編各論で検討する税務との関係で、問題となる株主間契約の類型と結びつきます。

㋐ 親族内事業承継の場合　　子供が複数おり長男が必ずしも当該事業の承継には向いていない場合や、予想に反して息子が会社資産を他の事業につぎ込みそうな予想があるときなど、何の法的契約関係もなく推移することに不安で放置できないで場合です。

㋑ 第三者事業承継の場合　　創業者の直系子孫が不存在であるか、直系子孫はいるが会社経営に耐えられないと判断される場合など、実例は意外と多いでしょう。創業者が急死した場合、認知症に陥った場合、担保不動産の価値が上昇（あるいは低下）してきたことから金融機関と借入金の限度額等について再度の交渉をしなければならい場合などに、いったんは第三者に事業承継させると決断したが、その承継者が虚言を弄し別人に会社の営業利益を貢ぐなど、裏切り行為に出る兆候があるとき、あるいは裏切りとはいかないまでも予想外の行動に出てくるときです。そのような場合に特例事業承継税制の適用を受けている場合には、複雑な株主間契約の備えを必要とします。

③ 株式会社を用いた一代限りの事業承継　　同じ第三者事業承継であっても、特に見どころのある息子がいない場合で、従業員の中に将来有望と判断されるものがいる場合には、一代限りで事業承継をしてくれれば、そのあとはその後継者が、創業者の判断から離れて、事業を自由にしてもよい、後は任せると決断する事例もかなり見受けます。このような場合には税法のかなり高度な知識を必要とし、特例事業承継税制の利用程度では追い付かない。そのような場合の対応の仕方を第２編各論の「第７章　株主間契約と事業承継」にみることができるでしょう。

④ 一般社団法人を用いた永代事業承継　　徒手空拳から一代で収益性の高い大会社を創設したが、事業を任せるべき息子が当該事業の差配をするには能力がなく無理だと判断した創業者は、熟慮の末、非収益一般社団法人を設立し、設立直後に自己の所有する当該会社の株式全部をその一般社団法人に売却して、以後、一般社団法人が当該株式会社の最大の

株主として当該株式会社の取締役を選出する権限をもつことを基本構造として、当該株式会社の事業が自己の血統を受け継ぐ者以外の者によって永代承継されていくことを目指す事例がままあります。このような場合、株主間契約は自己と設立直後の一般社団法人との間で締結します。一般社団法人への株式売却に伴い必要となる資金は、当該会社が連帯保証人となり一般社団法人が金融機関から借り入れ、その返済資金と金利は当該会社の収益を原資とする配当金によって賄います。当該会社は将来の万が一に備えて創業者を被保険者とし当該会社が保険料を負担しかつ保険金受取人となる養老保険契約を締結します。その創業者は株式売却代金の一部を自己の息子が新しく始める事業の立ち上がり資金とし、残余は自分と妻の老後の資金として手元に残します。当該創業者はなお当面は当該会社の社長を務め、他の取締役と一緒に一般社団法人の社員に就任します。一般社団法人の理事兼理事長には当該会社の取締役専務が就任します。当該株主間契約は当該一般社団法人の運営に関する事項、解散時における残余財産の処分方法も規定しており、一般社団法人の定款は当該株主間契約に従う旨の条項が置かれており、その余は必要最小限の事項しか規定していません。

⑤　一般財団法人、公益財団法人を用いた永代事業承継　　徒手空拳から一代で大会社を創設したが、事業を任せるべき息子が当該事業の差配をするには無理だと判断した創業者は、熟慮の末、創業した会社の株式公開を前にして、一般財団法人を設立し、設立に際して自己の所有する当該会社の上場前に（あるいは上場実現後に）その株式を設立した一般財団法人に拠出し、当該会社の上場後３年間ほどかけて公益財団法人認定（公益社団法人及び公益財団法人の認定等に関する法律４条）を目指すという事例がままあります。かかる事例では公益といっても、いかなる事業活動をなすことを公益目的とするか、当該会社の株式を公益目的事業財産とし配当金をもって当該財団を経営するにしても、いかなる運営方針をもって財団法人を運営していくのか、いかなる人を評議員とし理事とするか、予想もしない事態が出来したときはどう対応すべきか、等々は当該会社株式が創業者の手から離れて一般財団法人を設立する、その前

の段階において、つまり当該株主とこれから株主になる設立中の一般財団法人との株主間契約をもって規定されなければなりません。このような事例では、法的知識と深い人生経験と叡智が結合することがなければ良質な株主間契約は作成できないことは明らかでしょう。

### ⑷　議決権信託

以上、いずれの場合にも、株主間契約は物的性質をもたない抽象性の強い契約類型であって、相手を信頼して契約するという性質が強い。しかし、契約の相手方が裏切り、契約を履行しない場合はどうするか、という疑問が湧きます。つまり、株主間契約の効力の問題です。この場合の対策として、最も推奨される方法としては、契約規定中に、債務不履行のときには損害賠償義務を負うこと、損害賠償額として違約金（民法420条３項）の定めを置くことです。

しかし、公的性質の強い第三者を株主間契約に関与させる方法をとることができれば、違約金請求という金銭の匂いのする紛争を避けた、いわば高級な紛争防止策になるはずです。それには議決権信託契約があります。自己を委託者とし、かつ受益者として、会社株式を受託者に信託譲渡する方法です。状況により、弁護士または弁護士法人を受託者として民事信託契約を締結する方法が簡便でしょう（信託契約期間が30年を超える場合には特別の考慮が必要になります。信託法91条）。株式から生ずる配当など経済的利益は受益者が受託者から受け取ることになります。株式を特定の「ヒト」を受託者として株式を信託譲渡し、委託者の指示に従って受託者が議決権行使をする契約内容であれば、受託者は信託の利益を享受することは禁止されていますから（同法８条）、受託者が裏切る可能性は考えられず、議決権信託契約に規定されている契約当事者の債務（義務）の履行確保に不安はなくなるでしょう。もし、この場合、一般社団法人を設立して信頼できる人を社員および理事に就任してもらう見込みがあれば、かかる一般社団法人が信託受託者として、信託契約で定められた委託者の指示に従い議決権行使をすることになります。そうであれば、より議決権の確実な履行を確保することができるでしょう（第３編株主間契約 TEMPLATE　Ⅵ参照）。

なお、議決権信託は議決権そのものの信託ではなく、株式に対する支配権の移転を伴う株式の信託であることに注意しなければなりません。議決権の二重行使を厳重に排除しなければならないからです。株式が信託財産に属することとなったときは、その旨を株主名簿に記載しなければ、当該株式が信託財産に属することを会社にも第三者にも主張することはできません（会社法154条の２）。

議決権信託は議決権そのものの信託ではありませんが、議決権を議決権行使内容の決定（たとえば、Ａを取締役に選任するという方針の決定）と、決定された内容に従う行使自体（つまり、議決権行使そのもの）、とに区別することは可能です。この点につき相続税法基本通達は議決権を資産とは扱っておらず、したがって議決権の所在を無視していること、法人税法も所得税法も受益権の所在を中心として構成されている（法人課税信託は別であるが、議決権の所在とは関係がない）から、株式に起因する収益を取得することを諦めれば（つまり、収益が委託者の親族血統以外の者に渡る仕組みとすれば）、現実に株式に起因する収益を取得する者が納税するから、税法上の特別の問題は発生しないことになります。

これとは別に、信託の仕組みとしては若干複雑化するけれども、議決権内容決定者を一般社団法人とし、かつ議決権者による決定内容の行使を別の一般社団法人が行うという構成にしておけば（コストがかさむことにはなるが）、長期間にわたり株式議決権の維持、つまり会社支配権の維持を可能にする方法があります（詳しくは、拙著『会社の相続』（小学館、2018年）第４章「結婚か婚姻か」を参照）。

### ⑸　議決権委付契約（議決権融通契約）

議決権は、これこそが会社支配権の本体でありながら、会社法上も税法上も財産的価値がある「財物」として扱われていません。そのため議決権自体の「処分」については法的税法的規制がないに等しいのです。そのうえ、議決権の権利性は極めて強いため、余計にその処分について法的税法的規制を加えることが困難であるといえます。したがって議決権の相互的融通についても規制がありません。ということは、議決権の行使は他の株主の何らかの権利の目的とされてはいないのだから、その議決行使は（権利であっても）義務ではないと考えてよいことになります。とすれば自己の有する議決権を、特定の株主総会だけに限定して自分では判断しないこととし、他の株主にその分の議決権判断を委ね、その結果自己の議決権分を他の議決権者の議決権を増加させる結果となる融通をしても、誰の権利をも害することはないのだから、法的には許されると考えてよいでしょう。

議決権分を他の者に融通する方法としては、一つは、当該他の者に向かって「自分の議決権は行使しないことを約束する」方法です（浜田道代『アメリカ閉鎖会社法』（商事法務研究会、1974年）158頁）。一種の権利の放棄です。放棄ですから、放棄した限度で権利行使をすることはなくなります。権利の譲渡ではないから、当該他の者が放棄された議決権を放棄した者に代わって行使することもあり得ません。もう一つは、当該他の者に向かって自己の権利である議決権の行使方法についての「判断を委ねる」方法です。放棄に似ていますが、委ねるのであるから権利行使するかしないかは当該他の者が決することになります。したがって、当該他の者の議決権行使方法に従って自己の議決権行使をする旨の「委付契約」をすることになります。

かかる委付契約の履行行為はどのように進行するかといえば、たとえばある特定の日の株主総会でAを取締役に選任するか否かが議題になっているとき、①甲はその結果に全く興味がないが、乙は何が何でもAを取締役に選任したいとすれば、乙（その議決権は30票）は甲の議決権（たとえば70票）行使の乙に対する委付を得て（合計100票として）Aを選出することができる。後日、②乙は次回株主総会でBを取締役に選出することに何の興味もないが、甲が次回株主総会でBを取締役に選出したいと希望していたとすれば、次回には乙は自己の有する議決権（30票）行使を甲（70票）に対して委付した結果Bは100票を得て選出されることになるというように進行します。

この方法は、上記第1回目の契約では乙が甲から甲の議決権を買い、第2回目の契約では甲が乙からその議決権を買う契約をする方法をとり、のちに売買代金を両者間で相殺して差額を決算するという方法でも同じ結果は得られます。ただ、その方法では毎回の議題ごとに、つまり、契約ごとに議決権をいくらと評価するかをめぐって混迷を来す可能性があり、金銭の額によっては後味の悪いことにもなりかねません。金額の公正性を維持しようとすると客観的に判断できる第三者を介入させることが考えられますが、そうなると金銭取引の秘匿性が薄れ別の問題が発生しやすくなります。つまり議決権売買のほうがかえって問題を起こしやすいのです。

なお、かかる議決権融通は議決権の貸借という方法でも可能なようにみえるが、貸借では「議決権」の融通はありえません。民法上、貸借は消費貸借（587条）においても使用貸借（593条）においても賃貸借（601条）においても、すべて「物」の貸借しかあり得ず、貸借は「借りた物その物またはその物と同一性質の物の返還」を必須の法律要件とする概念だからです。株式市場で株の貸し借りが頻繁に行われていますが、それは株式という「物」の貸借であって議決権の貸借ではないのです。「物」の貸借であれば「借りた者が貸した者に返す」行為を観念することが可能ですが、「物」ではない「議決権」を借りた者が返す行為を観念することはできません。したがって「議決権の融通」においても「返す行為」があり得ない以上、権利の委付ないしは対価がある売買と考えるほかはありません。

また、議決権融通は議決権の不統一行使（会社法313条）に類似しているようにみえるから、会社は拒否できるのではないかとも考えられますが、議決権の融通契約は決して議決権を不統一に行使するものではないため、これには該当しません。

この方法は、議決権委付契約がなされたか否かは、会社にも他の株主にもまったくわからないでしょう。また、かかる契約をしたことは会社の利害に影響を与えるわけではありませんから、会社に通知する必要もありません。上記①と②の事例では、わかりやすくするため、①についての１個の契約、②についても別個の契約をする前提で説明しましたが、事務上は①と②とを一本の契約とする場合のほうが多いでしょう。一本の契約で処理される場合は、議決権の「相互融通」、いわば「議決権の貸し借り」に類似した相互性を持ち始めますから、甲乙間で書面化された株主間契約が締結されることになるでしょう。

# 4　一人会社の株主間契約

## (1)　一人会社の意味～最高裁判所の立場～

従来、一般的に、会社法の強行規定に反する会社内部機関（株主総会とか取締役会とか取締役のこと）の法律行為は違法であり、無効であると考えられてきました。たとえば、株主総会における選任決議もなく、また取締役会において代表取締役に選任された事実もないのに当該株式会社の代表取締役として対外的に法律行為をしたときは、その法律行為は違法であり、会社に対し効力を生ぜず無効であると考えられてきたのです。ところが、では、株主が一人しかいない会社において、会社内部の法律行為が会社法の規定あるいは定款に違反する場合にも、強行法規に違反して違法になり、その効力は無効になるのか、否かです。

この問題について最高裁判所は、一人会社においては、株主総会招集手続の欠缺、取締役会議決の不存在など、その内部的法律行為が会社法の規定や定款に違反していたとしても違法、無効を論ずる余地はなく、適法であり、有効であると判示し続けています。

たとえば最高裁判所第一小法廷昭和46年６月24日判決（最高裁判所民事判例集25巻４号596頁）は、「いわゆる一人会社の場合には、その一人の株主が出席すればそれで株主総会は成立し、招集の手続を要しないとする原審の判断は、正当として是認することができる」としています。

また最高裁判所第二小法廷昭和60年12月20日判決（最高裁判所民事判例集39巻８号1869頁）は、法が「株主総会を招集するためには招集権者による招集の手続を経ることが必要であるとしている趣旨は、全株主に対し、会議体としての機関である株主総会の開催と会議の目的たる事項を知らせることによつて、これに対する出席の機会を与えるとともにその議事及び議決に参加するための準備の機会を与えることを目的とするものであるから、招集権者による株主総会の招集の手続を欠く場合であつても、株主全員がその開催に同意して出席したいわゆる全員出席総会において、株主総会の権限に属する事項につき決議をしたときには、右決議は有効に成立するものというべきであり」として、上記昭和46年の判例を引用しています。

この二つの判例から、「一人会社」と「株主全員合意」とが同義語として使用されていることがわかります。このため一人会社とは、一人の株主が全株式を所有している場合だけではなく、株主は複数いるが、その全員が同じ意見であり、その結果、株主はあたかも一人であるように見える場合を含んで使われていることになります。

それでは、株式取得資金はその全額を唯一人の株主Ａが負担しているが、事情によりその株主名簿上の株主名は幾人もの（Ｂ、Ｃ、Ｄ、Ｅなど）名前を借りている場合は一人会社といえるのでしょうか。言い直すと、資金面からみると一人だけが負担していて、他の株主はすべて資金を拠出しておらず名義株主である場合は、一人会社といえるのでしょうか。

最高裁判所第一小法廷昭和47年３月９日判決（最高裁判所裁判集民事105号269頁）は、甲株式会社のＡを除く会社役員およびＡを除く株主は単に名義を貸しているだけでＡが会社の実質上の権利の帰属者であるとして、Ａが会社名義でした会社財産の処分行為は（法人格否認という表現を明示しないまま）、会社財産といっても実質上Ａ個人の財産であるから、直接に個人の財産をその実質上の権利者として処分したものとして有効だというのです。

しかし、注意しなければいけないのは、この判決事例は、会社がもっていた財産の一つである債権を第三者に譲渡した場合の譲渡の効力に関する事例だという点です。もしこの事例で当該債権譲渡が無効であると判断されたとすれば、爾後、会社から債権を譲り受けた者は、当該債権譲渡をした名義上の譲渡人会社の代表取締役が適法に株主総会、取締役会において選出された者かどうか、それに加えて、総会に出席した株主は真実株式取得資金を自分で負担したのかどうかなどまで調査しなければ、安心して債権譲渡を受けられないことになりかねません。つまり、この事例では善意の第三者を強く保護しなければならない事実関係があるということです。この判決の射程距離は、善意の第三者を保護する必要性があまりない事例についても、法人格否認の理論の適用を要しないで、いきなり実質上代表取締役個人が全株式を所有しているから会社と個人を同一視してよいということにまでに及ぶとは考えられません。しかし、この判決が、会社が対外的に会社財産を第三者に会社の名前で処分した場合、外形上会社の財産の処分であっても、会社の株式はＡ個人がその全株式を所有しているのだからその財産は実質上Ａ個人の財産であり、会社の法人格は否認されるといわねばならないから、実質上個人Ａの財産を個人Ａが処分したものであって法律上有効な処分であり、債権譲渡の通知を受けた者が、会社名義によるその財産処分行為は無効であると主張することは許されない、という趣旨であれば、正当な判決であるといえるでしょう。違うところは法人格否認の法理を噛ませるか否かにあります。

### ⑵　株主全員同意の意義〜特に家族会社等について〜

上記の最高裁判所の判例から、全株主が株主間契約の当事者である場合には、当該株式発行会社の株主総会決議が株主間契約に違反するときは、組織再編に関する場合（会社法828条）に限ることなく、当該株主総会決議の内容が何であろうと、民事訴訟法上の無効確認の理論に基づいて、その株主は一人であっても原告として、当該株主総会決議の無効確認の訴訟提起が容認されると考えられます。取締役会決議の無効についても同様の理論で主張できると考えられます（浜田・前掲書311頁参照）。中小規模企業の少数株主にとって有意義な議論です。

特に、中小規模会社のうちでも、父とその妻、その子たちとその配偶者たちがそれぞれ株主名簿上は株主として登載されているが、会社資本金を事実として振り込んだのは父だけで実質父が会社株式を全部所有し、その一家の家族を挙げて「経営者として」零細事業を行っている家族会社にとっては、株主総会の手続も取締役選任の手続も会社法規定と大幅に違い会社法規定を守っているといえないから父は代表取締役として権限がないと切り捨てる論理に比較し、特段に有意義でしょう。株主間契約の理論は、特にこのような全員経営者ともいえる一人会社の場合に有効性を発揮するのです。特に、前掲の最高裁判所第一小法廷昭和47年３月９日判決の事案のように、内部的に適法に選任されたのではない会社代表者がその会社の財産を会社外部の善意の第三者に譲渡、処分した場合には、家族会社においては当然、その第三者を保護する理論が働くことになると考えられます。

上記の議論で明らかなように、零細企業、家族会社など少人数が会社の株式の全部を掌握している場合は、一人会社は株式会社法からみれば一人の株主が支配しているように見えます。株主間契約の立場からみれば一人会社は一つの議決権が支配しているように見えます。一人会社はそれを外部からみるとき社団に見え、内部から見るとき組合に見えます。しかし、このことは「会社は社団か組合か」論（松田二郎『株式会社法の理論』（岩波書店、1962年）114頁以下）とは関係がありません。上場会社は、一人会社ではあり得ず、外部との総取引量は隔絶しており、社団に見えることは間違いありません。しかし、株主間契約の理論は、一人会社にも、上場会社にも妥当します。民法上の組合と社団との間にも妥当するといえるのです。

株主間契約を考えるにあたって注意しなければならないのは、小規模株式会社株主の有限責任と組合的株主間契約の各組合員的株主の対外無限責任（民法675条）の関係です。債権者に対する無限責任は負わなくとも、債権者に違いない会社従業員の未払賃金に対する責任は、当然有限責任でよいのだと主張することには反対です。民法675条の準用があり無限責任を負わなければいけないのではないかと考えます。株式会社を名乗ったからといって、美味しいところだけを食い、勝手がよいだけの議論に終わってはならないのです。注意しなければなりません。

## ⑶　一人会社の理論とデッドロック回避解散株主間契約

最高裁判所は終始一貫して一人会社の理論の正当性を繰り返し判示しています。会社に出資した株主の全員が合意している以上、会社法に規定された事項が遵守されなかったとしても、全員賛成の結果権利を害される者が一人としていない以上、法的に無効、取消しの事由は成立せず有効だと言い続けています。このことから中小規模企業の株主が学ぶべきは非常に重要なことがあります。

それは、会社設立の際、設立関与株主全員同意の株主間契約として「デッドロック回避解散株主間契約」を締結すべきだということです。その内容は次のようなものとし、会社代表者は上記約定の実行に備えて適切な登記手続をなすものとする、と記して全員が署名捺印します。

①　自今以後、当会社の解散に至るまで、当会社の株主総会において、い

かなる事項が決議されようとも、その時点で株主名簿に記載された株主の全員が賛成しない限り、一切の議決は無効とする。

② 上記に違反して全員が賛成しなくとも議決を有効とすべきであると主張する者がいるときは、

㋐ その時点で当該者（複数の場合を含む）が有する株式の総数がその時点において当社が発行する株式の総数の3分の1未満であるときは、その場合に限り、その者（複数の場合を含む）は自己の有する株式の総数を当会社に買い取るよう請求することができるものとし、その対価は当該請求者がそれぞれ当該株式全部を取得した最後の時点における取得価額と同額とする。この場合には取得請求権付株式に関する、会社法108条2項五号イ、166条、167条の法意を準用する。仮に、同法166条1項ただし書に該当するとき（取得請求権行使になる株式の取得価額が分配可能額を超えるとき）はその時点における代表取締役たる個人が、当会社に代わり、同請求にかかる同株式を取得し同金額を交付する。

㋑ 上記㋐にかかる株式取得請求をなす者（複数の場合を含む）の有する株式総数がその時点において当社が発行する株式の総数の3分の1以上であるときは、その場合に限り、当会社は会社法471条2号（定款に定める解散事由）に該当する解散事由が発生したものとして解散するものとし、その時点における代表取締役は解散手続をとるものとする。

次いで、上記①②を定款に記載し、かつ登記（会社法911条3項4号）します。これにより、②㋑の事態が起きた場合は、解散手続について会社法471条2号（「定款で定めた解散の事由の発生」）に該当する解散事由が発生したものとして手続をとることになります。

株主全員同意会社の理論に基づき、株主間契約を締結するにあたり最も重要なことは、どうしても全員が意見を一つにできなくなったとき、どうするか、です。いわばデッドロックをどうやって回避するかなのです。もちろん、デッドロックにならないよう努力することが第一です。しかし、どう努力しても、人の世である以上、どうにもならないことはありうるのです。その場合に備えて会社を解散すると明記した契約を会社設立段階に交わすことが肝要なのです。

## コラム1　従業員持株会

株主間契約が用いられる場面の一つに従業員持株会があります。この従業員持株制度は、1960年代から始まる経済復興期の頃から1980年代高度経済成長期にかけて、これを採用する中小規模会社が増え始め、現在では業績の良いどの会社にもあるといってよいほど普及しています。しかし、問題山積の怪しげな制度であり、しかも従業員持株会を規定している法律はまったくないのです。会社法にも税法にも行政特別法にも規定がありません。なぜでしょうか。従業員が、取得したときの価格と同額で、その株式を経営者（ないしは実質上、会社が支配している持株会）に手放さなければならないというのは、ずいぶんと従業員、労働者を甘く見た制度といわなければなりません。にもかかわらず、数多くの会社法の教科書にも法学者の論文にも、裁判所の判決例にも、この制度の目的は、従業員の福利を図り、従業員の資産保有を図り、従業員の経営参画を図ることにあると、真実に反する言葉が綴られています。

しかし、税務を学ぶ者からすると、信じられないことです。経営者がこの制度を導入維持している理由が、そのようなお人好しなことであるはずがありません。経済成長期に会社の業績が上がって自社株の評価額も高額となり、迫りくる相続税額が禁止的に高額になる予想に怯える経営者たちが、従業員たちを利用して自己の節税対策として導入維持したものとみるべきでしょう。相続発生前には公認された低価額（配当還元価格）で他人名義に替え、相続発生時点では他人名義のままであった資産（株式）が、相続税納税後に低価額（取得時と同額）で必ず自分の子孫（の支配下）に戻ってくる仕組みは、巧妙といわざるを得ません。従業員持株制度は、税法的観点からすると、名義株を用いた相続税逋脱の手法です。

しかし重要な問題はそこにはないというべきでしょう。そもそもの出発点において、従業員たちが勤務先会社の株式を極めて低廉に、場合によれば会社経営者のお情けあってタダで入手できた、その時点で疑うべきであったのです。対価が低廉であるのは何かの罠ではないかと。配当還元価格は、同族株主がいる会社における会社支配に無縁な株主のための相続税財産評価基準にすぎません。株式譲渡制限制度と従業員持株会制度の両輪による体のよい座敷牢に閉じ込められるのではないかと、疑ってしかるべきだったのです。会社を去るときにあたって、キャピタルゲインがまったく否定されているのは何事かと抗議したときは、すでに遅し。ことが動き始める段階において、対等な株主として扱え、従業員といえどもこの局面では出資を履行した株主である、株主と株主との契約の締結を求めると要求すべきであったのです。

　こうした問題山積の従業員持株会の論理を整序すべき責任を負うのが株主間契約です。具体的な条項との関係で後述します。

# 5　株主間契約の法的効力

## (1)　裁判官の考え方(1)――紳士協定

　株主間契約に関係する数少ない日本の判例をみていると、当事者間で契約があると主張しても、単なる口約束だけであるとか、書面であっても意味が判然とはしない内容であったりすると、裁判所は、単なる紳士協定として扱い、長期間（たとえば10年以上）にわたっての法的保護を与えていません（前掲東京地方裁判所昭和56年６月12日判決、東京地方裁判所平成25年２月15日判例タイムズ1412号228頁、東京高等裁判所令和２年１月22日判決金融・商事判例1592号８頁、滝沢孝臣「いわゆる『紳士協定』について――契約とその法的拘束力――」銀行法務21・650号38頁）。裁判官は、伝統的に株主間契約には慣れていないのです。積極的に株主間契約を保護しようという気構えができていません。裁判官が契約に法的拘束力を与えるべしと考えるか否かの分かれ目は、その契約に有償双務性があるか否かで決まる、といって、まず間違いはありません。有償双務性とは、前述のとおり、ある内容の約束と別の内容の約束とが対価関係にあるという意味です。

### (2)　裁判官の考え方(2)――有効期間

株主間契約を締結するにあたっても、もう一つの注意事項は、契約の有効期間です。当事者間で昭和62年に締結し昭和80年（平成17年）までの間の取締役の選任とその報酬について、株主総会と取締役会における議決権を拘束する趣旨の株主間契約について、裁判所は、18年間の契約とは期間が長すぎる、法的効力は10年間に限るべきだとして11年以上の効力を否定した事例があります（東京高等裁判所平成12年５月30日判決判例時報1750号169頁）。しかし、10年以上の議決権契約が、期間が長すぎるにしても、法律上10年に制限される根拠を示していない点は論理性を要求される判決として欠陥があるというべきでしょう。もちろん、10年に限ることに正当な根拠があるはずがありません。「裁判官立法」の悪い一例です（森田章「株主間合意の有効な範囲と損害賠償責任」判例時報1770号194頁、河村尚志「株主総会・取締役会における議決権の行使についての合意の効力」商事法務1710号83頁等参照）。しかし、裁判官にとって株主間契約に法的効力があると判断するときは、その判決は通常の給付訴訟のように相手方に金銭の支払を強制することを超えて、相手方に株主総会・取締役会での意思表示を強制できる効力を与えるか否かという重大な判断をすることを意味していますから、慎重になるのもわからないではありません。

### コラム２　契約を書面ですることの重要性
#### ――有効か無効の前に――

ここで、中小規模企業の株主間契約について、株主間契約を書面にしておくことの重要性を強調しておきたいと思います。中小規模企業の業務実態として、書面さえも作成しないで、人の人生を決定するような重大な事項を口頭の約束だけで済ましていることが多すぎるからです。法的効力が問題になる局面は、争いになってから、それも裁判所に行ってからです。裁判が公の制度である以上、紛争は証拠に基づいて判断しなければなりません。最も優良な証拠が書面であることは万古不易の鉄則です。裁判所において、効力が認められることの間違いない文書を作成しようとすれば、弁護士に相談しなければならないでしょう。そこまでせずコストをかけない単なる両者が署名捺印（三文判でもよい）しただけの書付でも、それを残しておいてくれれば、有能な弁護士が何とかしてくれる余地が生まれます。

### ⑶　法的効力の判断基準⑴——損害賠償請求

株主間契約の法的有効性を考えるには二つの視点があります。一つは損害賠償請求ができるかという点であり、もう一つは強制執行が可能かどうかという点です。ここでは、損害賠償について検討します。

株主間契約が、相手方に何かを義務づける事項が明確に決まっていて、その違約の場合は損害賠償請求ができる旨が規定されている場合、その株主間契約に法的効力を認めてよいと考えます。つまり、約束内容どおりの履行の強制が民事執行法上は無理だと判断される場合であっても、損害賠償または違約金の請求ができるのであれば、法的効力があるといってよいのです。

よく勘違いしている人がいますが、損害賠償義務は契約にその旨の定めがなくても発生します。相手があなたに何かをする義務を負うという約束（取締役に推薦する、議決権行使をするとか、しないとか）ができていて、相手がそれに違約をすれば、契約書に規定されていなかったとしても、損害賠償請求権は発生するのです。つまり、損害賠償請求権成立の法的要件は、「違約」（約束違反、債務不履行）であって、書面に「損害賠償請求できると書いてあること」ではありません。

損害賠償の額も書面に書いてある必要は、まったくありません。賠償額は裁判所が決めてくれます。民事訴訟法248条は、損害の性質上、その額を立証するのが困難な場合であっても、損害が生じたことが認められる場合は、裁判所に裁判の経過等から相当な損害額を認定する権限を与えています。逆にいうと、損害賠償の「額」の問題は、必ずしも、証拠によって立証しなくともよいのです。ただ、現実問題として、損害賠償の「額」は裁判官でも判断が難しい場合が、皆さんが想像するよりもはるかに頻繁にあります。税務の世界で非上場株式の時価評価が難しいのによく似ています。ですから損害賠償の「額」を書面に記載しておくことは裁判官の負担を軽減することでもあり、自己が有利になる手助けにもなるのです。訴訟手続も早くなり、強制執行手続も円滑に進み、まず相手は逃げられません。法律上、損害賠償の「額」を書面に記載することを損害賠償額の予定といいます(民法420条)。「違約金」と書いてあれば損害賠償額の予定と推定されます（同条３項)。損害賠償は別段の合意がない以上金銭でしなければなりません（同法417条）し、誰でも金銭支払を強要されることには堪えますから、「違約金として○○○円」と記載しておくことは、株主関契約に実質的意義をもたせる優れた方法なのです。

### ⑷　取締役に対する履行の強制と損害賠償請求

株主が取締役を作為、不作為をもって拘束する契約、つまり株主間契約を締結する場合は、その履行の確保は無理で、損害賠償請求をするしかないかもしれません。たとえば、取締役は株主Ａに対し○○○する義務（作為義務）またはしない義務（不作為義務）を負うという内容の契約は、取締役は当該株主との間で、その作為義務または不作為義務を負うという意味です。しかし、取締役は会社に対し忠実義務・善管注意義務を負いますから、当該契約に特定された作為（不作為）が、忠実義務・善管注意義務に違反することになりかねない場合もありますし、事実関係によっては取締役の作為（不作為）が第三者に不利益を与えることとなりかねない場合もあり得ます。そうすると、株主は当該取締役に当該契約に特定された作為（不作為）の履行を強制できない場合がでてくるでしょう。

しかし、作為または不作為の履行を強制できないということは、その当該契約が無効であるという意味ではありません。債権契約として成立しており、法律上有効ですから、債務不履行がある以上は、当該契約を解除したり、または（あるいは解除とともに）当該債務の履行に代わる損害賠償請求はできる（民法415条）と、考えるべきなのです。

もちろん、忠実義務・善管注意義務に違反することになりかねないことが、その取締役の責めに帰することができない場合は損害賠償ができないこともあるでしょうが（当該取締役が当該契約をした以上は、その取締役の責めに帰すべき事情があるのが通常でしょう)、忠実義務・善管注意義務に違反することになりかねないことや第三者に不利益を与えることを理由に、その債権契約を債務不履行(違約)した場合であっても、債務不履行がある以上は、当該契約を解除し、当該債務の履行に代わる損害賠償請求はできるのです。

契約に「損害賠償請求ができる。その違約金は〇〇〇円である」と記載されていれれば、実務上十分目的を達成できる場合がいくらでもあるでしょう。

### (5)　法的効力の判断基準(2)――強制執行

一般に、ある株主間契約が違法か適法か、無効か有効かを考える場合に、その契約が契約といえる程度に合理的であり内容に整合性があれば、裁判上違法とか無効とかになる可能性はまずありません。この意味で前述した期間が長すぎ10年以上の部分は無効だという判決は間違っているといえるのです。

民事訴訟法上(つまり裁判上)の違法、無効よりも重要なことは、民事執行法上強制執行ができるかどうかです。なぜなら強制執行ができなければ、契約を締結した意味がないからです(損害賠償は目的が達成できない場合の代わりの意味です)。次いで、民事執行法上強制執行ができない場合は、民事訴訟法上も適法、有効になることはまずないからです。

現行民事執行法は、往時に比べ、比較にならないほど民事執行の方法が明確になりました。このため実務的には、議論の進め方として、民事執行法上の強制履行が可能だから民法、会社法上も適法で有効だ、強制履行が不能だから違法無効だと考えたほうが、優れていると考えます。具体的な強制執行の方法については、後述します。

### (6)　適法・有効な株主間契約の条項例

#### (ア)　同意条項

株主間契約の当事者の一方が同意しない限り他方当事者は自己の株式を譲渡等の処分をすることができないとする条項です。合弁契約には必須の条項です(江頭・前掲書243頁)。

#### (イ)　先買権条項

契約の一方当事者が自己の株式を処分しようとするときは他の当事者の買

取りの意思を事前に確認する義務を負い、連絡を受けた他の当事者は第三者より先に買い取る権利をもつ条項です。やはり合弁契約では必須です。当事者の一方がこの事業には将来性がないから早く投資を回収して合弁契約から離脱しようとするとき、他の当事者は今は将来性がなくとも自社はこの分野に将来本格的な投資をする計画があるような場合に、この種の条項が意味をもちます。買取価格をどうするかについては、抜けたいほうは高く売りたいし、抜けないほうは将来を考えていますから安くしたいわけですから、揉めやすい点です。ですから、この場合の価額の決定方法（両者がそれぞれの費用負担で鑑定書を作成し、そのうち高いほうを採用するとか、二つの鑑定書の価格を足して２で割るとか等）を約定しておくのが通常でしょう。

#### ㈦　強制売渡条項

一定の事実があったときは無理やりその所有株式を他の特定の当事者に売り渡す義務を負う条項です。売りたくない者に無理やり売らせる点で最も法的問題を含む条項です（江頭・前掲書243頁）。

これが従業員持株制度と結び付くとき、従業員持株制度による株式自体が実質上名義株に類似していることから、税法上複雑な問題を発生させます。実際には現在まで、従業員持株制度で従業員が取得した株式が名義株であるとして会社の支配株主に相続税等の課税がなされた事例は聞いたことがありませんが、将来もないとは断言できません。また、従業員持株会が民法上の組合であるとき、組合員の株式共有関係が総組合員の共有関係（民法668条）、つまり「合有」ですから、途方もないほど複雑な計算問題が発生します。この点は各論の中で詳細に検討します（第２編各論第１章「従業員持株会の課題と対策」）。

最高裁判所平成７年４月25日判決（最高裁判所裁判集民事175号91頁）は、定款で株式譲渡制限を規定している会社で、従業員の退職の際額面額で取締役会が指定する者に譲渡するという内容の従業員持株会規約の効力について、有効であると判示しましたが、経営者の節税策については（当事者もこの点を争点にしなかったようですが）まったく沈黙しています（牧口晴一＝斎藤幸一『事業承継に活かす従業員持株会の法務・税務』212頁（中央経済社、2010年））。この最高裁判所判決は、有効とした理由の一つに、①会社が従業員に毎年８

ないし30％の配当を与えていたことを挙げています。しかし、これが理由になるはずがないのです。なぜなら、「従業員たちが真実の株主である」としたら、配当が低額であろうが高額であろうが配当を受け取れることは当然のことだからです（それとも最高裁判所は実際には、従業員たちは株主の名義人に過ぎず、当該株式の所有者ではないのに高額配当をもらっているのだから文句を言うな、といいたいのでしょうか）。また、②この最高裁判所判決が、従業員株主たちに額面額での売戻しを強制したことを適法として認め、キャピタルゲインを従業員に認めなかった点について、それを合理化する理由をまったく示していない点は、最高裁判所は卑怯ではないかと思います。キャピタルゲインを認めなかったのは、この株式が「従業員の所有ではなかった」という理由しかないではありませんか。したがって、名義株であったと、この判決はいっていると同じでしょう。③結局、論理としては、この最高裁判所判決は、従業員は「株主であった」から配当をもらえたのだといい、その直後には、従業員はキャピタルゲインがとれないのは「株主ではなかった」からだ、といっているのと同じです。この判決の論理は明らかに矛盾し破綻しています。必ず、この最高裁判決の論理が覆る時がくるでしょう。

### (7)　株主間契約の定款化

株主間契約は債権契約の一種ですから、契約当事者を相互に拘束するだけであって、株式の発行会社を直截には拘束しません。しかし、会社を直截には拘束しないとしても、結局会社を拘束し株主間契約を締結した目的を実現できる方法は今まで述べてきたようにいろいろな方法があるのですが、契約の目的によっては、ストレートに会社を拘束したい場合もあります。その場合には、株主間契約の内容を会社の定款に記載するという方法があります。

たとえば、株主Ｂは株主Ｃと、特定人Ａを取締役に選任する義務を負う株主間契約をしました。仮にそのとおりに、つまりＡを次回株主総会で取締役に選任すると定款に記載したとすれば、それは会社法の強行規定に違反して無効と考えられます。しかし、特定の株主総会（複数でも可能）において取締役を選任するとの決議をすることができること、その決議のほかに、甲種類の株式の種類株主を構成員とする種類株主総会の議決を必要とする旨を定款に定めたとすれば、（株主Ｂが甲種類株式の株主として）甲種類の株主Ｂが賛成しない限りＡは選任されませんから、甲種類の株主ＢはＡが選任されるまで、事実上拒否権を行使できることになり、合法的にＡを取締役に選任することを左右することができます（江頭・前掲書62頁、鈴木正貢「株主間協定の法的諸問題」商事法務1043号24頁）。強行法違反として無効になる株主間契約を「定款に定めた種類株式」にする（会社法108条２項８号）ことによって無理やり実現する方法です。実は、この無理やり戦法（私は、これを「定款黄金株」と呼んでいます）を使えば、剰余金の配当、残余財産の分配、株主総会決議事項、取得条項付き種類株式の取得など、株主総会の議決を要する会社の法律行為のほとんどすべてについて、拒否権付き種類株式（黄金株）を定款に規定することで、目的を実現できるのです。この意味で応用範囲の広い方法です。

しかしこの方法は定款変更をしなければならなりませんから、３分の２以上の多数派を制していなければ実現できません（会社法466条、309条２項）し、面倒な種類株式の導入とか、やはり面倒な種類株式の登記（同法911条３項７号）とかの手続をとらなければなりません。つまり、コストがかかります（中小規模企業では３分の２以上を制している多数派なら、このような定款変更と種類株式の登記手続という面倒な手続をとらないでも、ほかに事実上同じことを結果として実現できる「代表者非法律的便法」があるでしょうから、実際には、おそらく矛盾した話でしょう）。

もう一つ方法があります。定款を用いて株主間契約の内容を実現する方法として、一定事項を実現できない場合は会社の解散事由に該当する旨を定款に記載する方法です。この方法は強烈な手段です。これの具体的実現方法は、すでに４(3)「一人会社の理論とデッドロック回避解散株主間契約」に記載しました。また、第３編Ⅱに詳しく記載します。

# 6　株主間契約の強制執行

強制執行には大きく分けて２種類あり、一つは、金銭の支払を目的とする債権についての強制執行で、二つ目は、金銭の支払を目的としない請求権についての強制執行です。株主間契約に関する強制執行は、損害賠償や違約金についての強制執行は前者の執行になり、議決権行使の強制執行は後者になります。これらの執行方法はすべて民事執行法に規定されています。

## (1)　金銭の支払を目的とする債権の強制執行

訴訟を起こして確定勝訴判決をとり、強制執行するという王道ともいうべき方法がありますが、実務的には公正証書を作成するという簡便な、コストも裁判に比べれば遙かに低い方法があります。ただし、公正証書による強制執行は、金銭、その代替物、有価証券についての請求に限られます（民事執行法22条5号）から、株主間契約のうちの損害賠償、違約金の定めについてしか役に立ちません。それでもかなりの実効性があります。株主間契約は双務契約としての相互拘束契約ですから、公正証書に向いているといえます。

こうした公正証書のことを強制執行法上は執行証書といいます。強制執行を実現する根拠となる証書という意味です。公正証書のつくり方は、弁護士に聞くか、公証人に直接尋ねることです。公証人はほとんどが元裁判官か元検察官です。公証人は公的な仕事をする公務員ですが、国からの給与や補助金はなく、専ら依頼者からの手数料収入で仕事をします。

なお、金銭請求権についての強制執行が可能な証書として、ほか即決和解調書があります。簡易裁判所で簡潔な手続で作成できます。少し玄人好みの手法ですので弁護士にお尋ねください。

## (2)　金銭の支払を目的としない請求権の強制執行

### (ア)　強制執行の種類

強制執行とは、確定判決、公正証書、即決和解調書、調停調書などで法律上確定した法的義務を履行しなければならないのに、任意に履行しない者に対して、「執行力ある債務名義」に基づき、司法裁判所や執行官、場合によれば警察官など国家の強制的実力を用いて、履行させる方法で、次の4種類があります。

①　義務者の不動産とか動産（債権、株式を含む）とかの財産を差し押さえ、競売などを用いて強制的に換価して金銭化したうえ金銭として取り上げ

る直接強制

② 債務者に当該義務を代替的に履行させる代替執行（たとえば、執行裁判所の命を受けた執行官が道路通行を妨害している妨害物件を物理的に取り除き、それに要した費用を債務者に支払わせる手法です）

③ 間接的に圧力をかけて履行させる間接強制

④ 擬制的に履行したものとみなす意思表示の履行

「執行力ある債務名義」とは、金銭に関する強制執行で使う公正証書のほか、金銭に関する強制執行も金銭に関しない強制執行もできるものとして、確定判決や認諾調書、和解調書、即決和解調書、調停調書を指します（この説明は省略します）。

**(イ) 保全措置**

上記の強制執行は主として裁判で判決をとり、それを確定判決としてから行う手続ですから、そこに至るまで時間がかかります。したがって、次の株主総会に株主甲に、Aを取締役に選任する議決権行使をするとの約束を守らせる、などという株主間契約の履行となると、時間的に実現不可能ですから、勝訴判決を取る前の段階で、強制執行とほぼ同様な仮定的法的状態（法的状態の仮定的実現）を実現しなければなりません。そのためには、株主間契約による違約金請求権の保全措置として違約した者の財産に対しては仮差押えが、株主総会決議や取締役会決議など財産以外の約束違反が予想される場合には、相手方に対して仮の地位を定める仮処分とよばれる保全措置をとることになります。これらの手続は民事保全法に規定されています（この手続の説明も省略します）。

**(ウ) 代替執行**

代替執行は、作為を目的とする債務（作為義務）についての強制執行と、不作為を目的とする債務（不作為義務）についての強制執行とに分かれます。

作為義務の代替執行は、執行債務者（強制執行の受忍義務を負う相手方のこと）の費用負担で第三者に当該作為をさせる強制執行方法です。私道の通行妨害物の排除、違法建築の排除や土地明渡しなどで使う方法です。ここでいう第三者は、強制執行の実務では執行官を指します。執行裁判所が執行官に妨害物等の排除権限を付与する決定をする仕組みになっています。この決定のことを授権決定といいます（なお、建築物の明渡しの強制執行など大掛かりな代替執行では実際の実力行使をするのは執行官の補助者です。補助者になる人たちは通常、強制執行に慣れた日雇い労働者たちで、彼らを集めるのは、実務上、強制執行債権者の代理人弁護士が手配します。大掛かりな執行となると警察署に出動を依頼します)。株主間契約では、合弁事業以外では、これを使うことはまずないでしょう。

不作為義務の代替執行は、債務者の費用負担で、執行債務者がした行為の結果として作出された違反行為(たとえば、空き地に侵入して建築物を建造する)による結果物を除去してしまう強制執行です。または将来反復して違法行為が予見できるときなどでは、適当な処分行為（たとえば、空き地の周囲に有刺鉄線を巡らせ立入禁止の表示柱を立てるなど）が実行されます。株主間契約では、合弁事業以外で、これを使うことはめったにないでしょう。

**(エ)　間接強制**

間接強制は、作為または不作為を目的とする債務で代替執行ができないものについて許容されます。

代替執行ができないものとは、夫婦の同居の義務、子の親権を争う家事事件での子の引渡しの強制執行（民事執行法174条)、都条例などに規定される一定限度を超える騒音の排除、株主総会の開催義務違反の不開催、取締役会開催義務違反の不開催、代表取締役選任議決権行使義務違反の議決権不行使などの事例です。

**(A)　間接強制の実際**

「なすべき義務の間接強制」（民事執行法172条）は、執行裁判所で一定金額の支払命令をとる方法によります。作為義務違反の場合には、「○○をしない日ごとに一日につき10万円を支払え」、不作為義務違反であれば、「○○（してはならない行為）をするごとに金○○円を支払え」という命令を執行裁判所に申し立てることになります（たとえば、○○の地点から10mの範囲内において○○デシベル以上の騒音を立ててはならないなどの、特定の不作為義務に違反したときは、その違反した日の一日につき金10万円の割合で、違反を続けている限り金銭を支払わせる、即決的金銭支払命令で間接的に追い込みをかける手法です)。しかし、裁判所でこの命令をとって送達した後も執行債務者は（作為義務違反の場合は）なすべき義務を実行しようとはしない（不作為義務の場合は作為行為をし続ける）のが通常です（ヤケッパチになっているからでしょう）。そこで、執行債務者の違法状態を10日間程度、放置しておき支払命令金額の合計が100万円か200万円とかの適当な金額を超えたころに、その支払命令で金銭を目的とする強制執行ができますから、金銭支払命令の直接執行に切り替え、違法行為状態を構成した財物を差し押さえ競売に持ち込みます。この種の差押え、競売では、執行債務者が不作為義務の発生原因を構成した財物であって、一般には財産価値のない物（たとえば、騒音防止東京都条例違反の騒音の場合であれば原因をつくったマイク、ラウドスピーカ、宣伝車など）を狙い撃ちして差し押え競売に持ち込みます。このような競売であれば競売に入札参加してくる第三者はまず現れません。そのため自己競落（債権者が自分の費用負担で競落すること）しなければなりませんが、通常、第三者が現れませんから、競落金額は安いものです。手続は迅速に終結します。

#### (B)　株主間契約での間接強制

株主間契約関係では、「Ａを甲会社の代表取締役に選任するとの議題につき、○月○日に開催予定の取締役会において賛成議決権行使をせよ、しなければ、当該取締役会終結後直ちに金○○○万円を債権者に支払え」などが考えられます。実務上、この命令申立ての具体的な内容についてはその事案の内容に応じて、かなり自由に構成することが認められています。このような金銭支払命令の方法は、何となく迂遠に感じられるかもしれませんが、実務では目的実現力の高い方法です。私は、この間接強制の方法を選択した事例のすべてで目的を実現した経験をもっています。命令を申し立てる際に、申し立てる金額（イヤクバツキンと呼んでいます）は、法律上は「債務の履行を確保するために相当と認める一定の額の金銭」（民事執行法172条１項）と規定されていますが、当然、高ければ高いほど実効性が高くなるわけです。裁判官は、その金額をいくらまでなら了解してくれるか、当該事案の性質に照らし、慎重に考えなければなりません。当然、会社の規模とか売上高、収益額とかの要素で違ってはくるでしょうが、その会社の代表取締役のその後の身の振り方にかかわるのですから、かなり高額でなければ意味がないでしょう。

違法な不作為でも株主総会、取締役会の不開催の場合とか、特定の議題についての賛成ないしは不賛成の議決権行使には、違法状態を構成する財物はまず存在しないでしょうから、上記の方法で間接強制金額支払命令を裁判所でとり、その不履行を待って金銭債権執行に切り替え、差し押さえる物件は、逆に市場価値があり、財産価値の高い財物に焦点を合わせたほうがよいことになります。この場合であっても差押禁止動産（日常生活必需品など。民事執行法131条)、差押禁止債権（賃金など。同法152条）は差押えができません。

上記は、いずれも（債務名義が確定した後の）強制執行法上の命令ですから、裁判官の判断（命令）は、申し立てた日のうちに出されるなど、極めて迅速に行われます。

### ㈴　意思表示を求める強制執行

株主間契約で、株主甲が株主乙に、○月○日開催の第○○定時株主総会での取締役選出にあたりＡを選出すると約束し、同契約書も作成されたとします。しかし、甲は総会が近づくにつれ翻意した模様で、Ａを選出するとの議決権行使しない可能性が高くなってきました。そうなればＡは確実に次回には取締役に選出されないことになるため、乙は甲に、法律の力で約束を守らせＡを選出すると意思表示させる必要に迫られた、とします。

甲に対しＡを選出すると強制的に意思表示させる方法はないでしょうか。

今仮に、原告乙は被告甲に対して訴訟を提起し、そして勝訴し（あるいは被告が請求原因を法廷ですべて認め請求認諾調書が作成された）とし、判決が当該株主総会前に確定したと仮定します。

しかし判決で勝訴しても、被告甲は現実には当該株主総会でＡ選出に賛成票を入れることに抵抗しています。このため、この勝訴判決を強制執行しなければならなくなりました。しかし、意思表示の強制執行ができるでしょうか。

人間の意思表示を強制的にさせることができるわけがありません。しかし、無理やり意思表示させなくても法的には方法があるのです。なぜなら、上記の原告勝訴の判決が確定した時に（民事訴訟法116条、民事訴訟規則48条)、債務者は意思表示したものとみなされるからなのです。このことは民事執行法177条に「意思表示をすべきことを債務者に命ずる判決その他の裁判が確定し、又は和解、認諾、調停若しくは労働審判にかかる債務名義が成立したときは、債務者は、その確定又は成立の時に意思表示をしたものとみなす」と規定されています。つまり、意思表示は判決等の確定時点をもって、ほかに何らの手続をとる必要もなく、当然意思表示されたものと擬制されるのです（株主総会において取締役選任議案に賛成の意思表示を求めた訴えの例として、前掲東京地方裁判所令和元年５月17日判決）。

このことから、たとえば、不動産登記手続に関して強制的に登記手続をさせるときには、「○○の登記手続をせよ」という給付判決をとり、確定させれば、実際には登記をしなくても、擬制の効果によって、登記をしたと同様の法律効果が発生するのです（最高裁判所昭和41年３月18日判決最高裁判所民事判例集20巻３号464頁、林伸太郎「抹消登記請求と意思表示の執行」民事執行・保全判例百選204頁）。また、労働事件での兼業許可について、被告飲食店の従業員が原告として、同会社を訴え、他の会社に兼業勤務することを許可するとの意思表示をせよと請求して提訴し、勝訴した事案として東京地方裁判所昭和49年11月７日判決判例時報765号107頁があります。

#### ㈮　意思表示を求める仮処分

ところが、上記の㈪の株主総会の事例では、総会が現実に開かれる前に判決が確定したと仮定しているのですが、現実には、裁判手続は時間がかかり、訴え提起から１年以内に判決が下され確定するということは、実務の世界では、まずあり得ません。乙として株主総会が開かれる前に法的救済を得たいとすれば、保全処分として、甲は仮にＡを取締役に選任するとの意思表示をする保全手続をとらなければなりません。しかし、そのようなことが可能でしょうか。

裁判所に仮処分命令を出させる手続は、極めて迅速に（決定まで、２、３週で）進行しますから、理論的には、裁判所で「甲は、仮に、Ａを取締役に選任するとの意思表示をせよ」との仮地位仮処分命令をとることができさえすれば、民事保全法は仮処分命令の執行については民事執行の例によることなっています（同法52条）から、執行できるはずです。

その仮処分命令の決定書の送達についてですが、民事訴訟法の原則では決定の形式による裁判（仮処分命令は命令と呼称しますが、法的には決定です）については相当と認められる方式で告知するだけでその効力が生じます（同法119条)。仮処分命令では当事者に送達された時にその効力が発生することになっています（民事保全法17条)。ただし、東京地方裁判所における実務では、先に仮処分債権者に送達され、仮処分債権者が決定書を受領してから１週間後に仮処分債務者に送達されます。これは仮処分債権者に仮処分命令の執行を行う機会を与えるためです。これを、仮処分手続には密行性があるといいます。したがって、仮処分命令の決定書が仮処分債権者に送達された時に、民事保全法52条、民事執行法174条により、仮処分債務者に対する仮処分命令「甲は、仮に、Ａを取締役に選任するとの意思表示をせよ」の効力が発生することになります。ただし、この意思表示の相手方は当該株主総会の議長ですから、議長がこの決定書をみた時点で、甲が、仮に、Ａを取締役に選出する議決権を行使したとカウントされることになるのです（議長が拒否しても、法律上その決定書のとおりの効力が生じています)。

なお、保全命令の執行後（本事例では、その効力発生後）本案の裁判で債務者（この場合は甲）が勝訴した場合、つまり、甲はＡを選任議決権行使すべき義務はないことが確定した場合には、債務者の申立てにより、この仮処分命令は取り消すことができます（民事保全法38条１項)。

しかし、問題があります。それは、裁判所の目から見て、その事案では「甲は、仮に、Ａを取締役に選任するとの意思表示をさせること」が、それほどの緊急性があるといえるかどうかです。仮地位仮処分命令は、取返しがつかないほど大きな損害の発生可能性か、高い緊急性が絶対的要件です。民事保全法23条２項は、この点について「仮の地位を定める仮処分命令は、争いがある権利関係について債権者に生ずる著しい損害又は急迫の危険を避けるためこれを必要とするときに発することができる」と定めています。本事例の場合、幸い契約書ができていますから、甲が裏切りそうだという事実さえ疎明できれば(民事保全法13条。この疎明は訴訟法上それほど難しくはないでしょう）一応、命令を出す理由も必要性もあるといえますが、（本事例では高額な損害の発生予測ではなく「急迫の危険」にあたるかどうかでしょうから）緊急性が極めて高いとまでいえる事実関係があるかとなると、抽象的には判断できず、当該事件の事実関係によるとしかいえません。つまり「甲は、Ａを取締役に選任するとの意思表示をさせること」が「急迫の危険」、つまり高度の緊急性を要することであると疎明できなければ（証明までは要求されません）、命令は出ません（意思表示を求める仮処分が認容された事例として、大阪地方裁判所昭和40年10月22日判決下級裁判所民事裁判例集16巻10号1579頁。授業料滞納により除籍された私立大学学生の復学許可を求める仮処分申請を認容した事例）。

### (3)　より実務的な方法

上記は、あまりにも手続法的で専門的ですから、ここで、もう少し実務的な観点から、同じ目的を実現する方法はないか、を検討します。

強制執行と聞けば、通常、裁判を起こし、勝訴し、確定判決をとり、はじめて強制執行ができるようになると理解している方々がほとんどです。しかし、裁判よりはるかにコストも安く、迅速に債務名義（強制執行を許容する権限を証する書類の一般名称です）を手に入れる方法があります。それは裁判上の和解調書、調停調書をとることです。これは相手方と妥協する方法です。妥協はしたくないでしょうが、妥協したほうが迅速に目的を実現できる場合があることは間違いありません。妥協には、通常、金銭的な駆け引きがともないますが、金銭を支払っても、あるいは受け取っても、妥協したほうがよい場合が、間違いなくあります。

しかし、これらの手続も実務（それは、通常は弁護士同士の交渉によります）では、早くて、数カ月程度はかかるのが通常です。

もっと迅速な方法として即決和解調書の方法があります。いわゆる即決和解です。正式には、「訴え提起前の和解」といいますが、私たちは起訴前和解といっています。つまり裁判所に持ち出す前に私文書で和解してしまっておき（たとえば、「相手方甲は第○○総会にＡを取締役に選出議決権行使をすることを乙に約束する。これに違反したときは、甲は乙に対し○○○する義務を負う」という内容）、その後に、将来強制執行ができるよう、裁判所（簡易裁判所）で和解調書（債務名義）を、迅速に、作成する手続です。

この手続は、原則的には、請求の趣旨および原因、加えて争いの実情を書面に書き（これを要領よく短時間に書くのは大変ですから弁護士に依頼しないとまず無理です）、相手の住所地を管轄する簡易裁判所（地方裁判所ではない）

に和解の申立てをします（民事訴訟法275条）。もちろん、あなたが東京で相手方の住所が北海道か沖縄かもしれません。それでは迅速に進みませんので、最初の私文書で和解をしたときに裁判管轄も双方で合意しておくのです。これを合意管轄（民事訴訟法11条）といいます。実務的には、相手方当事者から日本のどこの管轄裁判所でもよいから期日を最も早く入れてくれる裁判所なら文句は言わないという権限委任を受けておき（実務では、双方に弁護士がついている場合は、この授権は双方に有利な授権ですから、口頭ですませます）、電話で一番近所の（意思表示をさせる側の弁護士が東京に法律事務所をもっている場合は都内の）簡易裁判所の担当書記官に電話を入れ、片端から期日を早めに入れてくれる（つまり、暇な）裁判所を（相手の弁護士が沖縄であれば南のほうに向かって）探すのです（経験のある弁護士ならどこの簡易裁判所が暇かを知っています）。実務的には相手方と話をつけてから裁判所に申し立てる手続ですから、裁判官は双方の弁護士の意思を確認し、和解調書の原案（申立弁護士が作成して提出しておきます）を双方に向かって読み上げます。裁判所内の手続は１時間以内に終結します。和解調書の正本は２、３日で裁判所から送られてきます。

もし仮に、この手続をした簡易裁判所内で、相手方の弁護士が、何かの事情で和解はできないと言い出したときは、双方の弁護士が訴訟手続に移ってくれと申し立てた場合に限り、和解の申立てをした時に本裁判の申立てがあったとみなされ、本裁判が始まります（民事訴訟法275条。ただし、そのような経験をしたことは、私は一度もありません）。つまり、和解が先行し本裁判が後行しますから、起訴前和解と呼ぶのです。

読者の皆さんは、裁判所に行く前に和解ができるだろうかという疑問に思うでしょう。私の経験上いえることは、両当事者に経験豊かな弁護士がついている場合であって、紛争事案が大掛かり（たとえば、この和解が成立することによって江戸時代からの歴史を誇る温泉ホテル会社は倒産を免れ従業員を一人も解雇しなくてすむ、この和解で株主全員がコンビニチェーン事業会社の数店舗を別会社に吸収分割することに同意してくれるので会社全体の倒産は免れる、など）であればあるほど、あるいは緊急度が高ければ高いほど和解は迅速にまとまります。それは、株主間契約においても、対立当事者のいずれからみても、資産評価額が大きいほど、緊急度が高いほど相手方に譲歩許容限度の幅が大きくなるからです。

双方が、日本のどこの簡易裁判所でもよいのですが、債権者弁護士と債務者弁護士が立ち会い、裁判官の前でこの即決和解調書が作成された場合には、たとえば上記の(オ)の株主総会の事例でいえば、即決和解調書の条項の中に「株式会社甲の株主Ａは、同会社株主Ｂに対し、○○月○○日開催予定の株主総会において、Ｂを取締役に選任するとの議決権行使の意思表示をする」という文言が記入されています。法的には、この和解調書の成立をもって（送達は後日なされることを条件に）、即決和解調書の効力によって、「株式会社甲の株主Ａは、同会社の○○月○○日開催予定の株主総会において、Ｂを取締役に選任するとの議決権行使の意思表示をした」ものと擬制されます（つまり、この意思表示をしたとの判決が確定したと同様の法的効力が発生するのです）。したがって、強制執行とか仮処分という手続をとらなくとも、他の条件（Ａの議決権と他の株主の議決権とが取締役選任に必要十分な賛成票数になっている）を満足していれば、事実上、この和解調書成立の日に、Ｂは株式会社甲の取締役（または代表取締役）に選任されたと同様の法的状態になることになります。

**（第１編　後藤　孝典）**

# 第2編

# 各　論

## 〔株主間契約の活用例〕

# 第１章　従業員持株会の課題と対策

## 1　はじめに

従業員持株会をめぐる法律問題、税務問題は、株主と株主との契約関係によって解決しようとする課題のうちでも、最も重要であり、緊急でもあるものです。それだけに解決しなければならない課題が山積みですが、本章では一歩一歩検討していきたいと思います。

従業員持株会とは、従業員に自社株式をもたせる従業員持株制度のうち、従業員に直接所有させることなく、一定の「会」を通じて間接的にもたせる制度をいいます。なぜ直接所有をさせないのかといえば、個々の従業員に自由な売買をさせないため、一定程度の拘束下に置いて、「会」としてのまとまった役割を演じさせたいとの経営者株主の思惑が存在するからです。

その思惑こそが、従業員持株会を組成する“真の目的“なのです。それは、上場会社においては、端的には乗っ取り防止であり、本章のテーマである非上場会社では、オーナー経営者が自らの経営権を維持できる限界までは従業員持株会に株式を譲渡して、経営者の持株を減らすことによる相続税の節税です。

しかし、日本の税制の下では、節税を目的とする非合理的作為が、租税回避行為とされて課税当局から否認されることもあります。そこで、表向きの“建て前”として、従業員の福利厚生・財産形成という、誰も文句が言えない従業員持株会設立の目的を掲げ、この表と本音との調節をとるために、株主間契約ともいえる従業員持株会規約が制定されるのが常です。それを証するかのように、中堅中小企業の会社四季報によれば、掲載されている約4200

社のうち約1800社において従業員持株会が設けられています[1]。

この時点で、蚊帳の外に置かれがちな従業員持株会の会員である従業員の株主たる地位が、極めて危ういものであることが推察され、現にそれをめぐっての訴訟も起きています。

しかし、オーナー経営者の欲得づくに基づくなかば一方的な従業員持株会規約とはいえ、戦後に急拡大を見せ、半世紀余りに及ぶ実績がある点は、大いに注目しなければならない点です。それだけ社会に浸透している仕組みであり、多少の問題を抱え訴訟も経ながらも、安定的に運用されてはいるという事実があるということは重みのあるところです。

筆者としては、この実績を足掛かりにして、従業員持株会がより“真の目的”であるべき従業員福利・財産形成に役立つことを、なかば一方的である従業員持株会規約を株主間契約として成長させることによって実現できないか、と祈念しています。株主間契約とは何かを沈思黙考するとき、従業員持株会の長年の実績は、踏み台として役に立つものだと考えるからです。

では、現在の多くの従業員持株会規約のどこに問題があるのでしょうか。それは幾多の訴訟で明らかなように、退職時の払戻価額が当初の取得時の価額に固定されていることです。ですから、退職時に換金する場合にキャピタルゲインがほとんど手に入らないのです。

これで、株主といえるでしょうか。

それに対して、現在どう対処しているのかといえば、最高裁判所平成７年４月25日判決（最高裁判所裁判集民事175号91頁）以来、何ら問題は解決されておらず、引き続き株主である従業員の地位は低く、放置されたままなのです。従業員持株会を規定している法律はまったくなく、民法の組合の条文を中心的に数十にも及ぶ法律を寄せ集めて

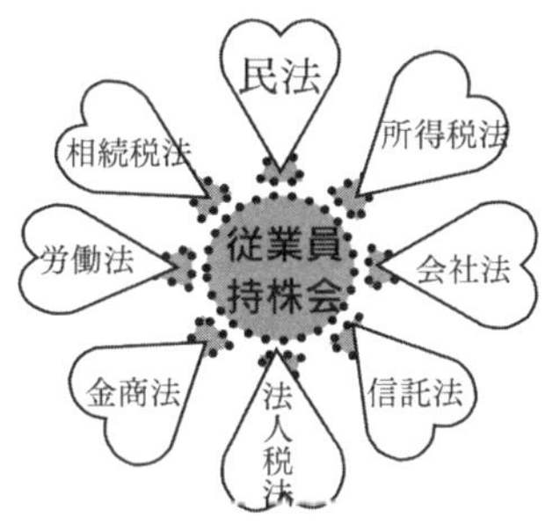


直接規定する法がないと
間隙から零れ落ちる

---

1　『会社四季報・未上場会社版　2017年下期』による。これに掲載外の中小零細企業の中にも従業員持株会は存在しますが、その比率は明らかに低いと思われ、その統計資料は存在しません。

運用しているという危うい状況です。

それならば、未来に向けていかにに対応すべきか。一部の先進的会社においては、契約自由の原則に基づき、当初から従業員を対等な株主として扱う、株主と株主との契約を有しています。それは民主的経営、後継者不足、事業承継（持続可能性)、格差是正等々のさまざまな社会変化の中から、必然的に生じてきたものともいえます。

こうした点は、後述５の「さまざま対策」で述べます。なお、親族外承継と株主間契約については、本書の姉妹書『親族外事業承継と株主間契約の法務』（未刊）で述べることにします。

## 2　従業員に自社株をもたせることの問題点

従業員に自社株をもたせることの問題点を、端的に理解するには、設例から入るのがよいでしょう。設例を通じてその問題点を理解しつつ、次項３で持株会の組成がどうなっているかを知り、４で最大の問題点を把握し、５では対策へ進んでいきます。

従業員のモチベーションアップにインセンティブを与える必要から、従業員に株式をもたせることがあります。その場合、会社が呼び水として補助をすることで株式をもつ場合もあります。その結果、次のような問題が発生してきます。

**【設例１】**　従業員Ａは、22歳で甲会社に入社したとき、譲渡制限の付いた株式を一株1000円で、会社が一株当たり500円を補助し、自己資金一株当たり500円を出捐して100株を買いました。

やがてＡが70歳の定年を迎えたとき、甲会社は上場直前になっており、純資産価格で一株が700万円になっていました。Ａは甲会社に700万円で買い取るならば売るが、そうでなければ甲社には売らないで乙社に質に入れると言っています。

この設例には、どのような問題があるでしょうか。

甲会社は持株会の設立を通さないで直接、持株制度を導入していることがわかります。税法上は、従業員Ａに対して１株当たり500円の補助をしたため、500円×100株＝５万円につき給与課税を受けると同時に会社は損金にすることは可能です。ただし、この補助は後述する「奨励金」といわれ（⑷参照）、一般的な補助割合（10％程度）からすると高額過ぎると判断されて、株主平等原則（会社法109条１項）、株主の権利の行使に関する利益の供与（会社法120条）、株主の権利の行使に関する利益供与の罪（会社法970条）に抵触するおそれがあります。つまり、甲会社としてはオーナー経営者の同族関係者以外の従業員であれば、いくら補助しようが損金となるのですが、税法とは別に、会社法上の制限がかかるのです。

しかし、ここでの問題は設例の後半にあります。22歳入社で70歳定年を迎える間の48年間で、上場直前となり株価は7000倍の１株700万円に高騰しました。従業員Ａは上場後に市場で売却すればよいのですが、何らかの事情でその前に現金化したい、あるいは甲会社が上場審査基準上の必要からか上場後の安定株主対策のため、上場前に買い取りたいということになったのでしょう。その問題は置くとして、上場の前後どちらであれ、課税上の取扱いとして、上場株式と非上場株式とで多少変わるも、基本的には従業員Ａには株式の譲渡所得課税があります。

従業員Ａが甲会社株式を譲渡しようが質に入れようがＡの自由であるのは、甲会社株式がＡの固有財産であるからです。しかし甲会社の視点に立つと、従業員に株式を直接もたせていることは、勝手に売ることができてしまうため、甲会社の安定株主対策としては望ましくありません。

また、甲会社が上場を目指すのではなくオーナー経営者の相続税節税目的で、従業員に株式をもたせていた場合には、問題はもっと深刻になります。上場しないことから市場で売ることはできないため、通常は従業員Ａから買い取るのはオーナー経営者や会社しか存在しません。その他の従業員も同様、その売却先が限られているため、そもそも売却に困難を生じます。

このような事態を避けるためには、従業員Ａと甲会社あるいはオーナー経営者との間で株主間契約を締結することが考えられます。しかし、Ａの固有財産となった甲株式について、反社会的勢力に売却することを禁じるなどを含めて、譲渡禁止条項をもつ株主間契約を締結したとしても、完全に履行されるとは限りません。もちろん違約の場合に強制的な対応も可能ですが、煩雑さもあります。

したがって、直接持株制度にはせず、間接持株制度である従業員持株会を組成し、従業員Ａは従業員持株会が保有する共有財産である甲株式を他の組合員との共有持分として間接的に保有し、かつ、退会時には、その共有持分の取得価額（設例１の場合、１株1000円）などを参酌した価額で従業員持株会が買い取る旨の従業員持株会規約を、疑似的な株主間契約として、機能させるようにするのが少なくとも会社経営者にとっては望ましいでしょう。

また、定年退職ではなくとも、次の設例２～３の場合も同様の問題があり、一般の株主とは一線を画して、一種の運命共同体として保護あるいは統制できるような従業員持株会として運営する工夫が必要となってきます。

**【設例２】**【設例１】で従業員が（定年退職ではなく）何らかの事情で会社を辞めた場合、会社は当該株式を買い取る権限があるでしょうか。

さらには従業員が死亡した場合や精神病となった場合、また精神病となったのちに自殺した場合に、その従業員の相続人や法定代理人が会社に買取りを請求することができるでしょうか。この場合、会社に時価で買い取れと要求する権利はあるでしょうか。

**【設例３】**　会社の業績が不振となって解雇が始まり、当該従業員にも解雇の予告がなされたときは、どうなるでしょうか。

ただし、【設例３】のようないわば非常事態には、従業員持株会の共有持分は、特殊な共有である「合有」であることからくる困難さも存在します。

次の３で、その従業員持株会を民法上の組合（民法組合）として組成するという、これまでの実務では主流となっていた方法について述べていきます。

# 3　民法組合として従業員持株会を組成した場合

従業員持株会を民法組合として組成するという、これまでの実務で主流であった方法について、ここではポイントを押さえながらその仕組みの概要を述べます。

## (1)　理事長候補となる発起人を決定

組合の理事長１名のほか、通常は理事２名、監事１名の候補を決め発起人とします。

理事長は、一般的には、総務部または人事部から人選することが多いのですが、この人選は慎重に行う必要があります。会社やオーナーの意向に全くイエスマンとみられてしまうような人材では、従業員持株会の独立性が問われかねません。かといって、労働組合を形成しそうな人材でも会社としては困ります。会社側べったりではなく、調整役となれる人材を選ぶことが肝要です。

理事長の人選は法律的にも税務的も重要です。実際に理事長の人選を比較的安易に進めている例を散見しますが、これは極めて危険です。従業員持株会の独立性が確保されないと、会社法上の子会社に該当しかねません（会社法２条３号、同法施行規則３条１項)。子会社は親会社の株式を保有できませんから（会社法135条）従業員持株会の存亡にかかわり、税務上も否認の憂き目にあいかねないのです。

**会社法２条３号**

三　子会社　会社がその総株主の議決権の過半数を有する株式会社その他の当該会社がその経営を支配している法人として法務省令で定めるものをいう。

**会社法施行規則３条（子会社及び親会社）１項**

第３条　法第２条第３号に規定する法務省令で定めるものは、同号に規定する会社が他の会社等の財務及び事業の方針の決定を支配している場合における当該他の会社等とする。

**会社法135条（親会社株式の取得の禁止）１項**

第135条　子会社は、その親会社である株式会社の株式（以下この条において「親会社株式」という。）を取得してはならない。

### ⑵　給与天引き

会社との契約は、組合の通常の事務作業のほとんどを会社に委託するための契約です。給与控除の準備等も欠かせません。給与および賞与から従業員持株会の拠出金の天引き控除をするためには、労働組合等と協定を交わさねばならないので（労働基準法24条）、注意が必要です。

**労働基準法24条（賃金の支払）１項**

第24条　賃金は、通貨で、直接労働者に、その全額を支払わなければならない。ただし、法令若しくは労働協約に別段の定めがある場合又は厚生労働省令で定める賃金について確実な支払の方法で厚生労働省令で定めるものによる場合においては、通貨以外のもので支払い、また、法令に別段の定めがある場合又は当該事業場の労働者の過半数で組織する労働組合があるときはその労働組合、労働者の過半数で組織する労働組合がないときは労働者の過半数を代表する者との書面による協定がある場合においては、賃金の一部を控除して支払うことができる。

（下線は筆者による。以下同様）

### ⑶　従業員の株式取得資金の調達方法

従業員がする従業員持株会への拠出金は、配当還元価額という比較的安価な価額とはいえ、サラリーマンとしては結構な金額となるため、従業員としても「おいそれ」と出せる金額ではありません。会社としては、現実的な対応をする必要があります。

まず、長期的には従業員の給与からの積立てによる方法が考えられます。しかし経営者の相続税の節税策を実行する観点からは短期的に効果をあげる必要が高く、臨時拠出により速やかに従業員持株会を設立する必要がある場合も少なくありません。このような場合には、会社からの貸付金、あるいは、一旦臨時賞与を支給したうえで出資してもらうことにします。臨時賞与は例外的ですが、この賞与によって、法人税の節税や、株価を同時に下げることを効果として見込んで行うことがあります。ただ、その場合、臨時賞与額の多くを出資してくれることを希望して支給されますが、これを強制することは労働基準法上できませんし、源泉徴収税や社会保険料を控除すると現実に出資できる額は相当目減りするため実際にはあまり使われない方法です。

そのうえで長期的方策の給与天引きによる積立てと毎年の配当の積立てを並行させます。従業員持株会を親族外事業承継に用いる場合には、結果的には、この短期と長期を併用する方法が、短期面での効果の即効性と長期面での従業員の資金調達の容易性から手間が掛かるものの最もお勧めの方法です。

従業員持株会の導入動機の多くが、相続税の節税を図りつつ事業承継をすることです。このため事業承継計画等との整合性を考慮し、一人当たり出資額・従業員数と加入率等、役員持株会の設立等も勘案して、総合的にシミュレーションしなければなりませんから相当高度な設計が要求されます。

先進事例では、多くの場合に共通する場面として、短期的にも効果を出すために設立当初にある程度まとまった拠出をし、これに応ずる資金の準備のできない従業員には会社からの直接貸付けまたは金融機関からの貸付けの斡旋を行います。その後、目標とする移転株数に達するまで、オーナーからの株式放出に応じるために、毎年定期的に給料・賞与時に天引きにより積立てを行い、毎年の配当金も積み立てます。しかし生活給を確保する労働基準法の観点から上記のような配慮をすることが重要です。

### (4)　奨励金で加入を促進する

従業員持株会に参加する従業員に対しては、税法上も会社法上も認められる、会社からの株式取得に対する補助である奨励金を付与します。奨励金は、必ず支給しなければならないものでもありませんが、これにより従業員福利目的であることの裏づけも補強されますし、従業員の加入の促進剤ともなります。

一般的に適正な奨励金は、積立金として毎月あるいは臨時に拠出する金額に対して３％～10％といわれています。この場合の「適正」とは、何を問題にしているかといえば、無制限に支給すると株主に対する利益供与になるからです。すなわち会社法の「株主平等の原則」や「利益供与禁止」の規定で、他の株主との関係上、従業員持株会会員であるとの特別な理由による上記程度の奨励金であれば、通常問題ないと考えられているのです。

**会社法109条（株主の平等）１項**

第109条　株式会社は、株主を、その有する株式の内容及び数に応じて、平等に取り扱わなければならない。

**会社法120条（株主の権利の行使に関する利益の供与）１項・２項**

第120条　株式会社は、何人に対しても、株主の権利の行使に関し、財産上の利益の供与（当該株式会社又はその子会社の計算においてするものに限る。以下この条において同じ。）をしてはならない。

２　株式会社が特定の株主に対して無償で財産上の利益の供与をしたときは、当該株式会社は、株主の権利の行使に関し、財産上の利益の供与をしたものと推定する。株式会社が特定の株主に対して有償で財産上の利益の供与をした場合において、当該株式会社又はその子会社の受けた利益が当該財産上の利益に比して著しく少ないときも、同様とする。

**会社法970条（株主の権利の行使に関する利益供与の罪）１項**

第970条　第960条第１項第３号から第６号までに掲げる者又はその他の株式会社の使用人が（中略）、株主の権利の行使に関し、当該株式会社又はその子会社の計算において財産上の利益を供与したときは、３年以下の懲役又は300万円以下の罰金に処する。

上記のように厳しい罰則規定がありますから、これにふれるような奨励金は絶対に支給しないでください。

一方、税務上、従業員の所得税の計算上は非課税となりません。これは従業員たる地位に基づいて支給を受けていますので、毎月の給与と合算して源泉徴収が必要です。また、年１回支給する奨励金であれば、賞与として源泉徴収を行うものとされます。

しかしこの奨励金は労働基準法11条の「賃金」に該当しませんので、時間外割増賃金のベースには算入されませんし、社会保険料の算定基準の上での「報酬」にも該当しません。

また、会社の経理処理上では、福利厚生費して会計処理されますから、もちろん損金となります（以上につき、〔表１〕参照）。

〔表１〕　奨励金の取扱い

| | 会　社 | 従　業　員 |
|---|---|---|
| 税　　務 | 損金となる | 給与所得として源泉徴収の対象となる |
| 労働保険 | 「賃金」に該当せず、時間外割り増し賃金のベースに算入されない | |
| 社会保険 | 社会保険料の算定基準上の「報酬」に該当しない | |
| 会　　計 | 福利厚生費 | ―――――――― |

## (5)　従前の典型的な従業員持株会規約（株主間契約）のひな形

以上のような従業員持株を民法組合として組成した場合の一般的な従業員持株会の規約（株主間契約）としてサンプルを提示すると、次頁のようになります。

このうち、特に重要なものは、15条の退会の持分返還と12条の現物組入れです。ともに後述する竹中工務店事件の解説でクローズアップさせていきます。

## 従業員持株会規約例

＊注意＊　この規定は、従業員持株会の規約の概要を「見開きで」理解していただくために、参考程度に、できるだけ簡略化したものです。

第１条（名称）　本会は○○従業員持株会（以下「会」という。）と称する。

第２条（会の性格）　会は、民法上の組合とする。

第３条（目的）　会は○○株式会社（以下「会社」という。）の株式を取得することにより会員の財産形成に資することを目的とする。

第４条（会員）　会員は、会社の従業員（以下「従業員」という。）とする。ただし、勤続年数１年未満の者は除く。

第５条（入会および退会）　従業員は、この会に入会し、または退会することができる。

２　会員が従業員でなくなった場合は、自動的に退会するものとする。

第６条（配当金）　会の所有する理事長名義の株式に対する配当金は、会員に現金交付する。

第７条（増資新株式の払込み）　理事長名義の株式に割り当てられた増資新株式については、会員は各持分に応じてこれを払い込むものとする。

第８条（貸付金）　会及び会社は、会員に対して貸付けの斡旋を行うことができる。

第９条（株式の登録配分）　第７条により取得した新株式又は無償交付その他の原因により割り当てられた株式は、割当日現在の会員の登録配分株数に応じて登録配分する。

第10条（株式の管理及び名義）　会員は、前条により自己に登録配分された株式を、理事長に管理させる目的をもって信託するものとする。

２　前項により理事長が受託する株式は、理事長名義に書き換えるものとする。

第11条（議決権の行使）　理事長名義の株式の議決権は、理事長が行使するものとする。ただし、会員は各自の持分に相当する株式の議決権の行使について、理事長に対し株主総会ごとに特別の指示を与えることができる。

第12条（現物組入れ）　会員は、自己の保有する株式を会の持分に組み入れることができる。

第13条（持分の一部引出し）　会員は登録配分された持分を、配当還元価額を参酌した価額で本会に譲渡し、その代金を受け取ることができる。ただし株券での引出しは認めない。

２　第８条により貸付けを受けている場合は、前項にかかわらず、会員は、貸付けに係る株式を引き出すことができない。

第14条（処分の禁止）　会員は、登録配分された株式を他に譲渡しまたは担保に供することができない。

第15条（退会の持分返還）　会員が退会したときは、当該会員に登録配分された株式（少数第４位以下を切捨て）を、現金にて払戻しを受ける。

2　前項により払戻しを受けた株式の評価は、配当還元価額を参酌して行う。

第16条（役員）　会の業務を執行する理事２名（うち理事長１名）監事１名の役員をおく。

2　前項の役員は、会員総会で会員中から選任し、理事長は、理事の中から互選により選任する。

3　理事長は、会を代表するものとする。ただし理事長に事故ある時は、他の理事がこれにかわる。

4　監事は、会の会計を監査しその結果を定時会員総会に報告するものとする。

第17条（理事会）　理事長は、毎年○月に定例理事会を招集し、必要あるときは臨時会を招集する。

2　理事会は理事の過半数の出席で成立し、その過半数の賛成で議決する。

第18条（会員総会）　規約改正その他の重要事項の議決および役員選任のため、毎年○月に定時会員総会を開催する。ただし必要に応じ臨時会員総会を開催できる。

2　会員総会は、理事長が招集する。

3　会員総会の議決は、出席会員の過半数をもって行う。ただし、会員は、書面をもって議決権の行使を委任することができる。

4　会員は１個の議決権を有する。

第19条（会員への報告）　理事長は、毎年○月○日から○月○日までを計算期間とした会の決算報告書を、定時会員総会で報告する。

2　各会員には、前項の期間内の個人別計算書を作成し、送付するものとする。

第20条（通知）　会の通知は、原則として社内報又は社内掲示板によって行う。

第21条（会の所在地）　会の所在地は、○○県○市○町○丁目○番○号○○株式会社内とする。

第22条（事務の委託）　会の事務の一部は、○○株式会社に委託する。

付　則

この規約は、令和○年○月○日から実施する。

# 4　民法組合の困難性（退職時の買戻しとみなし配当）

## (1)　竹中工務店事件にみる退職時の買戻しとみなし配当

会社が成長し、株式取引時価が倍になったときに従業員が退職した場合を考えてみましょう。持分の株式の価値が倍になったからといって、その時価で買い戻すには、従業員持株会にその財源はありません。仕方なく、従業員持株会は会社から借入れをして支払うことになります。その結果、従業員持株会には返せる当てのない借入金が、会社には回収見込みの立たない貸付金が残ったままとなります。従業員持株会を設立するような会社はある程度の中堅企業が多いため、その金額が肥大化して放置すれば、会社からすれは、寄附金課税問題になりかねません。

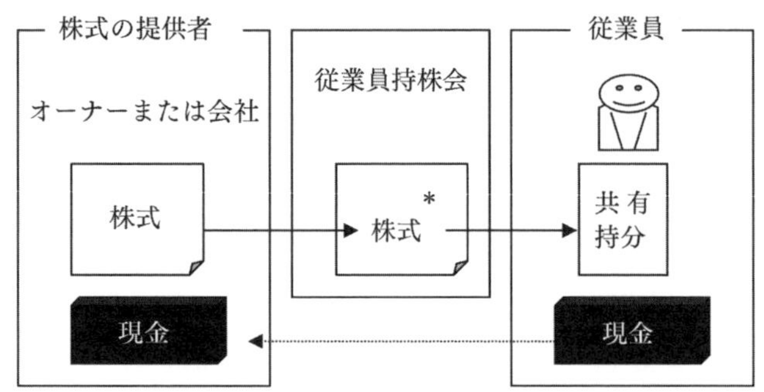


＊厳密には従業員が株式を買受け従業員持株会に拠出する

さらに昨今のように従業員の高齢化が進み、その結果退職者が増えたら、支払も増える結果、会社は貸付金がどんどん大きくなり、貸付金利息も膨れ上がるため放置できなくなります。そこで、従業員持株会から会社が株式を買い取り、貸付金と相殺した結果に起きた事件が、ここで取り上げる竹中工務店事件です。

竹中工務店は、スーパーゼネコン5社のうち、唯一の非上場会社で、サントリーと並ぶ二大非上場会社です。全国主要建築を施工し自社物件を「作品」

と呼ぶことでも知られた優良会社です。

新聞報道によると、「団塊の世代」の大量退職で従業員持株会（以下、単に「持株会」ともいう）の退会に伴う買戻し支払額がかさんだため、持株会は会社からの借入れで対応していました。会社は2004年に320億円にも達していた持株会への貸付金解消のため、持株会が退職者から買い取っていた自社株790万株を、会社の簿価500円より約3500円高い１株約4000円で持株会から取得し、貸付金と相殺しました。

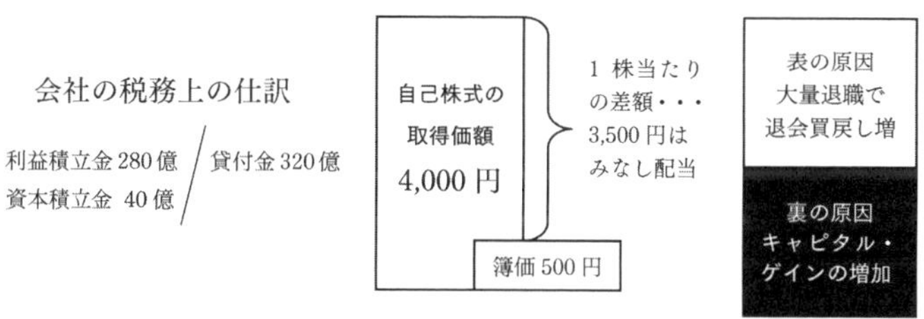


これに対し国税局は、約3500円の差額を、利益配当した「みなし配当」と認定したのです。総額280億円につき源泉徴収（20%）対象とし56億円の徴収漏れを指摘、不納付加算税等を含め61億円を追徴……。これが事件の概要です（平成19年２月７日付け読売新聞報道による）。その内容はまことに身につまされます。みなし配当は、非上場であるがゆえの問題で、上場会社なら従業員持株会が市場売却し会社は市場から自己株式取得となり、会は売買益を得、みなし配当でないから会社側に源泉徴収義務は生じません。

ここで重要なのは、新聞報道はその根本原因を指摘していないため想像するしかないのですが、同社はおそらく社内規定で株価算定をし、その価額で従業員持株会が買戻しをしていたため、価額が膨らんだということでしょう。このためにも、最低限、買戻し価額は固定的であるべきといえます（本事件の訴訟における当事者の主張および判決については後述）。

### ⑵　竹中工務店事件にみる組合会計の困難性

「社団」の会計は、普通法人と同じですから何ら難しくありません。それに比べ「組合」の会計は難解で高度です。それは、ひとえに「組合」財産が「共有」、しかもそのうちの「合有」といわれるものであることによります。

というのは、民法上、「物」に対する共有ではその持分の単独処分も分割請求も認められます（民法256条）が、「合有」は組合に認められる共有の特性であって、組合員には持分が認められるものの、組合員はその持分財産を単独で処分することも（正確には単独処分を組合および組合と取引した第三者に対して対抗できない）、分割請求することも認められていないのです（同法676条）。ただし脱退は認められており、脱退した組合員と他の組合員との間の計算は、脱退のときの組合財産の状況に従って計算されます（同法681条）。

組合の「会計」が難しいことは一般には知られていません。ここで簡単に説明のできないほど難しいのですが、一言で言えば「共有」の計算が難解なのです。以下に極限的に簡単な例でみてみますが、それでもいかに大変であるかを理解できるでしょう。

たとえば、１株の時価120円の株式をＡ、Ｂ二人が１株ずつ拠出した「組合」は、２株とも二人の共有財産で240円、それぞれの財産価値は120円です。

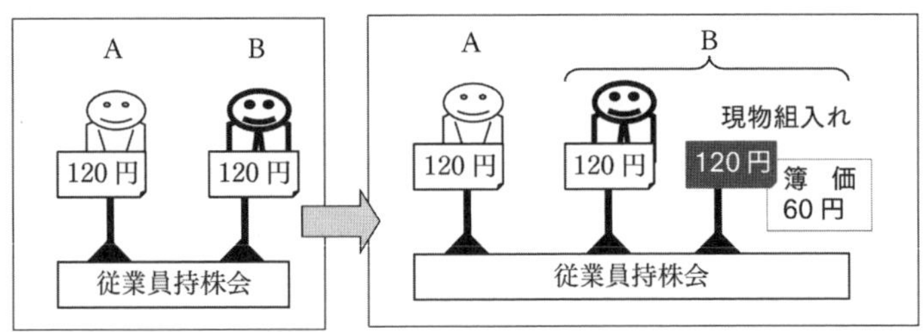


ここに、過去において１株60円で取得していたＢが追加で「現物組入れ」をしてきたとしましょう（〈図〉参照）。すると組合財産は240円＋120円＝360円になり、Ａの出資は120円のままですから出資割合は３分の１、Ｂのそれは120円＋120円＝240円ですから３分の２となります。

しかし、ここからが大変です。二人の個別の財産価値は何度もいうように「共有」ですから「現物組入れ」をした簿価60円、時価120円の株式についても「共有」になるので、Ｂの「現物組入れ」による追加出資により共有持ち分の変化を誘発し、その割合に相当する３分の１だけＡの所有になるということは、「現物組入れ」したＢからＡに対して120円÷３＝40円だけの部分的な譲渡があったことになります。

その譲渡原価は簿価60円÷３＝20円ですから、以下のように株式譲渡益が生じます（租税特別措置法67条の12第１項、同法施行令39条の31第５項）。

〈①　現物組入れしたＢの仕訳〉　Ａへの部分譲渡

| | | | |
|---|---|---|---|
| **組合拠出金** | 40 | 株　　式 | 20 |
| （資　産） | | **株式譲渡益** | 20 |

ことはそれで終わりません。「現物組入れ」したＢの自分の持分部分はそのまま組合に移動したので、以下の仕訳が必要となります。

〈②　現物組入れしたＢの仕訳＞　Ｂの自らの持分部分移動分

| | | | |
|---|---|---|---|
| **組合拠出金** | 40 | 株　　式 | 40 |
| （資　産） | | | |

以上①と②を合計すると以下の仕訳になります。

〈①＋②　現物組入れしたＢの合計仕訳〉

| | | | |
|---|---|---|---|
| **組合拠出金** | 80 | 株　　式 | 60 |
| （資　産） | | **株式譲渡益** | 20 |

上記の結果、借方の「組合拠出金」は簿価60円でもなく、時価120円でもない、一部譲渡した結果として、その混合である80円と表示されます。しかし持分は時価（120円）を基準に計算されるため、ＡとＢの持分は以下となり持分割合は４：５に変化してしまうのです。

Ａ＝120＋120×１／３=160……持分４

Ｂ＝120＋60×２／３＋120×１／３＝200……持分５

ことほど左様に、「組合」の会計、加えて税務は難解で高度です。上記の「部分譲渡」も、実は平成17年度税制改正でようやく明らかにされたに過ぎません（ちなみに竹中工務店事件の原因取引は、平成16年７月です）。それまでは学説上も「部分譲渡説」、「全部譲渡説」と入り乱れていて、通達もなく、昭和54年の国税庁質疑応答集の中で税務は「部分譲渡説」によるとあっただけでした[2]。

このように複雑な関係を回避するために、「組合」で行う場合には「現物組入れ」は原則禁止とし、出資も買戻しもほぼ統一価額とするのが賢明です[3]。

組合の共有会計の困難さは、上記「現物組入れ」の場合にとどまりません。竹中工務店事件では、先述のようにおそらくは「現物組入れ」をしていると思われますが、これも推測に過ぎませんが、上記のような会計をしていなかったと考えられます。

竹中工務店事件では、基本の「共有」処理がなされておらず（処理がなされていなくとも組合財産は自動的に「共有」となります）、各会員名義に分配された株式「配分済株式」と、それがなされていない、つまり退会者から買い戻したままの「未配分株式」とに分けて管理されていました。

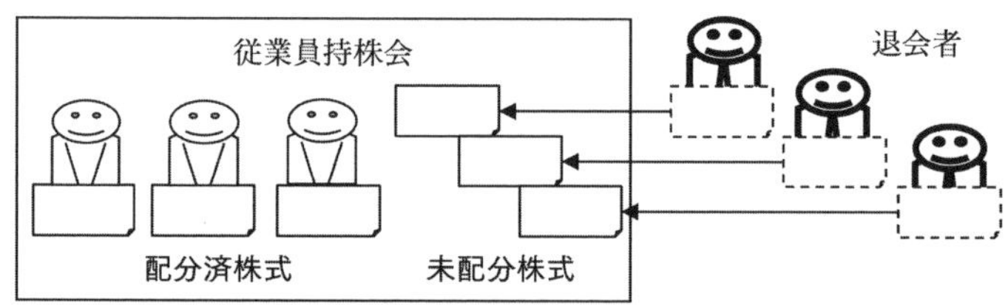


会社からの配当は、当然にその区分に無関係にされ、その都度、源泉徴収もされています。しかし処分行政庁の担当職員による指導により配当所得として確定申告をし、配当控除を受けていたのは「配分済株式」分だけで、「未配分株式」は源泉徴収されたまま（？）、確定申告はされていませんでした。何とこの状態が20年にわたり続いていたのです。

このような状態で、「未配分株式」を退会者から高額な買取保証価額で買戻ししているのです。買取資金は借入金で賄い、それがそのまま会社からの借入金となっていて、「未配分株式」を会社に代物弁済して、その借入金を返済したというのが本事件の構造です。

---

2　審理課情報第５号「資産税関係質疑応答事例集第６集」。

3　日本証券業協会「持株制度に関するガイドライン」では原則禁止で、非上場株式は取得価額を証明できる場合はこの限りではないとしています。また前掲した本書の従業員持株会のひな形では「組み入れることができる」（12条）としていますが、実際、現物組入れをしたら上記のように大変な作業になります。

その代物弁済に伴う「みなし配当」は退会者とその時点の会員双方にとっての所得となりますし、それが長期間続いているうえに会員は約7000人ですから、この共有会計は目も眩むほどに複雑な計算になることは先の計算例から容易に想像できます。したがって、その計算は実際には不可能だから「みなし配当」の除外項目であるべきだと会社側は主張します。

しかし、国側は、その時点時点での会員も退会者も明確だから計算は可能だと主張しますし、判決もそう判示します。品川教授の評釈では「そのような帰属計算も不可能であろう。かといって、本件代物弁済時の会員にその損失を帰属させることも、理論的にも問題があり、計算技術的にも困難である。本判決は、そのようなことも可能であるかのように判示しているが、その根拠を明らかにしていない」と述べ、会社側と同じく「みなし配当」除外項目とすべきと結論づけています[4]。この点、判決を読んだ私の印象では、裁判所は計算技術がよくわからないので国側の主張に目を瞑って乗っかっただけです[5]。

以上の結果から、現物組入が可能な場合とは、時価が同じ場合に限定されることになります。現実的にそんな場面はほとんどないため、結果的には、現物組入を避けることが好ましいと考えられます。

# 5　さまざまな対策

民法組合としての従業員持株会の限界がみえてきたところで、ではどうしたらよいかについて、対策を検討していきます。大別して、まったく別の組織形態としてしまう方法と、民法組合であっても限定的に活用する方法があります。

---

4　品川芳宣「最新判例研究」T&Aマスター405号29頁。

5　大阪地方裁判所平成23年３月17日判決訟務月報58巻11号3892頁。控訴、上告もされたが最高裁判所平成26年１月16日決定税務訴訟資料264号順号12386で上告棄却、竹中工務店側の敗訴が確定。

### (1) 対策１――「人格なき社団」として組成した場合

人格なき社団については、活用事例はほとんどないかと思われるため概要を述べるにとどめることにします。この場合の株主間契約で重要なことは、先のサンプルの従業員持株会規約２条（会の性格）「会は、民法上の組合とする」とした部分において、「会は、人格なき社団とする」と明記することです。これが竹中工務店事件での教訓ともいえます。

「社団」（権利能力なき社団）は、民法その他の“法律に根拠をもたない”のに、社団としての“実態”を備えたものです。その「社団」の要件はすでに判例で確立しています。これは最高裁判所の判例（最高裁昭和39年10月15日判決最高裁判所民事判例集18巻８号1671頁）の示す下記４条件として明確です。

1．団体としての組織を備えていること
2．多数決の原理が行われること
3．構成員の変更にもかかわらず団体そのものが存続すること
4．組織によって代表の方法、総会の運営、財産の管理その他団体としての主要な点が確立していること

以上の４条件は、特段に困難な要件ではありませんから、従業員持株会が幽霊持株会でない限りは、容易に要件を具備することが可能です。従業員持株会は「組合」となることも「社団」となることも任意に選択することができますし、現に竹中工務店従業員持株会規約によれば、「組合」を選択しているわけです。

そして、竹中工務店事件では、長期にわたって、パススルー課税の恩典である配当控除も受け続けていることもあって、結論としては「組合」と判示されています。

ここで注目すべきは、次の図のように、民法上は「組合」であるとともに「権利能力なき社団」であり、かつ、税務上も「組合」と「人格のない社団等」のいずれにも該当する場合は、どのように課税するのが合理的かという点です。この点は、竹中工務店事件に関する唯一といってよい詳細な評釈を発表

されている品川教授も言及されています。また、より根本的には、「組合」と「社団」とは、「個人」と「法人」のように左右に割り切れるものではなく、重層的な存在であることです。この点、事業体の多様化が進展してきたことによる課税のあり方としても近年論議の盛んな分野です。

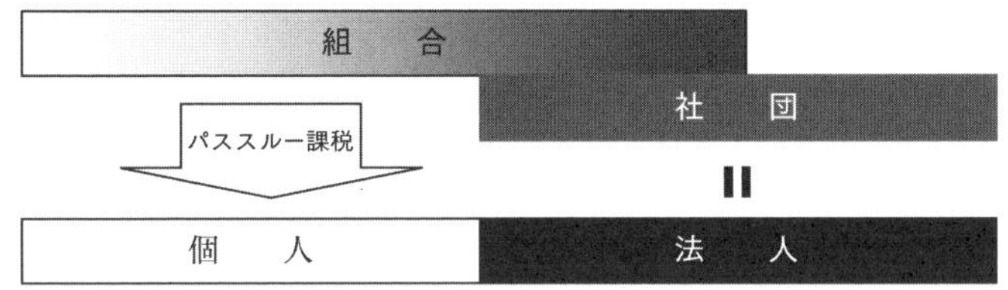


その中で、「組合」と「社団」の区別は、その“実態”をもって“個別に”判断されることになるのが通説となっています[6]。その具体的な判断は、竹中工務店事件の訴訟（以下、「本件訴訟」という）においても当然に論争となり、それが、「みなし配当」の除外項目とすべき場合をめぐる論議へとつながっていきます。

その論争の中では「社団」となることの最大のメリットである「受取配当等の益金不算入」と「税額控除」のダブルメリットは表現されていません。その理由は、仮に人格なき社団としても、ただ単にそうしただけでは、これらのダブルメリットは受けられないからです。なぜなら人格なき社団は法人税法上において公益法人等として課税されるため、配当等は非課税扱いとなり、その結果として税額控除も受けられないからです（本書では、ダブルメリットを受けるための特別なノウハウは述べません)。またその場合でも、受取配当の益金不算入は２分の１しかなりませんので、全額益金不算入としたければ25％以上を会社が出資して「関係法人」とする等の工夫を凝らすことになります。

なお、人格なき社団による方法は、後述する「対策４」の一般社団法人による方法がとれるようになったこともあり、ほとんど使われていません。本書では組合から一般社団法人に思考を進めていく過程として、竹中工務店事

6　長谷部啓「パススルー課税のあり方」税務大学校論叢56号95頁。

件においても人格なき社団が登場したことから、理論的検討材料として取り上げておくにすぎません。

〈社団の場合の仕訳〉

1株当たり

| 税額控除 | | | | | 益金不算入 |
|---|---|---|---|---|---|
| | **現　預　金** | 80 | 受取配当額 | 100 | |
| | **法 人 税 等** | **20** | | | |

しかし、そこまでしなくとも、上記２分の１が益金算入ですから所得が50となり、多額の借入金との相殺で本件訴訟のように自己株式を取得した結果「みなし配当」が出て、税率が40％となったとしても50×40％＝20で税額控除をすれば納税が０になります。通常の配当しかない事業年度では、中小法人の税率となって還付となります。

竹中工務店事件の場合には、従業員持株会は自ら「組合」を選択し、その後変更もせず、さらには「配当控除」を受けてしまっていることが大きく災いしています。会員数7000名を超えて、本当に組織的運用をしないことには成り立たない巨大従業員持株会で、“実態として「社団」”といえる状況にもありながら、最終的には、「組合」との個別認定がなされているのです。

ということは、逆にいえば自ら進んで従業員持株会規約において「社団」として立ち上げ、あるいは変更し、配当控除も受けない道を選択すれば、人格なき社団の受け取る配当等を収益化するノウハウいかんではダブルメリットを受けることが可能ではないでしょうか。

さらには、会員から買い取るために生じた会社からの借入金があまりにも多額になってしまい、生きたまま屍と化した「ゾンビ持株会」が、それを解消し蘇生するため、本件訴訟と同様に会社が自己株式を従業員持株会から買い取る。もちろん「みなし配当」となりますが、しかし、ダブルメリットで実質全額非課税となり、会員に分配した部分のみが会員の雑所得となって、本件訴訟のような大惨事にならない……というスキームが考えられます。

そのためには、従業員持株会が“実態として「社団」であること”が不可避ですが、先述のように幽霊持株会でなければ不可能ではないのです。後は規約の中に「社団」であると明確に規定し、わずかな配当控除のメリットは諦めることにより、組合の煩雑な計算と多大な課税が後日発生するリスクを回避することを選択することのほうが、より従業員福利に資すると考えられます。

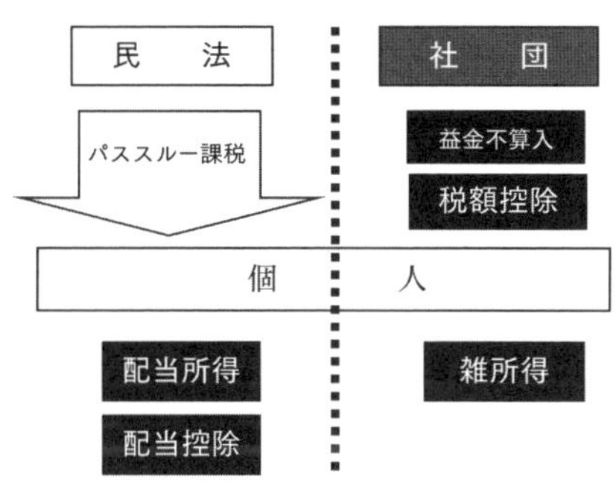


このことは、「従業員持株会＝民法上の組合」というセオリーを覆して考えることが可能であることも示しています。

さらには、買戻しの資金不足→借入金の増大→解消のための自己株式の取得は「みなし配当」で巨額課税との流れを断ち切ることが可能ということになります。

また相続税節税の経営者の「本音」からいえば、従業員持株会設立時に、配当還元価額程度の低額で配布し、退会時に高額買取り（下図のように、一部引出しは預入期間による段階的価額にするなど工夫もできる）が保証されていれば、キャピタル・ロスもなく、従業員のメリットは大きくなります。したがって従業員持株会の設立（相続税の節税）はより容易になり、オーナー経営者にも受け入れやすくなります。

この結果、キャピタル・ゲインのなさからくる問題点はないうえに、キャピタル・ロスもなく従業員福利に資することになります。

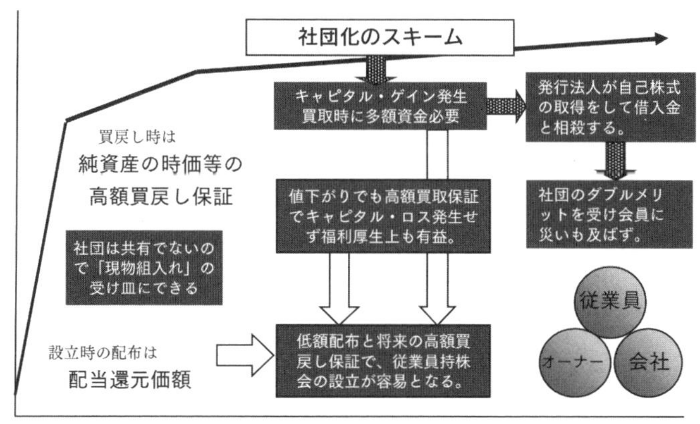

さらに会社は、先述の「組合」の共有による弊害もないため「現物組入れ」は容易に維持でき、時価上昇による士気向上を図ることが可能ですから、従業員・会社・オーナーの「三方良し」の関係を構築できます。これはとりも直さず、「本音」の推進にもつながることになります。

また、「みなし配当」の適用除外を、特別の立法や解釈を必要としないで、実質的に実現できることになります。しかし、このようにメリットがある「社団」化はなぜこれまで行われず、従業員持株会＝「組合」という意識構造になっていたのでしょうか。

それは、既述のように「組合」なら、組合員にとって、配当控除が最大のメリットとされ（実額はわずか）、ガイドライン等の先例が「組合」によったためその後続が続いたのでしょう。

また、高額借入金の処理の問題がありながらなかば無視され続けられたりもしました。そうして、本件訴訟のように団塊世代の退職や新入会員の減少で借入金が膨らみ、その解消のための「みなし配当」が多額になるリスクに目を伏せていたからです。先述したように実は「組合」の計算は高度です。

目先のメリットだけを考え、数十年後のことはひとまず目をつむって、あるいは無知や誤解から、とりあえずスタートするというのは類例が多くあるものです。

また、昨今は登記を要する「一般社団法人」の従業員持株会設立も検討されることもありますが、「一般社団法人」は配当や分配ができず、寄附によらなければなりません。その場合、会員は法人からの寄付（一時所得）でほとんど課税されませんが、法人側では全額損金にならない難点もあります。

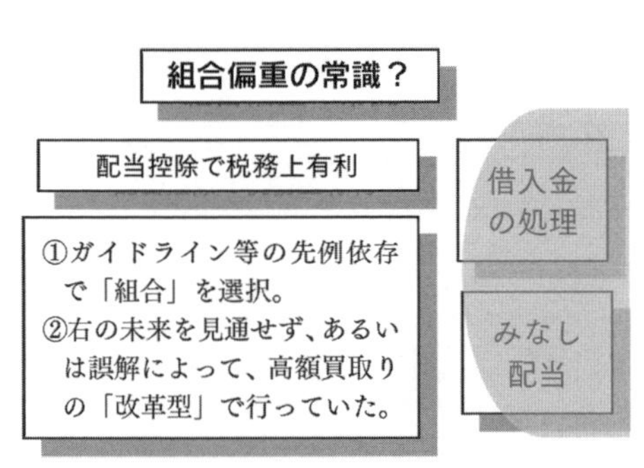


しかし、分配をせず塩漬け効果を見込んでの活用はあるかもしれません。

もちろん、「社団」化しても、法務的に「集団投資スキーム」に該当しないよう注意を払うのは「組合」の場合と変わりありません。

### ⑵ 対策２――退職時の時価買取りを容認した場合

建前の目的であった従業員福利や従業員の資産形成を、真の目的とするには、時価による買取りを実現させ従業員にキャピタルゲインを得られるようにしなければなりません。しかしそれには、竹中工務店事件で持ち上がった問題が立ちはだかります。これを従前の民法組合の形式の中で工夫して行うことを考えてみます。

伸び盛りの中堅企業や税理士法人のグループ企業では、別に組合を立ち上げたり別法人を利用する例が垣間見られます。特に税理士法人では、本書姉妹書『親族外事業承継と株主間契約の法務』（未刊）で取り上げるように出資持分の払戻しで問題が生じていて、結果的にどんなに業績が上がって法人内部に剰余金が積み上がっていても、残留する社員は、取得時の出資価額で払い戻すと定款に書いてあると頑張るため、紛争が起きています（弁護士法人、監査法人、特許業務法人、司法書士法人などでも同様の問題があります）。そこで、税理士法人とは別のコンサルティング会社を税理士法人の事務所の中に立ち上げて（つまり、同じ住所で）、その中で時価取引で労に報いる方策をとっているのです。これには、従来の従業員持株会のメリットはオーナー経営者だけに重心があり、従業員にはキャピタルゲインがなく、働き甲斐がない点を会計事務所の職員が熟知しているだけに、従来型の取得価額での買戻しという株主間契約には納得できないとの知恵が働いているものと推察されます。

このような取引時価で買い戻すやり方が、比較的導入しやすいパターンでしょう。今後は、幹部従業員対象の従業員持株会や、後述する役員持株会においては可能性が高まると考えます。

もとよりこれらの役職者については、地位が高まるほどに業績がすべてであり、その業績は会社の時価総額に現れてきますから、退職時に通常の退職金と別に、業績を示す株式の値上益をもって処遇するのは、成果配分としては極めて明朗な方法ともなり得ます。株式現物を用いたストックオプションのようなものです。

なぜ、幹部従業員や役員では導入しやすいかといえば、人数が限定されてくるため、買戻しの資金の手当てが可能になるからです。つまり、仮に目覚

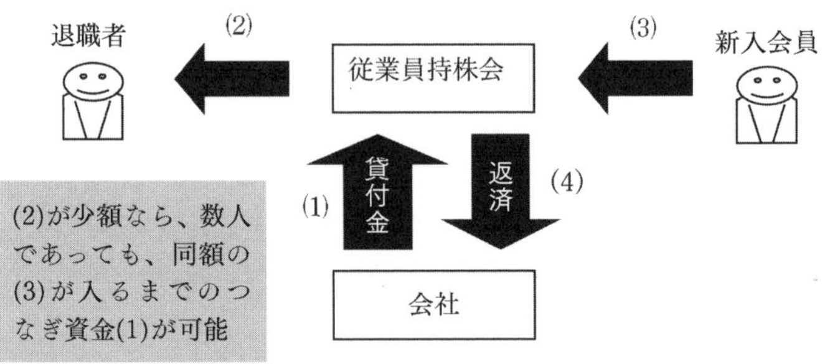


しい発展をして、株価が10倍になって、買戻額がそれに応じて10倍になっても、買い戻す人数か少なければ、資金的に吸収可能だからですし、組合会計の共有計算も頻繁な出入りがなければ計算が可能でしょう。

これは、人数が少なければ従業員持株会にも当てはめられますが、従業員の場合は、その目覚しい発展により、当然に従業員数も対応して増えるため、後々の退職によって買戻しが困難になる可能性を孕むため、辣腕経営者でない限りは、安易に取引時価での買取制度は導入できないわけです。

時価買取りの方法を取り入れている非上場の会社は、現在のところは発展しているから、とりあえずの問題はありません。しかし企業はいつかは衰退するものです。そのときには問題化するものと想像されます。

### ⑶　対策３――中間型

では、どうしたらよいでしょうか。そこで筆者が考えた方法が「中間型」と呼ぶものです。

これまで述べてきた買戻価額について、なぜ「従来型」では取得価額による買戻しとしているかといえば、「時価買取り型」のようにすれば、取引時価が高騰して従業員持株会が成立し得なくなる可能性があるためです。しかし「従来型」では従業員にまったくキャピタル・ゲインの機会が失われ働き甲斐に欠ける問題があります。

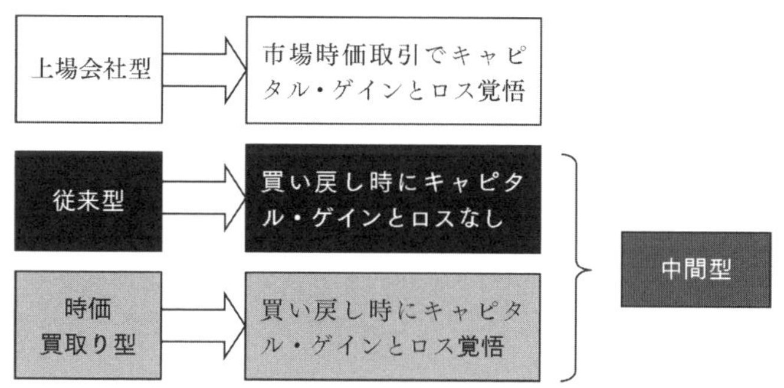


そこで「中間型」は、メリットとデメリットを折衷し、取得価額を取引時価に比例して算定し、これを買戻価額に利用しようとするものです。概要、次のような方法です。

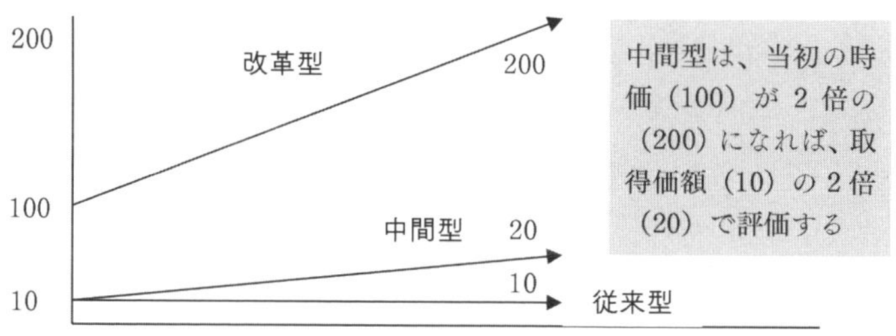


オーナーの節税は、１株当たり純資産価額が100万円する株式を10万円の配当還元価額を基準として従業員持株会に移動させることによって可能でした。今、これが２倍の価値である200万円になった会社があるとします。この場合、オーナーの相続税の節税を図りつつ、従業員持株会の持株の買戻価額にキャピタル・ゲインを考慮するにはいかにするか。これには、まず従業員持株会設立時には10万円を基準として移動させることです。そして、その後に買戻しをする際の価額は、基準となる価額が２倍となった際には、10万円の２倍、すなわち20万円で買い戻すのです。

**(ア)　基本設計「従業員福利」と「経営参加意識の高揚」が調和する価額**

従業員持株会の目的から考えると、本来はキャピタル・ゲインのある仕組みが好ましいでしょう。しかし、それは同時にキャピタル・ロスをも認めることになります。労働法の観点からして、キャピタル・ロスは合理的な判断としては慎重でなければなりません。

したがって、評価した株価をそのまま投影させることは困難といえます。「基準となる評価額」を折れ線グラフにすれば、ギザギザを示すとすれば、従業員持株会の持株の取引価額は、そのギザギザの折れ線グラフの中央に横たわる面取りされた、緩やかな曲線のイメージである必要があります。

そこで一案としては概ね２割の安全性を見込んで、決算で求められた「基準となる評価額」に0.8を乗じることで算出することが考えられます。また、キャピタル・ロスを起こしている場合には、そのキャピタル・ロスもまた同率減じることで、従業員の期待権保護に応えつつ、評価コストを抑えるのです。

また、持株の処分制限の適法性からは５年を基準とします。すなわち、会社の経営政策の一環として行われる従業員持株会は、「会社の信頼」に応えた従業員に対しては、キャピタル・ゲインを認めた持分の引出しを認めます。「会社の信頼」の目処は、取得後５年間在職し、かつ保有継続です。それが５年間未満である際の価額は、取得価額か、これに近い約定の価額で行います。

そして、これらを運営する従業員持株会は「開かれた従業員持株会」でなければなりません。それには少なくとも次の要件を具備していなければなりません。

① 従業員持株会の会員である従業員株主に、会社の経営情報を一般の株主同様に伝えるものでなければならない。

② そのためには理事会のメンバーの選出にあたっては当該会員を代表する者でなければならず、理事長は経営側の都合で選出された、いわゆる会社側の者であってはならない。

③ 従業員持株会の保有する持株の評価にあっては、会社の決算に基づき評価するものとするが、その計算過程が従業員も承諾できる合理的な規約に則った明確なものでなければならない。

この「開かれた従業員持株会」はオーナーの恣意のまま運営されるのではなく、従業員持株会としての実体の備わったものであることが求められます。それは会社にとっても従業員にとっても、直接的な関係ではない、間接的な関係であるから面倒な運営を強いられるものといえます。しかし、将来の外部の株主を巻き込んで資本調達をしていく際などの経験を得る、良きワンステップとなるものでしょう。

### (イ)　実務的な懸念を解決する設計

オーナーと従業員のニーズは、次のようなものでしょう。

①　オーナーは、その相続税節税のために従業員持株会設立時には、なるべく低い価額で渡したい。この時点で、オーナーの評価額で取引しては、オーナーは手放した評価額と同額の現金を取得するので、財産の評価は減らず、節税にならない。

②　従業員もなるべく安い価額で買いたい。

この時点では両者の利害は一致しています。

③　その後、オーナーは従業員が在職中は、なるべく長くもっていてもらいたい。

④　しかし従業員は、イザというときには換金もしたい。

⑤　退職など従業員の資格を失ったときには、オーナーは早く別の従業員にもってもらいたい。

⑥　退職従業員はこの間、会社の成長した分、株価は上がっているだろうからそのキャピタル・ゲインは得たい。

⑦　しかし会社は心情的にはキャピタル・ゲインを退職していく従業員には与えたくない。

⑧　退職従業員に代わって新たに取得する従業員はなるべく安く買いたい。

これらのニーズを、本「中間型」は、ある程度満たすことができるものと考えます[7]。特に相続税節税対策としては、これまでと変わり

---

7　これを実現するためには、従来の取得価額１本での払戻しに比べて、その時点時点での取引価額の管理をしなければなりませんが、それほど手間のかかるものではありません。そして、そのために毎期の評価を理事会で算定しておかねばなりませんが、これも当然のことです。

他の方法としては、従業員持株会の規約上でよく使われる「配当還元価額を基準として、毎期理事会で決定する価額で精算」との表現から、払出しや精算時に、その時点時点での、相続税の配当還元価額で払い戻すことも考えられます。しかし、財産評価通達の配当還元方式の計算式の上では、過去２年間の配当が上昇しない限り、配当還元価額は増加することがありません。そのため、キャピタル・ゲインがあっても、配当が増額

なく使え、従来、裁判で問題となってきたキャピタル・ゲインも取得できることで従業員の納得性を得やすいといえます。また、学説の、買戻価額の公正さはその時点での本来的な価値ではなく、民法90条に違反しているといいうるほどに不合理か否かで判断する[8]との点からも、十分理論的にも耐え得るものです。そして、退職していく従業員に代わって取得する従業員も、それほど高い値段にならなくとも取得できます。

### ⑷　対策４――一般社団法人として組成した場合

最高裁判決で終結した竹中工務店事件により、民法組合で従業員持株会を組成・運営することの困難性を如実に示しました。対策として登場したのが、従業員持株会を一般社団法人化するスキームです。

これまでの民法組合による場合（下図中の②）と一般社団法人による場合（下図中の①）とを比較すると、一般社団法人による場合でも少数株主であることに変わりはありません。しかし、構成員である従業員は当該一般社団法人の社員であるため、持分がありません。

この場合、従業員が株式を持ち合うという“従業員持株会”の名称からはそぐわないものかもしれません。

民法組合による場合は、持分がありますから拠出する必要がありました。しかし一般社団法人では持分がなく、ただ参加するだけですから拠出すら必

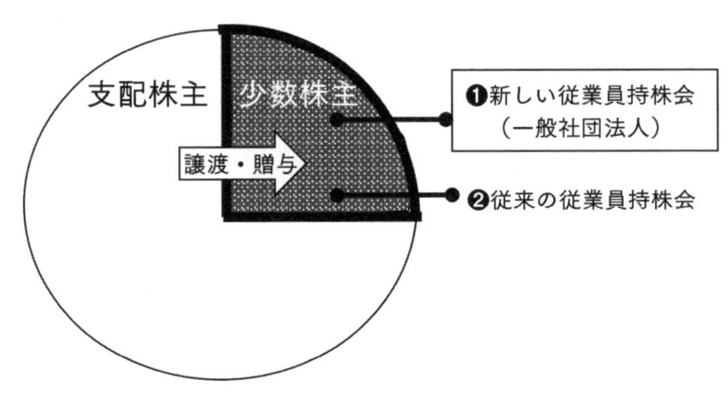


されない限りは株価に反映されないことになります。

8　河本一郎ほか『従業員持株制度―企業金融と商法改正１』83～84頁［神崎克郎発言］（有斐閣、1990年）。

要がありません。参加して従業員福利を受けるだけです。

〈民法組合による従業員持株会〉

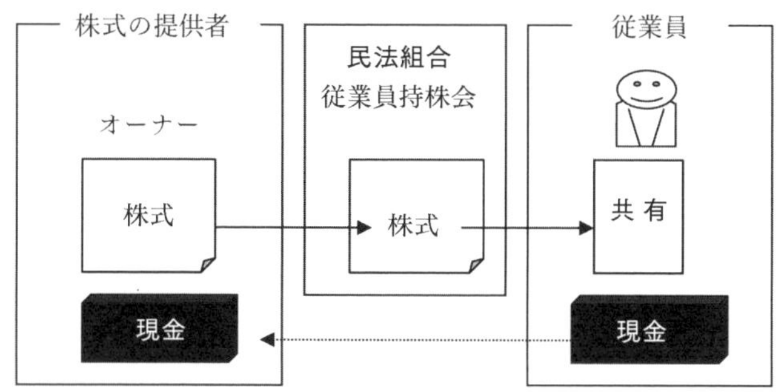


〈一般社団法人による従業員持株会〉

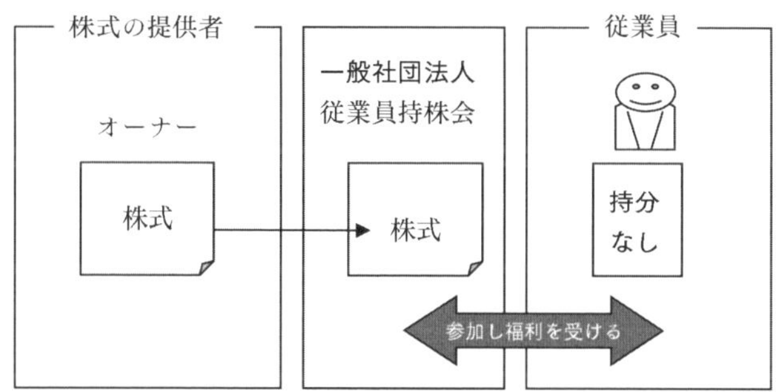


もちろん、「参加するだけ」といっても、会務の中でそれなりの役割分担をそれぞれが果たしつつ全体の従業員の福利に資するように行動をするという意味です。

こうして考えてくると、従業員持株会はむしろ一般社団法人でつくるべきかもしれません。

持分がありませんから、退会するときの持分払戻しという一番のトラブル発生原因があり得ないのが、最大のメリットになるのです。そして、オーナーの相続税節税という本音の目的も達成することが可能です（オーナー側に相続が発生した時点ではオーナーは当該株式を所有していないのに、後刻時価より低い価格で買い戻すことができれば目的を達成できます）。

この場合、従業員持株会を一般社団法人に改組するために一旦解散する方法や、投資育成株式会社に従業員持株会が保有していた株式を肩代わりしてもらうことや、従来型の従業員持株会を並列で存続させ順次移籍させることを検討することになります。

ところで一般社団法人については、平成29年度税制改正により「特定一般社団法人等」については、オーナー経営者の同族理事の個人財産として一般社団法人の財産を同族理事の頭数で割った部分に相続税が課税されることになりました（相続税法66条の２）。この場合の「特定一般社団法人等」とは、次に掲げる要件のいずれかを満たす一般社団法人等をいいます（同条２項３号）。

① 相続開始の直前における同族理事数の総役員数に占める割合が２分の１を超えること

② 相続開始前５年以内において、同族理事数の総役員数に占める割合が２分の１を超える期間の合計が３年以上であること

上記の「同族理事」とは、一般社団法人等の理事のうち、被相続人、その配偶者または３親等内の親族その他当該被相続人と特殊の関係がある者（被相続人が会社役員となっている他の法人の役員または使用人等）をいいます。

したがって、一般社団法人の理事全員が会社の従業員で構成される場合には、オーナー経営者の支配から完全に外れて相続財産に該当することもなく、従来の民法組合の従業員持株会と同様に、オーナーの相続税の節税も可能です。

しかし、仮に当該従業員持株会の理事長として、オーナー経営者が就任すると、上記の同族役員の定義の最後の部分のカッコ内の要件が厳しくて、従業員が理事であっても同族役員とされるわけですから、被相続人であるオーナー経営者と特殊の関係がある者として一般社団法人の財産を同族役員の頭数で割った価額をオーナー経営者の相続財産とされるわけです。

これに対しては、次のような方法で対抗することになります。

① まず一般社団法人の理事のポスト数を可能な限り少なくすること、できれば一人か二人がいいでしょう（一般社団法人及び一般財団法人に関する法律60条１項。以下では同法と略す）。

② 次いで、会社の従業員であった者は理事にはならないことです。その

代わり、できる限り数多くの従業員が一般社団法人の「社員」になります（同法27条以下）。従来、従業員持株会の組合員であった人たちは全員が「社員」になればよいのです。一般社団法人の設立時に社員になるには、社員になろうとする者が共同して定款を作成し、その全員が署名し、記名押印すればよいのです（同法10条）。設立登記をして、社員名簿に氏名を登載します（同31条）。次いで、社員総会を開き、一般社団法人の組織、運営、管理に関する事項を議決することです（同法35条）。

③　その際、大切なことは一人か二人の理事を選出しても、「理事会」はつくらないことです（同法60条。理事会をつくると理事は三人以上必要になります）。理事に大きな権限をもってほしくはないからです。

④　次いで、同じ社員総会で理事を選出する際に、同時に監事を三人以上選出することです（同法71条２項、73条２項）。監事の権限は強く、理事会への出席権限（同法101条）、社員総会に対する報告義務（同法102条）、理事の行為の差止権限（同法103条）などがあり、監事がしっかりしていれば、一般社団法人全体をコントロールできるのです。

このように一般社団法人を構成し運用すれば、上記で検討した相続税法の一般社団法人に対する課税特例などは怖くはありません。

# 6　まとめ

直接的に規定した法律に立脚しない従業員持株会における法的合理性の貫徹の困難さは、従業員持株会の実態に附合した解釈が、従業員の福利厚生を目的として各種法律を借用して保護しようと手を広げるうちに、指の間から零れ落ちるが如く欠落してしまうことから生ずるものといえます。

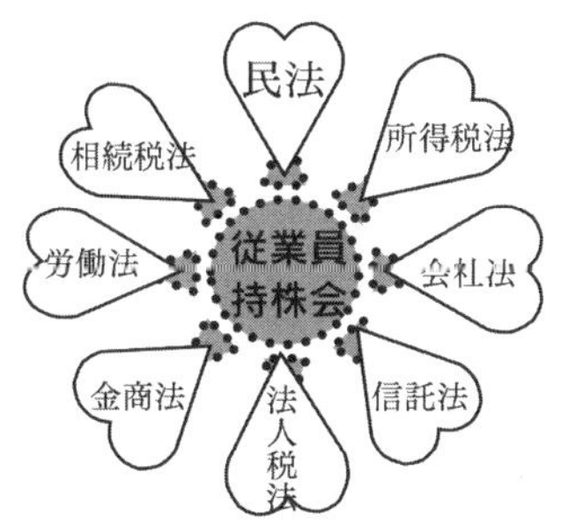

直接規定する法がないと間隙から零れ落ちる

従業員持株会を規定する基本法が存在すれば「みなし配当」を避けることを最小限にとどめることができるのですが、現状はそれができません。

だとすれば、文理解釈による杓子定規な解釈ではなく、実態に即した判断が求められなければなりません。

しかし、実態に即した公権的解釈を獲得するには裁判しかありません。その道もまた、実務家として、その都度、訴訟で争うことはリスクが大きいものがあります。したがって、竹中工務店事件の裁判の評釈と検討は他に譲るとして、とりあえずは、この階段を登ろうと決意した最初のスッテプは、否認されることのない実務対応を考えるとすると、どのように対処すべきかと一歩一歩登っていくことになります。

まず、「みなし配当」の条文は極めて厳格に規定されており、文理解釈上は一般の未上場会社における自己株式の取得については、まずもって「みなし配当」の規制にかかってくることから、「みなし配当の額」が生じない、あるいは、その額が少なくなるようにすることが肝要であると考えます。

そのためには、繰り返し述べるように、従業員が株式の持分を取得する場合には、配当還元価額程度の価額として、買い戻す場合もこれに近似する価額とすることが望まれます。

しかし、これらはすでに述べてきたことで、ここで特に強調することではありません。

上記図のように、「時価買取り型」や「竹中工務店事件」のような場合には、

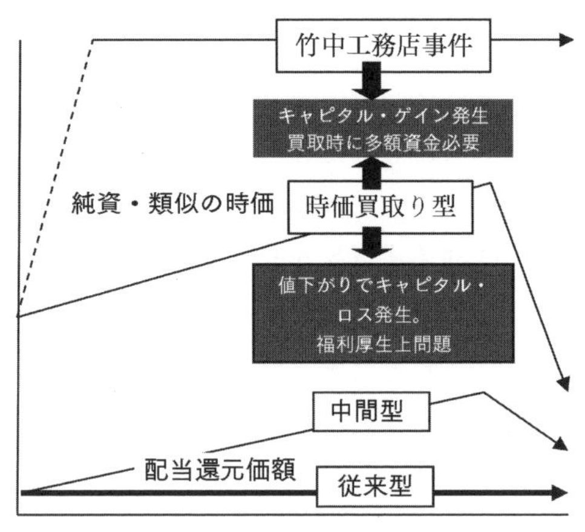

買取り時に多額の資金が必要になり、これが必然的に借入金を必要とする従業員持株会の体質を生まれながらにして背負わせてしまうのです。

そこで、いっそ「一般社団法人」として組成する方法が考えられるわけです。

**（第２編第１章　牧口　晴一）**

**【編者のコメント】**

本章は、従業員持株制度がその誕生のとき、その制度を必要としたのが従業員ではなく経営者であったという根本矛盾に起因して、その法的仕組みとして民法上の組合という外皮を借りたため、会計上どうにもならない壁に突き当たった理由を竹中工務店事件を通して分析したうえ、それを解消するには、従業員持株会の法的器としては、いかなる仕組みが最適であるかを法的税法視点から分析し、一般社団法人を利用する地点までたどり着きます。そして、その先は、従業員持株会を親族外事業承継の器として利用する方法へと構想は膨らんでいくでしょう。しかし、それには一般社団法人に対する相続税課税（相続税法66条の２）が立ち塞がります。この問題を含め、更なる展開は、本書姉妹書の『親族外事業承継と株主間契約の法務』（未刊）で掘り下げます。　（後藤　孝典）

# 第２章　国際税務と株主間契約

## 1　日韓で事業を展開する在日韓国人の相続

在日韓国（韓国籍）人である朴（朴クネナイ）[1]さんは、日本敗戦後の韓国済州島での難を逃れて大阪に渡ってきました。闇市やスクラップの回収業等を経て、いざなぎ景気の波に乗って不動産業を営み、昭和も末のバブル景気がしり上がりに上昇する頃には余裕資金を母国韓国に運んで、人気が出始めていたソウルの江南（カンナム）地域の土地を買い占めていました。

朴さんは、日本では日本人妻と二人の子、韓国でも内縁の妻の間に二人の子を設けていました。この韓国の子は二人とも、早くから認知されています。

妻、子は次のとおりです。

【日本】　妻、不二子（日本籍）
　　　　　子、一郎（日本籍）
　　　　　子、花子（日本籍）
【韓国】　内縁の妻ウンスク（韓国籍）
　　　　　子、ヨンジュン（韓国籍）
　　　　　子、ジウ（韓国籍）

朴さんの事業は隆盛を極め、日本と韓国にそれぞれ不動産管理会社（同族会社）を有しており、両国を約２週間ずつ行き来しては日韓両国に自宅を有する「二重生活」を今日まで約40年以上続けてきました。

３年前に、80歳を迎え、朴さんもさまざまな関係を整理しなくてはならない、事業承継と相続税対策を講じなくてはいけないと心に決めていました。

---

1　人物や税務署の名称等は、すべて解説のための架空のものです。

そのようなとき、日本における顧問税理士の山田氏から朴さんに連絡が入りました。「管轄の小曽呂子税務署から『朴さんの韓国における預金資産と証券資産がかなり多額にあるのに、その利息や配当の申告が日本でなされていないので、修正申告に応じてほしい』との指導があった」と伝えてきたのです。

山田税理士は、この税務署から連絡がきたのが2019年７月16日で、税務署の異動（税務職員の全国一斉担当部署変更）の直後であったことから、税務署からみて、よほどの確信のもてる案件ではないかと言うのです。

朴さんは今まで両国に多額の預金（利息収入）や株券（上場株の配当や譲渡益）を所有しており、それぞれの国において本人が代表者である会社から役員報酬の所得を得て、それぞれの国に確定申告をしてきました。今回の税務署からの連絡は「韓国で得た所得も日本で申告しろ」というのでしょうか。

慌てて山田税理士に無理を言って急いで来てもらい、韓国における所得状況を整理してもらうことにしました。韓国の過去３年間の所得内容は次のとおりです[2]。

**韓国の所得内容および課税状況**

| 所得の種類 | 役員報酬所得 | 利子所得 | 配当所得 | 株式譲渡所得 |
|---|---|---|---|---|
| 課税内容 | （総合課税） | （源泉分離課税） | （源泉分離課税） | （非課税） |
| 2016年 | 1000万円 | 500万円 | 800万円 | ０円 |
| 2017年 | 1000万円 | 500万円 | 500万円 | 10億円 |
| 2018年 | 1000万円 | 500万円 | 50万円 | ０円 |

（注）　総合課税とは、確定申告に基づいて申告納税をする方式
　　　源泉分離課税とは、源泉徴収に基づき申告手続が完了する方式

本来、日本国内で収受する利子所得や配当所得（一部の支配会社の分を除く）は、韓国同様「源泉分離課税」により、約20％程度の課税負担で終了するのですが、今回のように韓国では源泉分離をし、確定申告は不要な利子や配当所得（日本からみた国外の所得）であっても、日本で課税があるとなると、利

2　金額はすべて円換算により表示します。

子は総合課税が、配当には申告分離課税[3]が適用され、給与所得や他の所得と合算して超過累進税率（朴さんの場合55%（申告分離課税の配当は20.315%））を適用して申告しなくてはならなくなります。

韓国で徴収された分離課税による源泉税（約20%）は、日本で納付すべき所得税（住人税を含む）に外国税額控除の適用があるため控除が可能ですが、差額の分（約35%）は、追徴されることになります。

事態は深刻でした。朴さんの古くからの趣味であった「上場株コレクション」も、今の文政権下では手仕舞いすべきではないかと決心し、2017年に韓国内の上場会社株式のほとんどを売却していたのですが、そのことが事態を悪化させていました。韓国での株式売却益は、韓国の税法では非課税（支配株主を除く）ですが、日本では20.315%の所得税（住民税を含む）が課税されます。その分の追徴税額だけでも、２億円を上回るのです。

日本と韓国で多額の資産を有する朴さんも、さすがにこれには驚きました。ショックのせいで体調を崩し、そのまま床に就きました。それからわずか３カ月足らずで東京の自宅で返らぬ人となったのです。医師の見立てによれば糖尿病の下敷きがあったうえに肝臓癌を原発とする膵臓癌が進行していたとのことで、沈黙の臓器といわれる肝臓の癌細胞に至っては、ステージⅣの段階にきていたのを気づかないまま、手遅れの状態となっていたのです。若い頃から寝る時間もなく激烈に働きすぎた無理が、何重にも重なったのでしょう。

## 2　相続を見越した株主間契約

2019年（平成31年）10月５日、相続が開始しました。朴さんの相続開始時の資産（合計27.5億円）の状況は次のとおりです[4]。

【日本の財産17.5億円】

日本の同族会社　株式会社日本エステートの株式　500株

3　申告分離課税とは、総合課税の所得とは分離して所得を計算し、税率も総合課税の累進税率とは別に一定の率を適用して確定申告する方式。

4　相続税評価も同額とみなします。

時価9.5億円

預金・証券　5億円

自宅不動産　3億円

【韓国の財産10億円】（相続税評価も同額とみなす。）

韓国の同族会社　株式会社韓国プドンサンの株式　5000株

時価5億円

預金・証券　2億円

自宅不動産　3億円

【その他の情報】

上記両国の同族会社の株主の状況

株式会社日本エステートの発行済み株式は合計1000株

朴クネナイ　500株

両国四人の子供たちがそれぞれ125株（計500株）

株式会社韓国プドンサンの株式の発行済み株式は合計1万株

朴クネナイ　5000株

両国四人の子供たちがそれぞれ1250株（計5000株）

上記両国すべての同族会社株主間で株主間契約がなされていました。内容は要旨次のとおりです。

【株主間契約】（要旨）

① 株式会社日本エステート（以下、「日本エ社」という）および株式会社韓国プドンサン（以下、「韓国プ社」という）（両社）の朴クネナイの所有する株式を除くすべての株式の株主（以下、「その他の株主」という）は、各々がそれぞれ帰属する国の会社発行になる株式に関して、配当と残余財産に対する期待権を除き、表向きすべての議決権行使を朴クネナイに委任するものとする。その他の株主は、その所有する株式を朴クネナイの承認なしに他に譲渡移転してはならない。

② すべての株主は、それぞれ互いに自己が帰属する国の会社ではない会社が債務超過に陥る等、存続の危機に至った場合には、その存続の危機に至った会社を助けるため、その会社の臨時株主総会を遅滞なく開催させ同会社の役員（日本の場合は取締役、韓国の場合は理事）に選

任されその選任を承諾するものとする。その会社の株主並びに役員は上記臨時株主総会の開催と役員選任に協力しなければならない。

③　上記役員被選任者はその選任した会社の経営立て直しのため精進し、会社の営業成績向上に努力するものとするが、その被選任者は取締役会または理事会において法の定める議決権行使に参画する権限を有しないものとする。上記役員に選任された社外役員の報酬は年５万米ドル以下とする。

④　本株主間契約に署名捺印するすべての株主およびすべての株主の子孫は日本エ社の株式を相続する限り、また韓国プ社の株式を相続する限り、朴クネナイの生存中はもちろん朴クネナイが神に召された後においても、日本エ社と韓国プ社がともに存続する限りは、上記相互協力援助義務を厳守しなければならないものとする。

戦後の混乱期の経験者である朴さんは、特に日本のバブル崩壊後、いついかなる理由により自分の同族会社が経営危機に陥らないともいえないと考え、両国の子供たちの相互の協力関係を維持させる観点から、双方の会社の株式を相互に平等に所有させるポートフォリオを組んでいたのでした。仮にどちらかの一方の会社が経営の危機に至ったとしても、他方の会社の協力により、兄弟仲良く助け合って支え合って双方の会社が繁栄していってほしいとの願いだったのです。

また、会社の株式の評価は、資産価値がある場合のみ「プラスの価格」で評価されますが、債務超過に至ったからといって、株主にはその債務を負う義務はなく、投下した資本（株式）の範囲でのみ責任を負うに過ぎないため、債務過多に陥ったとしても、株式の評価が「マイナス価格」になることはありません。

仮に日本エ社が経営難に陥り、これを韓国プ社が全面的にバックアップした場合、もともと稼いでいた韓国プ社の財力が多少なりとも日本エ社のマイナス財産に注がれ、結果として韓国プ社の資産的評価は下がる（たとえば1000⇒800）が、日本エ社のマイナス財産は解消（たとえば▲200⇒０）されることになります（【バックアップ以前1000＋０＝1000】に対し【バックアップ後800＋０＝800】）

朴クネナイは、このことに注目し、いずれ相続のときは、どのみち両国で課税されるのだろうから、その際、上記のような効果を利用し、少しでも相続税の節税につなげられたらとの期待もあったのです。

しかし、朴さん亡き後、角突き合わせる本妻と内縁の妻、それに嫡出と非嫡出の関係もあり、日韓両国の家族間ではほとんど交流がなく、両家の意思疎通の連絡役を引き受ける者もないまま、日韓双方（特に韓国）の相続税の納税期限が迫ってきていました。

朴さんはそれまで、日本の所得は日本の税理士を通して日本の税務署に申告しており、韓国でも同様に、韓国の所得はすべて韓国内で申告納税をしてきたため、相互の国の税法はおろか、法務関係の違いについて特段何の注意も払わず、勉強もせず過ごしてきました。

ところが、①先の韓国の所得を合算して日本で申告をしなくてはならない所得税申告問題と、②両家ともども相続開始に伴う遺産分割協議をしなくてはならないうえに、③両国の相続税を申告しなければならないという、三つの問題がすぐそこに迫っていたたのです。

## 3　税務署の日韓租税条約の強引な解釈

そのような折、山田税理士は、テニス仲間である韓国人税理士の金さんを思い出し、相談をもちかけたのです。金税理士は韓国語も堪能な日本資格の税理士で、両国をまたいだ法律や課税関係を解決できる日韓双方の弁護士や税理士との、いわゆる両国の【士業ネットワーク】との協力関係を維持していたことから、喜んで本件を引き受けてくれることになりました。

在日韓国人である金税理士は早速、朴さんの韓国における顧問税理士である裵（ペイ）さんに連絡をとり、双方の法律や課税関係の調査に向けて動き出しました。

その結果、今回「問題」の発端となった税務署からの「修正申告指導」は、2016（平成28）年１月１日から導入されたマイナンバー制度に基づいて、世界経済協力開発機構（OECD）に規定されている資産情報自動交換システム（AEOI）の発動により、日韓関係では2019（平成29）年12月31日現在の経済（財産）情報を無条件で相手国に自動的に提供する制度に基づき、朴さんの韓国における預金や株式の残高情報が日本の税務署に提供されたことにより発覚し、税務調査が実施されることになったという経緯が判明しました。

過去においても、双方の課税当局が租税条約に基づき、相手国に特定の個人または法人に関する取引を照会し、特定人の資産や所得情報の提供を求め、その結果求めた情報を入手することは可能でした。しかし、その手続は複雑で甚だしく長期間を要し、末端の税務職員が利用しようにも、その情報が届くころには、担当職員がすでに管轄外に異動してしまっているなど、大変使い勝手の良くない制度だったのです。

ところが、この資産情報交換制度は、日本に居住する個人や日本の法人の外国における資産の情報が自動的に管轄税務署にまで「自らの足」でやってくるのですから、税務当局としては「棚から牡丹餅」のような制度といえるでしょう。

金税理士は、両国の相続人全員の税務代理権限証書を受け取り、先の所得税の修正申告の提出を要望している小曽呂子税務署の担当者鳥鯛調査官に、朴さんに対する日本における課税権限の根拠を問いただしました。すると、次のような返事がありました。

「朴さんは両国に住所や自ら経営する会社を有し、事業を行っておられるが、日本では会社の代表者であるのに対し、韓国では代表権がないいわゆる一般理事（平取締役）である。さらには日本の役員報酬は毎年5000万円に及ぶのだが、韓国では1000万円程度である。

また、未確認ではあるが、朴さんの所有されている財産が韓国より日本のほうが高額である。さらに付け加えて、この段階で税務署の言うとおりに修正申告に応じてもらえれば、課税関係の指導は本件の所得税の修正申告にとどめ、朴さんに関する出国税のことを取り上げる考えはない」。

日韓租税条約の４条（居住者）の規定は次のように規定しています（下線は筆者）。

1．この条約の適用上、「一方の締約国の居住者」とは、当該一方の締約国の法令の下において、住所、居所、本店又は主たる事務所の所在地その他これらに類する基準により当該一方の締約国において課税を受けるべきものとされる者をいう。ただし、この用語には、当該一方の締約国内に源泉のある所得のみについて当該一方の締約国において課税される者を含まない。

2．1の規定により双方の締約国の居住者に該当する個人については、次のとおりその地位を決定する。

(a)　当該個人は、その使用する恒久的住居が所在する締約国の居住者とみなす。その使用する恒久的住居を双方の締約国内に有する場合には、当該個人は、その人的及び経済的関係がより密接な締約国（重要な利害関係の中心がある国）の居住者とみなす。

(b)　その重要な利害関係の中心がある締約国を決定することができない場合又はその使用する恒久的住居をいずれの締約国内にも有しない場合には、当該個人は、その有する常用の住居が所在する締約国の居住者とみなす。

(c)　その常用の住居を双方の締約国内に有する場合又はこれをいずれの締約国内にも有しない場合には、当該個人は、自己が国民である締約国の居住者とみなす。

(d)　当該個人が双方の締結国の国民である場合又はいずれの締結国の国民でもない場合には、両締結国の権限のある当局は、合意により当該事案を解決する。

3　（略）

つまり、双方に自宅があり、人的経済的関係がより密接な国（重要な利害関係の中心地）がいずれにもある（すなわち、上記(a)でも(b)でも判断できない）者は、(c)により、「自己が国民である国」つまり「国籍地」の居住者となるということです。

小曽呂子税務署の主張は、上記(a)の「重要な利害関係の中心地」を役員報酬の額や資産の額の多寡をもって判断するというものです。そうでもしないと、「国籍地」が決定要素となり、韓国になってしまうから、そうなるのを防ぎ日本国に課税権を確保するため、何とかこじつけて、ねじ伏せようとい

う魂胆なのだと推測されます

なお、ここで出国税についても触れておきます。

出国税とは、「国外転出時課税制度」のことで、2015年７月１日以降、国外に転出（国内に住所と居所を有しないこととなること）する居住者が１億円以上の有価証券等を所有している場合には、転出時にその対象資産を譲渡したものとみなし、その有価証券に「含み益」がある場合には課税するというものです（2019年１月７日以降、日本国を出国する旅行者から一律1000円徴収する「国際観光旅客税」のことではありません。念のため）。

また、本人が出国しなくても、外国に住む非居住者に対して上記の対象資産が贈与された場合や、本人の相続の開始により非居住者に対し対象資産が相続または遺贈された場合にもこの制度の適用があります。

小曽呂子税務署は、この制度を適用すれば、朴さんの所有する日本エ社の株式500株（時価約10億円）を朴さんが出国（国外転出）したものと判断して課税することも可能だけど、今回は見送る、ないしは目を瞑ることにするという、取引といえます。

実際にこの制度が適用されようものなら、日本エ社の株式取得価額（設立時の払込金）は１株500円で1000株、合計50万円であったから、時価相当額の10億円が丸々課税（国税の15.315％）されることになってしまいます。

ところで、居住者の判定基準として、「183日ルール」が重視されています。「183日ルール」とは、個人が年（365日）の「過半数」に及ぶ期間である183日以上滞在した国が、その個人の主たる居住地とする「判断基準」の一つで、先の居住者を判定する場合の「要素」になっています。

外国ではこの基準を「居住者」や「被相続人の居住地」を定める重要な要素としている国が多いのですが、日本では給与所得者の国外勤務期間の判定等の場合を除き、この判断基準を決定的な「要素」として取り入れていませんでした。ところが最近、東京地方裁判所で、シンガポールを拠点に海外業務に従事していた者の滞在日数が年間約４割に上っていたことをを大きな要素ととらえ、納税者勝訴の判決（東京地方裁判所令和元年年５月30日判決金融・商事判例1574号16頁）があります。国が控訴しましたが、東京高等裁判所は控訴を棄却しました（東京高等裁判所令和元年11月27日判決金融・商事判例1587

号14頁。確定)。

朴さんの場合、「日課」のごとく、年の半分ほどをそれぞれ両国で過ごしていました。それだけではなく、ヨーロッパの街並みを観るのが趣味であった彼は、毎年、3週間ほどの休暇をとり、海外旅行を楽しんでいたため、日韓両国を通して183日を超えて滞在している年は生前3年間一度もなかったという事実がありました。

過去3年間の朴さんの各国の滞在日数は次のとおりです。

| 年 | 日本 | 韓国 | その他 |
|---|---|---|---|
| 2016年 | 178日 | 167日 | 20日 |
| 2017年 | 169日 | 176日 | 22日 |
| 2018年 | 164日 | 178日 | 23日 |

どの年をみても確実に183日を上回る滞在日数はなく、主たる国の判断を下せるほど確定的ではありませんでした。

金税理士は、再び税務署を訪れ、当局の示す、その金額の多寡の問題点を指摘しました。金額をいうなら2017年度は韓国で株式の譲渡に基づく所得が韓国国内で10億円も発生しているではないか、また「183日ルール」の判断基準ではどちらも拮抗していて条約に規定する「重要な経済の中心」であると決定することはできないではないか、と。

当局の主張する「所得や資産の金額の多寡」などで「人的経済的関係がより密接で、重要な利害関係の中心がある国」を決定する要素が充足しているとはいえない。仮に一方の国の所得や資産内容が他方の国のものと著しく少ないならともかく、本件の場合株式の譲渡を除く「金額の多寡」では、間違いなく韓国のほうが少ないといえても、たとえば役員報酬の一つをとっても、年間1000万円という金額はその金額からしても十分に生活をすることが可能であり、決して僅少な金額ではない。

そして出国税の問題だが、朴さんは戦後まもなくして日本に来てから特別永住者として生活し、亡くなる日までの間、一度も日本国の住所や居所を放棄したことはなく、出国税（国外転出時課税制度）に定める「国外転出（国内に住所と居所を有しないこととなること)」に該当しないので、そもそも出国税を主張するのは論外である。

こうした金税理士の主張に対し、苦しくなった税務当局は、過去におけるさまざまな裁判例を参照するなどというが、こと朴さんの場合、その判例に書かれている大事な判断基準の一つである「意図的に課税を逃れようとする行為」は、何一つ行っていない。したがって、朴さんは日本で所得税の修正申告に応じる義務があるとすることはできない、と伝えました。

すると後日、鳥飼調査官のほうから「今回のことは『こういう見解もあるという指導』ということで、一応調査案件としてはなかったことにする。相続税の申告期限が迫っているので期限内の申告にご協力いただきたい」という旨の電話がありました。所得税の件はここに決着をみたのです。

続けて鳥飼調査官が、「それでも韓国では韓国居住者として申告が必要ですね」とと余分なことを言うのです。「申し訳ありませんが、本職の職権外で対処ができ来ません」と金税理士は答えました。

結果として、言ったもの勝ちが許される税務行政。〈指導してみて修正申告を提出した時点ですべての責任は納税者が負って、指導した当局担当者は成績を上げたことになる〉　本来義務がないのに、義務があるとこね回し捏造するようなことがあってよいのでしょうか。

香港を拠点とした「巨額の株式贈与事件」[5]以降、国側は躍起になって法律を改正しました。税務当局も国際税務担当官を大幅に増員するなど、昨今の国際税務を取り巻く環境は「激変」しており、さまざまな形で「新しい課税制度」が登場しています。

ほんの数年前までは一介の税理士には無縁であった「移転価格税制」も、今や中小企業の小規模な取引にまで浸透し、税務調査が実施されるまでに変化をしているのです。

## 4　遺産分割協議

続いて、金税理士は、相続の開始に伴う遺産分割協議にとりかかりました。

5　武富士事件（最高裁判所平成23年２月18日判決最高裁判所裁判集民事236号71頁）では、贈与時に日本に住所がなかったとして税務当局が敗訴しました。

朴さんは突然倒れて意識を失い、間もなく他界したため、遺言状が遺されていません。したがって、両国の相続人は日本国の「法の適用に関する通則法」36条（相続）「相続は、被相続人の本国法による」に基づき、「韓国の民法」に従って相続分の基礎が定まることになります。

相続人は本妻不二子と日韓双方の子供４人となります。仮に朴さんが遺言で「本人の相続開始に伴う相続分を日本国民法の規定に従う」と言い残していたら、今回の相続分は次のとおりでした。

配偶者　１／２［50％］

子４人　１／８×４（計50％）

ところが、本件相続には遺言が存在しないため、朴さんの本国法である韓国民法に基づく法定相続分が適用されます。韓国の子二人はそれぞれ認知されていましたので、相続の割合は次のとおりとなります。

配偶者　1.5／5.5［約27％］

子４人　１×４／5.5［約73％］

韓国民法の下においては、子の相続分は日本と同様それぞれ平等ですが、配偶者はいかなる場合でも、それぞれの子の「５割増し」となります。このため、配偶者の法定相続分は、仮に子が１人の場合には、子に比べてその法定相続分が日本より増えるのですが、子の数が２人以上の場合には常に日本の法定相続分より少なくなります。

激怒したのは、日本人妻の不二子です。不二子は生まれも育ちも生粋の日本人で、相続についても当然日本式の理解でしたから、まさか自分の相続分が1.5／5.5（約27％）で、自分の子供の分を合わせても3.5／5.5（約63％）にしかならないとは夢にも思っていなかったのです。

本人にすると、向こう（韓国の内縁の妻）には相続分はないはずだ、こちら側の法定相続分は子供の分を足すと「１/２＋１/６＋１/６」（約83％）になり、韓国側は「０＋１/12＋１/12」（約17％）となるはずであったのです。不二子は、大半の財産は日本の家族で分け合い、少なくとも日本の国内財産はすべて自分たちの物として、それでもさらに取り分があるはずと確信していましたし、そのうえ、不二子は、非嫡出子の相続分が嫡出子と同じになったという改正がされたことを知らなかったのです。

結果として、この韓国民法を適用し、未分割を前提とした各人の法定相続分は次のとおりとなりました。

日本人妻　７億5000万円

子４人　　各人５億円（計20億円）

（日本人側　17.5億円、韓国側　10億円）

この法定相続分を踏まえて、金税理士をはじめ、日韓両国の弁護士と税理士の努力の結果、韓国の相続税の申告期限があと１週間と迫った日に、両国の家族の合意のもと遺産分割協議が整ったのです。

分割内容は次のとおりです[6]。

| | | |
|---|---|---|
| 日本人妻、不二子 | 日本の自宅と預金と証券 | ８億円 |
| | 日本エ社株式　300株 | 5.7億円 |
| 日本人の子、一郎 | 日本エ社株式　100株 | 1.9億円 |
| 日本人の子、花子 | 日本エ社株式　100株 | 1.9億円 |
| 韓国人の子、ヨンジュン | 韓国の自宅と預金証券 | 2.5億円 |
| | 韓国プ社株式　2500株 | 2.5億円 |
| 韓国人の子、ジウ | 韓国の自宅と預金証券 | 2.5億円 |
| | 韓国プ社株式　2500株 | 2.5億円 |

取得財産の合計額は、次のとおりです。

| 妻不二子 | 子　一郎 | 子　花子 | 子　ヨンジュン | 子　ジウ | 計 |
|---|---|---|---|---|---|
| 13.7億円 | 1.9億円 | 1.9億円 | ５億円 | ５億円 | 27.5億円 |

この分割に際し金税理士が特に配慮しなくてはならなかった問題は、そもそも両国の相続人がそれぞれ自国の財産に関して大変に固執したこと、他国の財産にはあまり関心を示さなかった点も考慮のうえではあるが、先の出国

6　不二子が財産総額の約50％を分割により取得したのは、日本の相続税の申告の際、「相続税の配偶者控除」の適用を目論んだ結果である。

「相続税の配偶者控除」とは、日本国の相続税法上、配偶者は法定相続分（もしくは１億6000万円のいずれか多い金額）に達するまでの相続財産に関しては相続税が課税されないという規定である。この場合の法定相続分は日本国における法定相続分である。

結果として不二子は、相続税の負担がないことになる。

税でした。

仮に日本エ社の株式を一部でも韓国側の相続人が取得すると、その株式は被相続人から譲渡されたものとして相続税の他に譲渡所得税が課税される可能性があるからです。

また、日本側の相続人が「父は17年に韓国で上場株の譲渡をして10億円以上の収入があったはずなのに預金証券資産が、2億円しかないのはオカシイ！　何どこかに財産を隠しているのではないか」と韓国側に問いただしたとしても、韓国側の相続人は「韓国は『金融監督院』がすべての金融資産を完璧に管理していて、本人の名義で残っている財産はほかに一切ない。もし後で出てきたら再分割すればよいではないか」と答えるだけです。

日本人妻も、韓国や日本の法定申告期限時点で一時的に巨額の相続税の負担をしなくてはならないから、そんな現金の持ち合わせもないので、仕方なく遺産分割協議に応じることとしたのでした。

韓国における相続税の法定申告期限は、相続開始の日が属する月の末日から6カ月以内です。朴さんの相続開始日は10月5日なので、その申告期限は10月31日から6カ月後の翌年4月末日ということになります。

上記分割協議に基づいて急いで韓国の相続税の申告準備をしていた金税理士は、韓国の裵税理士から届いた韓国法に基づく相続税の申告書の原稿をみて驚愕したのです。

日本の相続人は一切韓国国内の財産を取得していないため、仮に被相続人が日本からみた場合の居住者に該当していれば、韓国の申告書には韓国の相続人だけが名前を連ねるのですが、この申告書には両国の相続人全員で、両国で取得した全財産が記載されているのです。

このこと自体は、韓国の税務に詳しい金税理士としては知っていたことです。金税理士が驚いたのは、上記の相続税の「申告者の氏名欄」に相続人のほかに韓国人内縁の妻ウンスクさんの氏名が記載されており、生前贈与により10億円もの財産を取得していることだったのです。

朴さんは、自分の相続に、ウンスクさんが相続人としての権利をもたないことを哀れに思い、韓国の上場株式の売却代金の大半をウンスクさんに贈与していたのでした。

金税理士も、おそらくウンスクさんがこの申告書に「登場」してくるのではないかと想像はしてはいたのですが、まさか10億円とは、想定の範囲を超えていました。

## 5　日韓の相続税の納税義務等

次に日韓両国の相続税の納税義務のうち、本事例にかかわる部分を簡略化して紹介します。

日韓両国の相続税の納税義務

| 日本国相続税法の納税義務 | 韓国相続税法の納税義務 |
|---|---|
| 相続により財産を取得したときに日本国内に住所を有している人は、「すべての財産」が相続税の課税対象になります。<br>また、上記財産を取得したときに日本国内に住所を有していない人で、日本国籍を有していない人は、その人が取得した「日本国内にある財産」だけが課税対象になるのですが、その場合でも、被相続人が日本に非居住等、一定の要件に該当しない場合には、取得したすべての財産に相続税が課税されます。 | 死亡により相続が開始した場合、「被相続人が居住者の場合は国内・国外すべての相続財産」が、「被相続人が非居住者の場合は国内にある相続財産」が相続税の課税になります。 |

本件の場合、朴さんが韓国で居住しているのは明らかなため、両国の相続人が取得したすべての相続財産が韓国で課税されることになります。ただし、日本でも住所を有している以上、すべての相続または遺贈により財産を取得した者の全世界のすべての財産が、日韓両国で相続税の課税対象になるのです。

先に解決した日韓租税条約上の居住者の決定は「所得税法上」の問題解決方法で、どのようなことがあれ、最後は必ず完結し、どこかの一つの国の居住者に決定することになるのです。しかし、相続税（贈与税を含む）法上のそれは、双方の国が互いに「主たる国」であると争った場合、前述の国籍（日韓租税条約4条2項(c)）の問題や相互協議（同条約4条2項(d)）といわれるものの決定方法が準備されておらず、このため朴さんのような場合、ダブル課税を受けることになるのですが、その解決方法はありません。

ただし、このような場合、同条約の25条（相互協議）3項「両締結国の権限ある当局は、この条約の解釈又は適用に関して生ずる困難又は疑義を合意によって解決するよう努める。（以下、略）」によって規定のうえでは、解決条文の用意はあるようにはみえます。が、実際に相続または遺贈に関して、日本が国際間の条約を締結しているのはアメリカ（遺産、相続及び贈与に対する租税に関する二重課税の回避及び脱税の防止のための日本国とアメリカ合衆国との間の条約）のみで、日韓の間には存在していないのです。

ところで問題は、韓国人内縁の妻ウンスクさんの取得した贈与財産の10億円です。

韓国では、相続開始前に被相続人から贈与により財産を取得した人がいる場合、その取得した者が相続人である場合は相続開始前10年以内、そしてその者が相続人以外の場合は5年間以内に取得したすべての財産を「生前贈与加算」という方法で、相続税における相続財産の総額に含め、超過累進税率を適用して他の相続人と一緒に一枚の申告書に名を連ねることになります。

日本の場合、そもそも被相続人が過去において、誰に何の贈与をしたとしても、その財産の受贈者が、相続開始に伴い相続または遺贈により他に新たな財産を取得しない限り、たとえその者が相続人であったとしても、あらためて相続税が課税されることはありません。当然に相続税の申告をする義務さえないのです。

したがって、今回のようにウンスクさんへの生前贈与加算の規定は、日本国の相続税の申告をする際は、無視すればよいのですが、金税理士が驚愕した原因はほかにありました。

平成25年改正[7]の相続税法1条の4第2号ロで、国外にある財産が国外

7　平成25年法律第5号「所得税法等の一部を改正する法律」による改正で、平成25年4月1日から施行されています。

に居住するものに贈与された場合においても、その贈与者が日本国内に住所を有している場合は、日本で贈与税を課税する、という新規定が登場していたことでした（非居住者無制限納税義務）。この結果、上記贈与に関して日本国内では、現時点では「無申告」になっており、その申告をした場合、本来課税される贈与税は５億4000万円を上回り、韓国で課税された贈与税（この場合、韓国の相続税の申告に基づいた金額ではなく、韓国の贈与税の申告時の税額です）約４億4000万円を「外国税額控除」を適用して差し引いたとしても、１億円上る追徴課税（別途に無申告加算税と延滞税が課税）が生じることになるのです。

本件贈与に関して韓国の裵税理士は贈与以前から承知しており、贈与税の申告をしたのも裵税理士なのですが、このことが日本側の家族に発覚すると、相続財産の遺産分割に際し、韓国の子供たちに不利な情報となることを懸念して、内妻のウンスクさんから強く口止めされていたということでした。

この日本法における改正贈与税の申告納税義務者は、韓国人内縁の妻ウンスクさん本人です。もし、仮にウンスクさんが申告納税に応じないとしたら、その連帯納税義務（相続税法34条４項）は贈与者である故朴さんに及ぶことになり、その納税義務は朴さんの５人の相続人に相続を原因として承継されることとなります（国税通則法５条）。日本の税制では、贈与税は贈与した者が課税されるのではなく贈与を受けた者が納税義務者であるというのに、奇妙なことに、この事例では逆転してしまうのです。

ここで日本の相続税と贈与税の課税の論理を簡単に説明します。

日本では相続税はまさに財産の集中を防ぐために、「人の死亡時を機会」にある程度の財産は国に「返還」せしめることを狙っています。したがって、その課税機会を分散させてしまうような贈与に関しては、「怪しからん!!」とばかりにその課税比率を高めています（少ない課税価格でも高い税率をかける）。

つまり、人の「死亡の前」時点における贈与をさせないようにするという狙いです。このことから贈与税は相続税の「補完税」といわれています。

また、その相続における「申告納税義務」を「相続人又は贈与により財産を取得した人」に限定しており、それ以外の人は相続税の申告書に登場することはありません。

これに対し、韓国では、相続税の課税をする趣旨は日本と同じですが、贈与税の税率を日本のそれに比べてかなり低く設定（相続税の税率と一緒で、ある意味では贈与を奨励しているともいえる）し、被相続人の相続開始時にそのすべてを清算するような構成になっています。

日韓の相続税の申告の前に、ウンスクさんが日本の贈与税の申告と納税を行わないことには、日本の家族は気が気ではないのです。「仮にウンスクさんが納税に応じない場合、課税当局は当然に日本側の家族の有する日本国内の財産を先に押さえてくる」いう、金税理士の助言を聞いたから尚更のことでした。

このような課税問題はこれからも発生し続けると予想され、厄介な課題です。つまり、国外にある財産の非居住者への相続や贈与について、近年まで原則として国内では課税はしてこなかったのですが、先述した平成25年改正により「贈与者」や被相続人が国内に居住しているときは、国内で相続税や贈与税を課税するということになっているのです。

今回、本件の贈与者である被相続人朴さんは亡くなっていので、その連帯納税義務は当然相続人に及び、仮にその納税義務者が納税義務を怠れば、課税当局は国税徴収法に基づいて財産の差押えをしてくることは当然ですが、問題は国内の財産に対する差押えが優先されるということです。

この場合、国内に住む相続人としては、もともと自分たちが受贈者ならともかく、ましてや対立している国外の受贈者の納税義務を率先して負わされるのだから、たまらないことでしょう。

このことに真っ先に腹を立てたのが、日本人妻の不二子さんでした。

金税理士を通じてもたらされた韓国の裵税理士からの情報によると、そもそも韓国内では本件贈与に関する課税関係は完結しており、相続税の申告においても、ウンスクさんの負担分として計算される相続税は滞りなく納付する準備ができて、「こちら（韓国）側の財産は『主人』から頂いたもので、自分の国の税負担をすべて済ませようとしているのに、日本の税金がどうなるかに関心もなく、裵税理士からの話を聞こうともしない」。税の専門家である裵税理士すら、「そんな納税義務に韓国国民は到底なじむことができず、本人を説得する方法も考えられない」というのです。韓国の居住者にしてみれば、韓国国内の財産を贈与されただけなのに、なぜ「日本で？ 課税？ どうして？」。これは韓国側からしてみてば、当然の疑問でした。

裵税理士の立場としても、韓国の税理士資格をもって韓国で業務を行うのに、日本の税法の知識まで必要とするのかという疑問です。仮にウンスクさんが、この日本で課税されることについて裵税理士に説明責任を求めたら、韓国の裵税理士はその責めを負わなくてはならないのでしょうか。

そもそも韓国の税理士は韓国の国家資格により韓国の税法に関する相談や代理申告をする権限を有していますが、日本の税法に関する相談を受ける資格を有していないのです。

韓国側としては、国際税務を扱う以上、外国における課税関係も必ず精査して、外国の専門家と協力し合って行わなくてはならないとは思いますが、この贈与を受けた者が贈与をした者の贈与税を納税しなければならないというのは、あんまりだ。変だ！

相続税については、「腹の虫」が収まらない日本人妻不二子氏を何とか説得をして、金税理士は両国の相続税申告を期限内に済ませることに成功し、納税も各国現金でそれぞれ完了することができました。

しかし、贈与税の無申告については未処理のまま引き続き残されています。

贈与したのが2017年、その法定申告期限が2018年３月15日であるため、通常その５年後である2023年３月15日を経過すれば、一般の場合その課税権は時効により消滅するのですが、それまではまだ悠に時間が残されています。日本の相続税の申告書に外国税額控除のために翻訳付きで韓国の相続税申告書を添付して提出しているため、税務当局が本件贈与の申告を日本の相続人を経由して要請してくるのは時間の問題でした。

案の定、我慢がならないと日本人妻不二子が、相続人かつ日本エ社の株主（朴さんから相続した300株）の立場で、その子一郎、花子がそれぞれ相続人かつ同社の株主（日本エ社100株）の立場で、申立人となり、被相続人ウンスク、被相続人ヨンジュン、被相続人ジウの三名を相手方として、東京西新橋にある事業承継裁判外紛争解決手続（ADR）を行っている事務所に調停を申し立ててきたのです。

申立ての趣旨は次のとおりでした。

【申立人】 日本人妻　不二子、その子一郎および花子

【相手方】 内縁の妻ウンスク、その子ヨンジュンとジウ

① 申立人不二子は相続人として被相続人朴クネナイ（以下、「朴」という）から同人の有する日本エ社の株式300株を相続した。申立人一郎は相続人として被相続人朴から日本エ社の株式100株を相続した。申立人花子は同様相続人として被相続人朴から日本エ社の株式100株を相続した。

② これとは別に、申立人一郎は、故朴から同人が、日本で経営していた日本エ社の株式1000株のうち125株を生前中に故朴から与えられて所有していた。また申立人一郎は、故朴から同人が韓国で経営していた韓国プ社の株式１万株のうち1250株を生前中に故朴から与えられて所有していた。

③ 申立人花子は、申立人一郎と同様、故朴から同人が、日本で経営していた日本エ社の株式1000株のうち125株を生前中に故朴から与えられて所有していた。また、故朴から同人が、韓国で経営していた韓国プ社の株式１万株のうち1250株を生前中に故朴から与えられて所有していた。

④ 相手方ヨンジュンは韓国における相続人として被相続人朴から韓国プ社の株式１万株のうち2500株を相続した。相手方朴ジウは同様、韓国における相続人として被相続人朴から韓国プ社の株式１万株のうち2500株を相続した。

⑤ これとは別に、相手方ヨンジュンは故朴から同人が日本で経営していた日本エ社の株式500株のうち125株を生前中に故朴から与えられて所有していた。また、故朴から同人が、韓国で経営していた韓国プ社の株式１万株のうち1250株を生前中に故朴から与えられて所有していた。

⑥ 相手方ジウは故朴から同人が日本で経営していた日本エ社の株式500株のうち125株を生前中に故朴から与えられて所有していた。また、故朴から同人が、韓国で経営していた韓国プ社の株式１万株のうち1250株を生前中に故朴から与えられて所有していた。

⑦ 本件株式に関して締結した「株主間契約」は締結当時、会社の経営すべてにおいて権限を有していた朴が考案し作成したものであるが、故朴

は生前日本エ社の株主総会においても韓国プ社の株主総会においても、日本の敗戦後、のちにチェジュドヨンサン事件と呼ばれる大虐殺事件の中を兄と手を取り合って大阪まで密行してきたときの悲惨とその後の過酷な労働の中で若くして亡くなった兄との苦難の生活を話し、朴一族が生き延びていくにあたっては、たとえ生まれた国は違っても、兄弟が日韓の壁を越えて相互に協力助け合っていくことの重要性を力説し、もし将来韓国プ社が何らかの事情で経営危機に陥ったときは日本の一郎も花子も韓国プ社のために万難を排して協力援助すべきであり、同時に、ヨンジュンもジウも日本エ社が何らかの事情により経営危機に落ちいったときは日本エ社のために万難を排して協力援助すべきである、その趣旨をこの株主間契約書に明記し、それぞれ署名捺印して誓約せよと四人に命じて作成したものである。しかし、いま日本国の課税当局によって、思いもかけず故朴が韓国国内で行ったウンスクへの10億円の生前贈与にかかる約１億円の追徴課税を、比率としては（日本側が5.5分の3.5、韓国側が5.5分の２であるから）日本側が63.6％、韓国が36.4％の割合で担わなければならない理屈になるが、実際には日本の税務署は全額を日本側に課税してくるから事実上、日本にいる申立人妻不二子、その子一郎、その子花子が１億円を担わなければならず、韓国にいるウンスク、ヨンジュン、ジウがその税を逃れて知らぬ顔ということになりかねない。これは上記株主間契約の精神に反する言語道断、理不尽であり我慢できない。これでは故朴が要求した上記株主間契約の厳守の誓いを守るわけにはいかない。よって、朴の相続人として上記株主間契約からの離脱を宣言する。

⑧　和解案として申立人らは提案する。申立人らが有する韓国プ社の株式すべてを相手方に引き渡す、それと引き換えに相手方らは日本エ社の株式を同社に買い取らせ、その代金を申立人らに支払え、と提案するものである。申立人らはその代金をもって納税資金とするであろう。

申立人らの要求は、過去の株主間契約を破棄すると同時に双方の会社の株式を相互に交換して、差金清算せよ、というのでした。

相続開始時の時価でみて日本エ社の発行済株式総額の時価は19億円でこの

25％（4.75億円）を韓国側の子らが有し、韓国プ社の発行済株式総額の時価は10億円でその25％（2.5億円）を日本側の子らが有しています、ここで株式を交換し、その差額金を清算せよというのです。

不二子にとって、迫りくる贈与税申告義務の恐怖もあるが、自分の知らないところでウンスクに10億円も贈与していた朴の仕打ちに身を苛なまれて、何らかの形で韓国側の家族を追及しなければ悲しみから逃れる術がなくなっていたのです。

韓国側の家族にしても日本エ社の株式を所有していても先の見える話でもなく、韓国プ社の株式を回収できるチャンスも今しかないといえます。お互いに和解条件を模索することになりました。

お互いの株式の「無条件交換」ではなく、交換する株式の時価差額（19億×25％－10億×25％）の70％相当の1.575億円を申立人らが相手方らに金銭で支払うことを条件に、ウンスクが日本国の贈与税の申告を金税理士に委託して納税することで本件 ADR の和解が成立しましたた。

その後、それぞれが株式の譲渡所得に係る所得税の納税申告をしたことはもちろんです。

最後に、このような紛争が発生することになったことについては、一つには、朴さんの資産形成に問題があったことを指摘しておきます。外国に資産を有するのであれば、外国において相続税を課税されない方法として、次のような方法をとるべきであったのです。

日本国をベースに外国で事業や資産投資を行う人は、その外国の財産をすべて当該外国に設立した法人に所有させ、その外国の法人の株式全部を自分が株主として全株式を所有する日本の法人に所有させるという方法を維持することです。

そうすれば、本人の相続が日本法の下に開始しても、課税されるのは日本における法人の株式だけで、外国において相続税が課税されることはないからです。

ただし、このように仕組んだとしても本人がその外国で「居住者」の扱いを受けてしまえば、元も子もなくなることは先に述べたとおりです。

**（第２編第２章　島田　幸三）**

**【編者のコメント】**

海外との経済活動が活発になるとヒト、モノ、カネが海外に向かって移動し、また海外から日本国内に移動してきます。おのずから、モノ、カネを稼ぐヒトの居住する場所とモノ、カネの所在する場所とは一致しなくなります。相続税、贈与税の課税権者は、課税の実を挙げようと、この不一致の差を追いかけます。追いかけまわしているうちに、奇妙な課税が現出するのです。

日本国に居住する者（朴）から、韓国に所在する財産が韓国に居住する韓国籍の者（ウンスク）に贈与された場合であっても、日本で贈与税を課税する、という新規定です（相続税法1条の4第2号ロ）。さらに厄介なことに当該贈与をした者は、贈与税納税義務を負う受贈者と連帯納付義務を負う（同法34条4項）ことであり、この国税連帯納付義務は相続されることです（国税通則法5条）。かくして、日本にいる贈与者から韓国に所在する財産を韓国に居住する者が贈与を受けた結果、日本の居住者の相続人が納税義務を負うということになるのです。結果として、贈与側が贈与税を納税する義務を負うことになります。

ところで、相続税法1条の4第2号が上記のように改正されたのは平成25年であるし、故朴氏が韓国で有価証券を売却して現金をつくったのは平成29年であり、韓国の内縁の妻に韓国国内所在の財産を贈与したのもその平成29年です。他方、朴氏が死亡したのは平成31年です、上記株主間契約がいつ作成されたかに関係なく、故朴氏としては生前に上記相続税法の改正を知り得たわけですから、上記内縁の妻に対する大金の贈与によって発生する両国の相続人に襲いかかってくる贈与税を回避するか、回避できなくとも、何らかの対策を上記株主間契約の中に規定しておくことが可能であったのではないかという疑問が湧いてきます。上記相続税法1条の4第2号ロの平成25年改正では、「贈与により財産を取得した日本国籍を有しない個人」が贈与税の納税義務を負う場合とは、「当該贈与をした者が当該贈与の時においてこの法律の施行地に住所を有していた場合に限る」とされていました（現在は、「当該贈与をした者が一時居住贈与者又は非居住贈与者である場合を除く」)。したがって、故朴としては、本件贈与実行のときに日本に「住所を有しない」状態をつくり出しておくか、それが無理なら（多分、毎年両国を行ったり来たりしていたというのだから無理だろうが)、上記の株主間契約の中に、たとえば、「故朴がなした生前中の行為に起因して、いずれかの国の相続人が課税当局に対し納税義務を負担し、それを履行せざるを得なくなったときは、もう一方の国の相続人らはその履行された納税額の半額を履行した相続人に対して負担する義務を負う」とでも規定しておくべきであった、と考えることはできます。しかし、このような相互協力義務は、事実上、正妻と内縁の妻とは相互に協力する義務を負うと規定すべきであったと要求するに等しく、実際上、その実現は正妻と内縁の妻との間にある種の騒乱をもたらし、解決不可能な事態を招いたかもしれません。

とすれば、株主間契約は、その本質において、契約する両当事者が、一定の条件の下に、両者の法的地位の向上を目指して、相互協力義務を負うものなのですから、本件の事実関係は株主間契約にはふさわしくない事例であったといわねばなりません。

この意味で本章は、株主間契約の限界を提起していると指摘することができます。実効性のある株主間契約は、契約当事者が、絶対的に相容れない敵対的関係にあるのではなく、法的な利益を共通にする基盤の上に立っており、相互に相手方が要請し取得したいと希望するものを相手方に与え、それと交換に我もまた相手方から入手したいと願うものを取得する関係がある場合に成立するものだからです。

もう一点、本章で注目すべき点はADR（裁判外紛争手続）を利用して紛争解決を図っている事実です。上記株主間契約が法的には問題点があるとしても（むしろ、それがゆえに）ADRで紛争を解決する手法は本件事案の性質にふさわしいということができます。事業承継ADRは、事業承継にまつわる法的紛争であって、裁判所において解決を図ることがかならずしもふさわしくない性質の紛争の解決に適した仕組みです。この意味で、今後事業承継ADR（裁判外紛争解決手続）の利用が真剣に検討されるようになることを期待します。

なお、このコメントを書いている編者も本章の執筆者も法務大臣認証「事業承継裁判外紛争解決手続」を主宰している団体のメンバーであることを付言しておきます。（後藤　孝典）

# 第3章　穏やかな親族外事業承継と株主間契約

## 1　この章のテーマ

組織再編を用いて有能な社員または第三者に株式を保有させて事業を親族外承継する場合に際して、現在の経営者（以下、「現経営者」といいます）と当該従業員または第三者（以下、「新経営者」といいます）との親族外承継スキームに関する税務上の取扱い、会社法並びに株主間契約の全体を俯瞰することが本章のテーマです。株主間契約そのものの深堀りは、本書の姉妹書『親族外事業承継と株主間契約の法務』（未刊）で扱います。

従業員または第三者への親族外承継においては、現経営者の関与には幅があります。単に事業承継対象会社の株式を一度に移転させ、経営自体もその株式の移転後はその従業員またはその第三者が行うといった売り切り状態になる場合もありますが、現経営者の同族関係者が大部分の株式や一部株式を継続保有したり、すべての事業承継対象株式を新経営者に移転した後でも現経営者が引き続き何らかの形で事業承継対象事業に関与していくことも多いものです。

後者のような親族外事業承継は、一歩一歩階段を登るような事業承継であり、現経営者と新経営者が、一種の共同事業の状態を経て、事業承継の完結を目指すものといえるでしょう。

この一種の共同事業の状態とは、現経営者が新経営者（従業員または第三者）に事業承継会社の株式の全部または一部を移転させた場合であっても、現経営者が代表取締役や取締役として会社に残り、会社の業績維持に努め、顧客の定着確保を図り、新経営者と他の従業員との融和やモチベーションの維持を図り、人事体制の移行をスムースに行うことに協力したりすることです。

新経営者による経営に関する学習期間の設定、将来の事業方針の決定、事業戦略の策定、人事体制の構築、現経営者の負の側面の整理など、将来の方向性を検討する時間を設けることができます。

一方で、まだ新経営者への事業承継が完了したわけではありませんから、最悪の場合、事業承継の再検討が行われるといったことになる可能性も秘めています。

ところで、この一種の共同事業状態は、現経営者と新経営者の利害が衝突している状態であるともいえます。事業承継が完了する場合もあれば、利害の衝突が増幅されて、事業承継を断念するかもしれないという不安定な要素を孕んだ中で承継が進行していることになります。

このような状況において、会社法の定款自治と株主間契約により、現経営者と新経営者の利害の調整を事前に検討して、将来の不測の事態に備えることができるのではないかという観点から、定款と株主間契約を俯瞰していきます。

なお、従業員または第三者への親族外承継でも、事業承継対象会社の株式を一度に移転させ、経営自体もその株式の移転後はその従業員またはその第三者が行うといった売り切りの移転においては、まさにM&Aの問題として、株主譲渡契約が検討の中心的関心になるものと思われます。株式譲渡契約において、アーン・アウト条項（Earn out Clause：株主譲渡契約締結時における対象企業の価値に不確定要素がある場合に、一定期間後に、売上、利益、EBITDA等を指標として、株式の譲渡価格の調整を約する条項）や、事業承継対象会社の株式の保有、対象会社の財政状態等の計算書類の正確性、対象会社の簿外債務の不存在など企業価値に直接影響を与える前提事項としての表明保証条項、そして表明保証条項に記載された前提事項が真実でなかったことにより被った損害の補償条項の問題が議論の中心になると思われますが、これらの株式譲渡契約で検討されるべき民法的事項は、本書の範囲外としています。

現経営者と新経営者の事業の承継につき、現経営者と新経営者が事業の切り出しと一度での売り切りを行い、後は株式譲渡契約に定めた表明保証条項やアーン・アウト条項に違反した場合には、株式譲渡価額の修正や損害賠償を行えばよしとする従来の欧米流のドラスティクなMBOやＭ＆Ａではなく、日本の中小企業にフィットとした穏やか親族外の事業承継を、一定期間の現経営者と新経営者の共同支配を通じ、そこに株主間契約を介在させるという手法の提案が本章での主題です。

# 2　親族外承継のスキームと税務上の取扱い

## (1)　現経営者が新経営者に事業承継対象株式を贈与する場合

スキームの一つとして、現経営者が新経営者（従業員または第三者）に株式を贈与することが考えられます。ただ、株式の受贈者である新経営者に多大な贈与税の負担が大きく、親族外承継においては、あまり一般的な方法とはいえないかもしれません

また、現経営者にとっても、これまでの人生をかけての経営努力に対して、何ら金銭的な見返りもありません（なお、経営承継円滑化法および事業承継税制に関しては第7章「株主間契約と事業承継」を参照）。

そのため、現経営者の保有する株式を一挙に贈与するのではなく、贈与税の110万円基礎控除や贈与税の累進税率体系による贈与税の負担を勘案して、年月をかけて逐次贈与を行っていくことが考えられます。この場合には、その贈与が完了する前の段階では現経営者と新経営者ともに、たとえば甲会社の株式の40％は新経営者に移転しているが、60％はまだ現経営者が掌握しているとすると、両者は一種の中間的な共同事業の段階にあるといえます。一種の共同事業を余儀なくされる親族外事業承継においては、承継に着手する前から、どのようにこの共同事業を運営していくか、会社法に従って定款自治の原則により運営していくのか、現経営者と新経営者との間で株主間契約を締結して運営していくのかをあらかじめよく検討しておくことが必要です。

## (2)　新経営者が自己資金または銀行借入れにより事業承継対象会社株式を購入する場合と退職金の利用

現実の問題として、新経営者が従業員の場合ですと、事業承継会社の株式を購入するだけの資産形成が十分に行われているケースは少ないものと思わ

れます。

従業員である新経営者が個人で、株式購入資金を銀行から借り入れて事業承継会社株式を購入したとしても、事業承継対象会社から支払われる従業員としての給与だけで銀行への元利金を支払うことは、困難なケースが多いものと思われます。

現経営者は、事業承継対象事業の移転に際し、総合課税される事業譲渡（会社法467条以下）等ではなく、税率が割安で申告分離課税で課税関係が完了する事業承継対象会社の株式の譲渡を選択する傾向にあります。

その場合、現経営者は、事業承継対象株式を譲渡したことによる株式の譲渡所得に対して、20.315％の税率による分離課税で課税関係が完了できます。

また、個人間の株式の売買に関しては、純然たる第三者間の株式譲渡でない限りは、みなし贈与の観点から、相続税評価額をもって株式の譲渡価格とされますので注意を要します。

先に述べたとおり、新経営者が銀行借入れで事業承継対象株式を購入して、給与から元利金を返済することは難しい場合が多いため、現経営者への株式譲渡の対価を調整するため現経営者が会社を退職して、一部退職金の半額課税制度を利用して退職金を支払う事業承継が行われています。

資金調達の面からも、新経営者が個人で資金調達しなければならない事業承継会社の株式購入だけでなく、事業承継対象会社が退職金の原資を銀行等から資金調達をし、その事業承継をする一部の現経営者に退職金を支払う方法をミックスする債務負担の分散化により、個人の給与による借入金返済だけでなく、事業承継会社の利益を返済原資として借入金の返済ができますので、たとえ事業承継会社に現在は退職金を支払う原資がなくても事業承継計画を組むことができますので、この方法が多くの親族外承継に利用されています。

税務の点からも、現経営者の一部が自己所有株式を新経営者に譲渡し、かつ会社を退職する場合には、20.315％による申告分離課税が適用される株式の譲渡代金と退職控除後の金額の半額分離課税が適用される退職金をという二つの税務上有利な方法によって、事業承継対象会社への「投下資本」の回収を図ることができます。ただし、不相当に高額な退職金は、法人税上損金不算入になりますので、最終月額給与、適正な功績倍率等の検討が必要です。

さらにこの方法をとる場合でも、現経営者から新経営者に株式を譲渡する際に現経営者に対して退職金を支払うのではなく、一定期間、現経営者が顧客の引継ぎ、業務の引継ぎ、金融機関との取引内容やその背景事情、業界関係者の人脈等を新経営者に継承を行うことを約し、その一定期間経過後に退職金を支払うとするときがあります。この場合、退職金の支払い時には、株式による会社支配権はすでに新経営者に対する移行が実質上終了していることになりますから、退職金の支払について、現経営者と新経営者との間で株主間契約を締結しておく方法が考えられます。特に、退職金の金額も現経営者の過去の業務に対する貢献を評価するだけでなく、新経営者への事業承継計画が開始されてからの承継会社や新経営者への実質上の貢献を評価要素として退職金の金額決定に織り込ませる場合には、事業承継移行期間における、そのような評価要素を株主間契約に反映させておくことが必要となります。

### ⑶　新経営者が新規設立した資産管理会社（SPC）に現経営者が事業承継株式を譲渡する場合

事業承継を円滑に進める方法として、新会社を介在させる方法があります。新経営者（従業員または第三者）が新規設立した資産管理会社（SPC）が主債務者になり、これに対して新経営者が連帯保証するなどして銀行から資金を借り入れ、資産管理会社（SPC）が現経営者から事業承継対象株式を購入する方法です。

この方法には、⑵の場合と同様、現経営者は、株式の譲渡所得に対して20.315％の税率による分離課税で課税関係が完了できる利点があります。

資産管理会社（SPC）は、銀行から借り入れた資金で現経営者から事業承継対象会社の株式を買い入れますから、事業承継対象会社の株主になります。したがって、資産管理会社（SPC）の銀行から借り入れた資金の返済原資は、事業承継対象会社からの配当金ということになります。資産管理会社（SPC）が事業承継対象会社の株式の３分の１超を６カ月以上の期間保有していた場合には、受取配当等の益金不算入（法人税法23条６項、同施行令22条の31項・２項）が適用されますし、完全子法人からの配当であれば配当全額が益金不算入となりますので、事業承継会社の利益性が良く、配当金を多額に支払うことができれば、ワークするスキームと考えられます。

しかし、実際に事業承継会社の法人税の税引後利益を原資とする配当金をもって、元利金の返済スケジュールを組んでみると、経験上、配当金だけでは返済原資に不足するケースが多いように思われます。

現経営者が、法人である資産管理会社（SPC）に事業承継対象株式を譲渡する場合には、純然たる第三者間の譲渡でない限り、譲渡側の個人においては所得税法上の時価が、買取法人の資産管理会社においては法人税法上の時価が適用されます。

所得税法上の時価とは、①財産評価通達に定める「同族株主」に該当するかどうかについては、株式を譲渡した個人の譲渡前の議決権の数の総議決権数に対する割合により判定すること、②「中心的な同族株主」による株式の譲渡に関しては、ⓐ常に財産評価基本通達に定める「小会社」として評価することとされており、ⓑ会社が保有する土地や有価証券については譲渡時の時価で評価すること、ⓒその含み益については、（純資産価額の）評価差額に対する法人税額に相当する金額は控除されないことになっています。

また、法人税法上の時価についても、上記の②の適用は同じです。

現経営者である個人から、資産管理会社である法人への譲渡において、個人側の所得税法の適用においては、税務上の時価の２分の１未満の低額譲渡（所得税法59条１項１号）については、みなし譲渡の規定（同法法施行令169条）が適用され、時価譲渡があったものとみなされます。一方法人側の税務においては、このような規定はなく、時価譲渡で認識されなければなりません。結果、時価と譲渡対価との間に差額がある場合には、その差額は資金管理会社の受贈益として法人税の課税が行われることになります。

現経営者個人が、資産管理会社（SPC）に事業承継対象会社の株式を譲渡した場合に、所得税法上の株式時価および法人税法上の株式時価が、単なる相続・贈与による場合の時価と比べて高くなることが多いので留意を要します。その結果、税金上だけでみれば、SPC に株式を譲渡するより、単純に事業承継対象株式を遺贈したほうが有利だったいうケースもあります。

以上、検討してきたように、現経営者側からは、株式の譲渡所得について

20.315%の税率による申告分離課税ですが、買取法人側にとっては、個人から法人（SPC）への譲渡時価が、純然たる第三者間の譲渡である場合を除いて、税務上の時価が適用され、相続・贈与の際の財産評価通達の時価より高くなる傾向があります。その分、負担する資金が増えることになります。

さらに、事業承継会社の税引後利益を原資とする配当金だけでは、たとえ受取配当等の益金不算入という税務上の利点があるにせよ、借入金の返済原資が不足する場合も多いというのが、現実的な難点となっています。

この方法をとる場合においても、株式の移転により会社支配権は移転するかもしれませんが、現経営者のもっている顧客人脈、同業者との人脈、金融機関との取引方法、従業員の雇用継続、会社の戦略や方針、経営に対する考え方などの無形資産をどのようにして現経営者から新経営者に承継していくのか、具体的な承継方法をどうするかという、中小企業にとっては重要な問題が未解決として残されているのです。

そこで、現経営者と新経営者との間で、これらの引継ぎ等を会社支配権が移転する際に、株式譲渡契約または株主間契約で取り決めておくことが必要です。特に、現経営者が会社株式を段階的にSPCに株式を譲渡して経営の継承の状況を確認しながら進める場合には、株主間契約の必要性が高まると思われます。

### (4)　現経営者が事業承継対象株式を資産管理会社に譲渡した後、資産管理会社が、事業承継対象会社を合併する方法

たとえば、新経営者が資産管理会社（SPC）を設立したうえで、資産管理会社が銀行から事業承継対象株式の購入代金のために借入れを行います。そして、資産管理会社はその資金をもって事業承継対象株式を購入して100%子会社とします。資産管理会社は次に、100%子会社である事業承継対象会社を吸収合併するというスキームが考えられます（次頁図参照）。

資産管理会社と事業承継対象会社との吸収合併につき合併対価が資産管理会社（SPC）の株式であり、かつ合併法人である資産管理会社が被合併法人である事業承継対象会社の株式を100%保有する完全支配関係がある場合には、適格合併となります。

新経営者がSPCを設立して株式を購入するスキーム

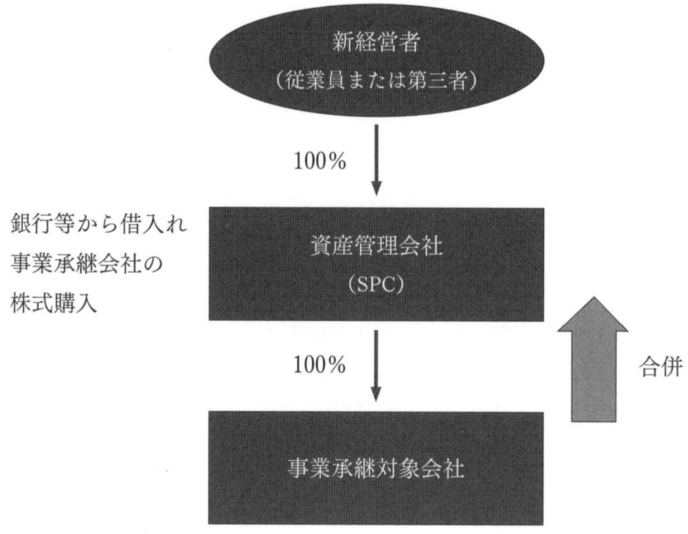


この適格合併の場合には、事業承継対象会社の資産・負債は、簿価で資産管理会社へ移転されるため、資産の移転からは譲渡損益が発生せず、その分の法人税の課税を受けることはありません。

税務上の適格合併の要件として、資産管理会社（SPC）と事業承継対象会社とは合併前完全支配関係があることが要求されますが、合併により一の法人となりますので、合併後の完全支配関係の継続は求められません。

このスキームによれば、合併後は事業承継対象会社の税引前利益や資金流出を伴わない減価償却費を借入金の返済原資と見込むことができますので、返済計画を組みやすくなり、また銀行との借入れ交渉も行いやすくなると思われます。

このように、資産管理会社と事業承継対象会社と適格合併により、事業承継対象会社の資産・負債は簿価移転され、現経営者は、事業承継対象会社株式の資産管理会社に対する譲渡につき、税負担の軽い約20%の税率による申告分離課税を享受できるうえ、新経営者は事業承継対象会社の事業からの利益をもって銀行借入れの返済原資とすることができる（合併会社の負債を被吸収合併会社の資産で返済できる）ので、この方法は多くの親族外事業承継に利用されています。

ただし、事業承継対象会社で受けていた行政法上の許認可が資産管理会社において引き続き継続して利用できるのか、新たに資産管理会社においてとり直す必要があるのか、事前の検討が必要です（新設合併または吸収合併により消滅する法人が受けていた行政法上の許認可は合併手続の前に申請手続をとれば簡単な手続で合併法人に承継が認められるのが通例です。風俗営業法７条の２等参照）。

### (5)　段階的な株式取得

新経営者（従業員また第三者）が一度に事業承継会社の株式を全部取得するのではなく、段階的に取得していくスキームです。この章のテーマでも取り上げたように、段階的に株式を取得していく段階的な事業承継においては、現経営者と新経営者が、一種の共同事業の状態を経て、事業承継を完結させる方法として優れた点があります。現実的にも、最初は業務提携などから入り、次に現経営者が新経営者に事業承継会社の株式の全部または一部を移転させて資本参加に移行し、現経営者が代表権のない取締役や取締役会長として会社に残り、会社の業績維持に努め、顧客の確保を図り、新経営者と他の従業員との融和やモチベーションの維持、人事体制の移行をスムースに行うことに協力し、新経営者の経営に関する学習期間の設定やその間に将来の方向性の検討をするという一種の共同事業状態を経て、事業承継が完結に向かうことも多いものと思われます。

新株予約権を使って、段階的に株式を取得した実例としてウォルマートによる西友の買収があります。個人的な話ですが、筆者は大学を卒業してすぐ西友に入社し、電気製品の仕入れと販売業務に従事していました。当時西友は、売上げ規模で三越を抜いて業界２位になったばかりで登り調子でしたので、退社20年後にウォルマートに買収されるとは思ってもいませんでした。

米国に本社を置くウォルマートは、以前から業務提携や商品の共同販売を進めていた西友を買収する際に、日本市場という経験のない市場に参入するリスクに鑑み、初期投資額を最小限に抑えながらも、追加投資と子会社化する権利を温存するため、新株予約権を西友から発行させて取得し、順次新株予約券を行使して西友の株式を段階的に取得して、最終的に支配権を取得しました。

**ウォルマートによる段階的な西友株式の取得状況**

| | | |
|---|---|---|
| 2002年５月 | 第三者割当増資 | 60億円 |
| | 新株予約権取得 | 行使価格270円 |
| 2002年12月 | 第一回新株予約権の行使 | 192,800千株 |
| 2005年12月 | 第二回新株予約権の行使 | 232,100千株 |
| | 過半数の株式を取得して子会社化 | |
| 2007年12月 | 第三回新株予約権の行使 | 471,400千株 |
| | ３分の２以上の支配権を取得 | |

その後、一時は米国主導の経営が日本という市場で受け容れられておらず、日本法人の西友を売却することも検討されましたが、条件が合う買い手がみつからず、西友の再上場を目指す方向で検討されているようです（その後、米投資ファンドのKKRと楽天がウォルマートから85％の西友株を取得しました）。

先にも述べたように、中小企業においては、現経営者のもっている顧客の人脈、経営に対する考え方、同業者との人脈、金融機関との取引方法、会社の営業戦略、従業員の使い方などの無形資産をどのようにして現経営者から新経営者が承継していくかは大切な問題です。そこで、現経営者と新経営者との間で、これらのことを会社支配権が移転する際に、株式譲渡条項を包含した株主間契約で取り決めておくことが必要なことは先にも述べたとおりです。

西友の事例のように、日本という見知らぬ市場でM&Aを展開していく場合に、新株予約権を使った段階的なM&Aを展開する場合にも、新旧の株主か共存しながら会社支配の移行を順次行っていきますので、新旧の株主による株主間契約にそのルールを落とし込んでおくことは必要であろうと思われます。

### ⑹　会社分割を利用した対象事業の分離

事業承継対象会社に、現経営者が土地や有価証券等まだ引き続き保有したい財産がある場合や、現経営者が引き続き継続して行いたい事業が含まれている場合には、これら資産や事業から承継希望対象資産や一部事業を切り出すことが必要になります。

長年経営し続けてきた事業会社には、現経営者の個人財産としての株・不動産投資も、事業承継対象会社を通じて行われている場合もあり、これら個人所有のものが混在しているということもよくみられるところです。したがって、手元に継続保有したい財産やと事業と、移転させたい承継対象財産や事業との切り離しによる分離が必要となります。

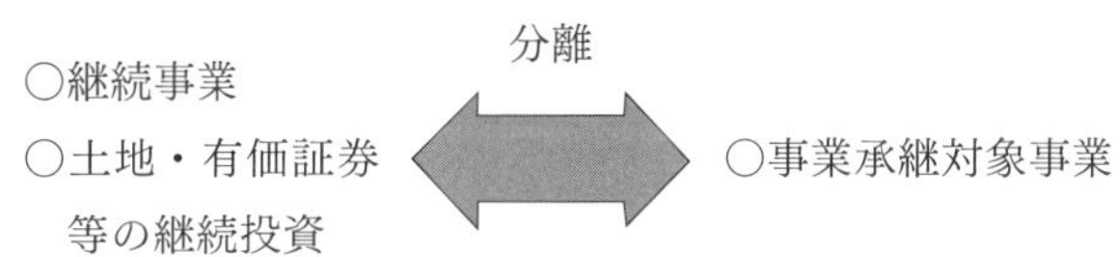


#### ㈠　分社型分割

現経営者Aが支配する事業承継対象会社（以下、「甲会社」という）から承継対象事業を分離する方法の一つとして、甲会社の100％子会社として、分

分社型分割を利用したスキーム

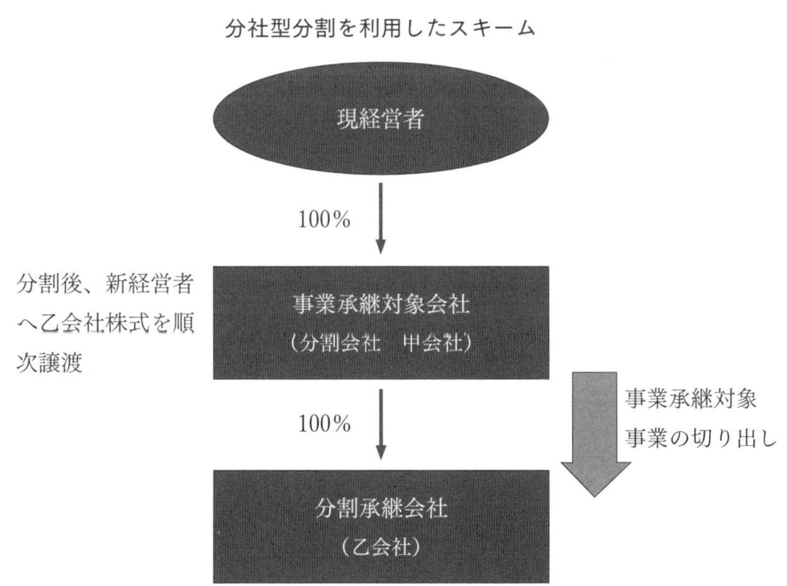

社型分割により、いわば「縦承継」として、承継対象事業会社（以下、乙会社）に移転するという方法があります。そしてさらに、その100％子会社乙会社の乙株式を分社型分割の対価として取得した甲会社から新経営者Ｂに譲渡することにより、一括で承継対象事業を新経営者Ｂに移転することができます。

100％完全子会社への分社型会社分割の適格要件は、以下の①②です。

① 金銭等不交付要件　　甲社から乙社への事業の分割に際し、その対価が分割承継会社乙社の株式以外の資産交付がないこと

② 完全支配継続要件　　分割前後で、分割法人（甲社）と分割承継法人（乙社）で完全支配関係が継続していること

本事例では、①については、承継対象事業を分離する分社型分割の分割対価としては、乙会社株式のみが交付されますので、要件を満たします。

しかし、②については、分割承継会社乙会社の株式乙株は、分割完了直後に甲会社から新経営者Ｂに譲渡されるため、要件を満たさず、非適格会社分割となります。

その結果、甲社と乙社間の資産の移転は時価で譲渡したものとして、譲渡損益が認識されることになります。甲社は分割会社として、資産の移転に関する譲渡損益に係る法人税を負担し、一方で乙社株の売却に伴う売却代金を新経営者Ｂから取得することになります。

したがって、甲社に過去の繰越欠損金がありそれと会社分割による譲渡益を相殺することができる場合や、甲社に銀行からの借入債務が残存しており、それを乙株式の株式譲渡による譲渡代金をもって返済したい場合には有効な方法として利用できます。

このような分社型分割を使って、事業承継会社の一部を子会社として切り出し、その株式を新経営者に段階的に譲渡していくステップバイステップの事業承継を行う際には、現経営者は新経営者の経営者としての素質や経営能力を見極めながら切り出した部分ごとの事業承継を行うことができます。現経営者の年齢が70歳を過ぎている場合でも、慌てて一度に事業承継を断行する必要はなく、それに伴う株式による支配権を一度に移転させる必要もないのです。事業承継を、焦る必要はなく、じっくり時間をかけて行ってもよい場合があるのです。本事例のような場合にも、事業承継会社（乙社）の株式を、

現経営者が事業承継対象会社を通じて間接支配し、それと新経営者による直接支配が足並みを揃えて進行していく方法もあるのです。その事業承継移行期間の両株主によるガバナンス方法については、株主間契約で定めておくことが必要だと思われます。

しかし、乙社への事業承継対象事業の移転から生ずる譲渡益が大きく、甲社の法人税の負担（約30％の実効税率）が大きい負担となる場合には、このスキームを断念するほかないかもしれません。

**(イ)　分社型分割＋株式分配**

現経営者Ａは、自己が100％の株式を保有している甲会社の資産並びに甲会社の事業のうち、土地や建物に投資する不動産事業については、なお現経営者Ａの支配の下で経営を継続することを望んでおり、それ以外の甲会社の事業（以下、「事業承継対象事業」ともいいます）は新経営者Ｂ（従業員または第三者）に承継していきたいと考えているものとします。

まず、甲会社はその事業のうち事業承継対象事業を構成する資産および負債を、分社型新設分割の手法により事業承継会社乙会社（新設会社）に分割します。甲会社は分割資産および分割負債の対価として乙会社株式を取得します。その同じ日の次の日以降に、甲会社は分割対価として取得した乙株式全部を甲会社の唯一の株主である現経営者Ａに剰余金の配当として株式分配（法人税法２条12号の15の２）します。

上記の株式分配の際、乙会社の代表取締役として新経営者Ｂを選任します。甲会社の事業承継対象事業に従来から従事してきた従業員も、甲会社から乙会社に移籍または出向します。

最後に、現経営者Ａは、交付された乙株式全部を新経営者Ｂに譲渡し、その対価をＢから受領します。

このように、分社型分割と株式分配の結果として、事業承継対象事業は、資産・負債および従業員、役員が甲会社から乙会社に移転して事業承継され、甲会社には甲会の一部資産とともに一部の事業であった土地や建物などへの不動産投資事業が残ることになります。そして現経営者Ａは一連の組織再編後の不動産投資事業会社甲会社の甲株式を100％所有し、新経営者Ｂは、事業承継対象事業を承継した乙会社の乙株式を100％所有します。

分社型分割に株式分配を併用したスキーム

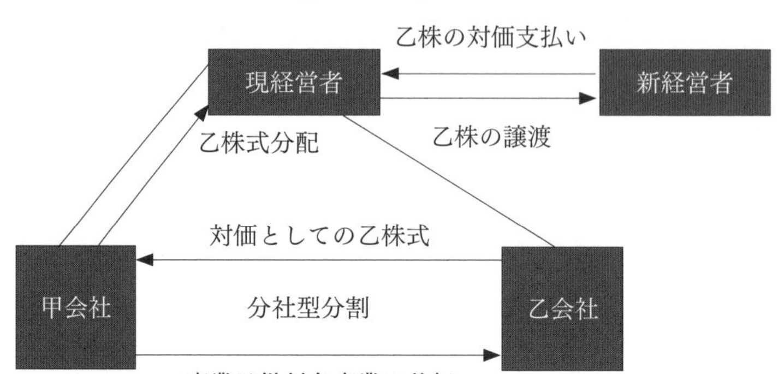


しかし、分割後に分割承継会社乙会社の株式は、現経営者Ａから新経営者Ｂに譲渡されていますから、前述の適格分割の要件②の要件を満たさず、非適格になります。

したがって、分割会社甲から分割承継会社乙への資産等の譲渡は時価譲渡となり、譲渡損益が認識されることになります。譲渡益に関しては通常の法人税が約30％の税率で発生します。また、分割法人甲の株主である現経営者Ａには、乙株式が株式分配されてみなし配当が発生し、最高約55％の税率で総合課税されることになります。

この方式では、分割会社甲社の税負担が大きく、このスキームの難点となっています。

一方、現経営者Ａについては、事業承継対象事業の移転が行われる結果、その直後に行われる乙社株式を新経営者Ｂに譲渡するに際しては、乙株式からの譲渡損益は発生しないものと考えられます。

資金面においては、(ア)の分社型分割の事業承継事業の移転から生ずる損益と資金は甲会社に帰属するのに対し、この方法では、分社型分割と新経営者Ｂへの株式譲渡により、その対価が現経営者Ａに帰属することになるので、現経営者Ａは投下貸本の回収を図ることができます。

**(ウ)　スピン・オフ（法人税法２条12号の11ニ、同法施行令４条の３第９項）**

甲会社は、現行の事業のうち現経営者Aが手元に残す予定の「土地･建物･有価証券の投資継続事業」を乙会社に適格分社型分割します。結果、甲会社には事業承継対象事業が残ることになります。

甲会社は適格分社型分割の対価として取得した乙株式を適格株式分配（法人税法2条の12の15の3）の方法で現経営者Aに交付します。この結果、現経営者Aは従来の分割会社甲会社の株式と、同時に、乙会社の株式ももつことになります。このように分割会社の株主Aが、従来の甲株式と分社型分割で生成された乙社株式の両方をもつのがスピン・オフの特徴です。

(イ)の分社型分割が新経営者Bに承継させたい事業を乙会社に切り出したのに対し、スピン・オフでは現経営者Aが手元に残したい継続事業と継続投資資産を乙会社に切り出すところに相違があります。

そして、現経営者Aは、甲会社に留保されている事業承継事業を継続保有している甲会社の株式を新経営者Bに譲渡します。

下記の図では、現経営者Aは甲株式を握りしめたまま、分社型分割の結果甲会社を経由して登ってきた乙株式も手にもつようになったのです。この形は平成29年改正前までは、分割会社甲社の資産が分割承継会社乙社に交付される点で法人税の譲渡損益課税があり、現経営者Aに甲会社から乙株式という資産が交付される点でみなし配当課税があったのですが、同改正で両方と

**スピンオフを利用したスキーム**

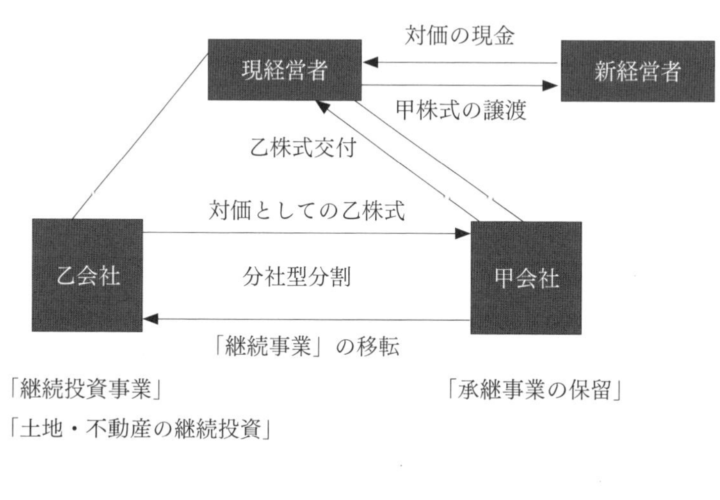

もなくなり、この会社分割が適格になりました。

ただし、この分割が法人税法上適格とされるためには、次の③および④の要件を満たさなければなりません。

③　不交付要件　　甲社から乙社への事業の分割に際し、その対価が分割承継会社である乙社の株式以外の資産交付がないこと

④　独立事業承継要件等

ⓐ　「分割前」に分割法人が、他の者からの支配関係がなく、「分割後に」分割承継法人が他の者からの支配関係があることとなることが見込まれていないこと

ⓑ　分割法人甲社の分割前の役員等が分割承継法人の特定役員になることが見込まれていること（法人税法施行令4条の3第9項2号）

ⓒ　分割事業に使用していた重要な資産負債が分割承継法人に移転していること（同項3号）

ⓓ　分割法人の従業員の約80％以上が分割承継法人の業務に従事することが見込まれていること（同項4号）

ⓔ　分割法人の従前からの分割事業（切り出された事業）が分割承継法人においても引き続き行われることが見込まれていること（同項5号）

最後のⓔが、この適格スピンオフでは最も重要な要件です。

本事例では、③については、分割の対価として乙会社の株式だけが交付されるので、この要件を満たします。

また、現経営者Aは事業承継のため甲会社を分割した後も、甲会社の事業のうち不動産関係の投資事業については、分割承継会社に承継して、自分でなおその事業を継続する意思で分割していますから、④のすべての要件を満たします。このため適格分割型分割となります。

しかも、現経営者Aは、甲会社株式の第三者に対する譲渡につき、20.315％の税率による申告分離課税で課税関係を完了させることができます。

このようにスピン・オフは使い方次第でメリット満載ですので、今後このスピン・オフを使った親族外承継が増えてくると思われます。

使い道は、親族外事業承継だけではなく、事業会社が従来の事業の一部は第三者に売却等処分して現金が欲しいが、他の一部は手元に残して従来の事

業を継続したい場合、たとえば、ホテルをいくつももっている、店舗をいくつももっている者が、一部は売却したいが一部の同じ事業を継続したい、という場合に最適の方法です。

しかし、実際にこのスピン・オフをやってみますと、事業承継対象事業と継続事業の資産・負債の切り出しの際、双方が生きて活動しており、財務状況が常に変化していますので、分割と株式譲渡を同時に行った場合には、従業員の移籍手続、取締役の退任新任の商業登記等さまざまな調整を行わなければならないことが多々あります。場合によれば会社分割の日より前の適当な時点で中間決算をして、会社分割を実行した後、３カ月後くらいに再度の調整をするという方法をとらなければならないでしょう。

この方法においても、これまでに述べてきた現経営者と新経営者の事業の承継につき、従来の切り売り方式（現経営者、新経営者が事業の切り出しと一回だけの売り切りと、後は株式譲渡契約に定めた表面保証やアーン・アウト条項に違反した場合には株式譲渡価額の修正や損害賠償を行えば良しとする欧米流のMBOやＭ＆Ａ）ではなく、日本の中小企業にフィットとした穏やか親族外の事業承継を、一定期間の時間をかけ、現経営者と新経営者の共同支配の時期を株主間契約を通じて行うことが考えられます。

## 3　事例形式による会社法の定款の利用と株主間契約の締結

上記２で述べたスキームを利用した場合で、従業員または第三者への親族外承継に際して、現経営者と新経営者が事業承継対象会社の株式をもち合って共同で事業を行う事業承継の経過期間があるときに、定款や株主間契約をどのように構成しながら対応していくべきかを、さらに検討していきます。

現経営者Ａは事業の一部を会社分割等の手法で新経営者Ｂに移転しているが、甲会社の株式の40％はＢに移転したものの、60％はまだＡが掌握している、そうした中間的な共同事業の段階であるとします。一種の共同事業を余儀なくされる親族外事業承継においては、承継に着手する前から、どのようにこの共同事業を運営していくか、会社法に従って定款自治の原則に依拠して運営していくのか、現経営者と新経営者との間で株主間契約を締結して運営していくのか、検討してみたいと思います。

株主間契約と定款とを比べてみます。一般に株主全員が株主間契約に合意するとは限りませんし、株主間契約であれば、株主間契約を締結した株主間でのみ拘束力が生じます。これに対し、同じ内容を定款に定めておけば、その定款内容に反対意見をもつ株主も拘束されますし、会社自体が拘束されます。しかも、いったん株主総会で定款が決議された以上は、定款の瑕疵を指摘しその効力を争うのは難しいといわれています。

また、株主間契約は契約の当事者に対しては効力を有するにとどまりますが、定款に記載した以上は、（法が定款で法定事項の変更を認めている場合には）将来の株主も拘束することができます。

### ⑴　追加出資や新規融資などの資金調達

機を逸することなく新たな投資を行う場合や赤字補填に資するため、現経営者Ａと新経営者Ｂとの間で、追加出資や銀行からの新規融資などの資金調達に関する事前の取り決めを定めておくことは、事後の紛争を避ける意味でも大切です。

特に、追加出資に関しては、株主として追加出資義務を負うのか負わないのかを事前に株主間契約で定めておくことが重要です。

追加出資により議決権割合が変わってしまい、その結果会社の意思決定に重大な影響を来す場合には、議決権割合に影響を及ぼさないような、銀行からの資金調達方法が検討されることになります。

また、新経営者Ｂが連帯保証人になるのか、担保提供は何を予定しているのか、事前に株主間契約で決めておくことも求められます。

追加出資は単に資金調達のだけの問題ではなく、その結果株式の保有割合に変更を来すことになれば、株主総会の議決権割合、取締役の指名権の割合、それに配当割合など投下資金の回収等に影響を及ぼすなど、会社経営と支配に影響を及ぼす重要事項です。

具体的には、資金調達金額の限度額、現経営者または新経営者が貸付けをするとして、その金額はいくらまで負担するのか、それに貸付金利の上限等を事前に取り決めておきます。

赤字を計上している時点で運転資金を調達する場合には、前向きに資本投下する場合に比べ、現経営者も新経営者も深刻度が増します。事前に双方が株主間契約を結んでおくことによって、スムースな事業承継の達成を図ることができます。

### ⑵　譲渡制限株式、先買権、コールオプション（買付権）、プットオプション（売付権）

現経営者と新経営者の間で一挙に事業の移転や株式の移転が完了するのではなく、一定の時間をかけた双方の手探りの中で、一種の共同事業状態になった場合に、新経営者の気が変わり、事業承継を断念したときには、新経営者は手持ち株式の処分を迫られることになるでしょう。しかし、その株式の譲渡相手が現経営者にとっていつも好ましい者とは限りません。

通常の非上場会社の定款では、株式の全部が譲渡制限株式（会社法107条2項）となっています。しかも、会社法は、株主が、株主ではない第三者に、株式を処分する場合だけではなく、すでに同じ会社の他の株主に株式を譲渡する場合にも、会社の譲渡承認の手続を要すると定款に定めることを許していると解されます（同項1号）。すなわち、定款による株式の譲渡制限は、好ましからざる者が新規に株主になるのを防ぐだけではなく、憲法上の財産権の不可侵に抵触するにもかかわらず既存の株主に資本が集中することも防ぐことさえ許しているのです。いずれにせよ、会社が譲渡承認しない場合には、会社または指定買取人がその株式を買い取らなければならないと規定されています。

このように定款による株式譲渡制限は、株式の譲渡による投下資本の回収という株主の権利を一定程度保護することと、好ましからざる者が株主になったり資本を集中することを阻止するという調整弁の役割を果たしています。

指定買取人の指定につき、会社法の規定では指定買取人の指定機関は原則として株主総会（取締役会設置会社においては取締役会）ですが、定款に別段の定めがある場合にはこの限りではないとされています（会社法140条4項・

5項)。

すでに新経営者Bに対して40%の株式を移転させている現経営者Aは、新経営者Bが事業承継を中断し、その保有する40%の株式を他に譲渡する事態に至った場合でも、定款上に現経営者Aを指定買取人に指定しておけば、好ましからざる第三者に株式が譲渡されることもなく、現経営者が指定買取人として株式を買い取ることができることになり、結局、元の状態に復帰することができるのです(ただし、60%の株式しか有していないAが定款を変更してAを指定買取人に指定することはできませんから、AがBに40%を譲渡する前、100%を保有していた段階で、定款を変更してAを指定買取人にしておく必要があります)。

さらに、定款による株式譲渡制限により事業承継対象会社甲が、株式の譲渡承認をしない場合において、事業承継対象会社甲または指定買取人からの買取通知(会社法141条1項、142条2項)により、当該株式の売買契約が成立したときは、譲渡等承認請求者である新経営者Bは、その事業承継会社または指定買取人の承諾を得ることなく、買取請求を撤回することはできません(同法143条)。

ここで問題となるのが、その株式の売買価格です。事業承継対象会社甲または指定買取人(ここでは現経営者Aとしている)と譲渡承認請求をしている新経営者Bとの間での当該株式に係る売買価格が定まらない場合には、裁判所の決定によることが予定されています(会社法144条1項〜3項・7項)。

しかし、裁判所の決定する売買価格は予想がつきにくく想定外の価格になることもよくあることだといわれています(一般に、裁判所は、スクイーズアウトのように営業継続会社から無理やり追い出す場合には株価を高く判断する傾向があるが、譲渡制限株式の価格決定の場合のように、株主が営業継続会社から自分の意思で出て行く場合には株価を安くなるように判断する傾向があるといわれています)。過大な売買価格の決定により、会社の財源規制に抵触して実際の買取りができなくなったり、会社または指定買取人の買取りのための資金調達が重い負担となる場合もあります。一方、過小な売買価格の決定は、新経営者Bの投下資本の回収の不足という事態を招きかねません。

このような裁判所の売買価格決定の不安定性と会社または指定買取人から

の買取通知後は買取請求が撤回できないということは、定款による株式譲渡制限だけでは、会社、現経営者Ａにも、新経営者Ｂにも不測の損害を与えかねない結果となるリスクが存在することを意味しています。

そこで、会社法上の株式の譲渡制限の制度上のこのような価格リスクを克服するため、株主間契約において種々の合意をしておくことが考えられます。

#### ㈠　株価の評価方法条項

株式の譲渡制限における売買価格につき、裁判所の決定という事態を回避して売買当事者で合意に達することができるよう、事前に現経営者Ａと新経営者Ｂの間の株主間契約において、たとえば相続税の財産評価基本通達に規定されている株価評価方法のうちの特定の方法によるとか、簿価純資産法、時価純資産法等の方法によるとか、株価評価の方法を株主間契約に定めておくことが考えられます。

#### ㈡　同意条項（Consent restriction）

他方の経営者（現経営者Ａの場合には新経営者Ｂ、新経営者Ｂの場合には現経営者Ａ）の同意を得ることなく株式を第三者に譲渡することを禁ずる条項を株主間契約において定めておくことが考えられます。また、株式の譲渡だけではなく、株式を借入れの担保に供することなど一切の処分が禁じられる場合もあるでしょう。このような同意条項についての株主間契約は現経営者と新経営者の株主間では有効であり、これに反して株式譲渡が行われた場合には、株主間契約が債権契約に過ぎないとしても、同意条項違反の株式譲渡による金銭的損害賠償請求権による抑止の効果はかなり期待できます（民事執行法の平成15年改正等によって金銭の支払いを目的とする強制執行に限らず、代替執行、間接強制など、契約の履行を強制する民事執行方法はかなり幅広く認められるようになりました。この点は本書姉妹書『親族外事業承継と株主間契約の法務』（未刊）を参照してください）。

#### ㈢　先買権、コールオプション、プットオプション

事業承継を断念せざるを得ない場合において、新経営者の保有する株式を現経営者自らが買い取って原状復帰を果たしたいという場面も十分に想定されるところです。

そのような場合に、先に述べた株式の譲渡制限による指定買取人を現経営

者に決めておくという方法のほかに、一定期間、他の経営者に先買権を認める株主間契約を結んでおくことが考えられます。

先買権とは、契約の一方当事者（今仮に、「X」としましょう）が株式を処分しようとするときには他方当事者（仮に、「Y」としましょう）に対して事前の通知義務を負うものとし、通知を受けた当事者（Y）が他に先立って買い取ることができる権利です。そして、一定期間中にYが先買権を行使しない場合に限り、Xは第三者に株式を譲渡することが認められることにしておきます。ここでの事例では、新経営者Bが事業承継断念の場合には新経営者Bが、現経営者Aへ株式の再譲渡を約束しておき、現経営者Aが一定期間内に先買権を行使しない場合に、新経営者Bが第三者に処分することができる内容としておくことが考えられます。

このように、親族外事業承継の入口の対策を講ずるときには、同時に、失敗した場合の出口戦略（EXIT戦略）をしっかり立てておくことが重要です。

このような措置は大げさに思われるかもしれませんが、親族外承継（MBOの場合、段階的なM&A）の場合には、事業承継者は血のつながっていない赤の他人であり、将来いつ気が変わって、良好な共同事業状態から厳しい利害対立の状況に急変するかもしれないのですから、当初の良好な関係のときこそ、失敗した場合の出口戦略を事前に講じておくことが大切であると思われます。

その他の出口戦略として、新経営者Bが事業承継を断念した場合だけではなく、現経営者Aからみて、新経営者Bが事業承継の相手としては、経営者としての資質が著しく劣っており、これまで一緒に頑張ってきた従業員の雇用確保が実現しておらず、収益悪化で会社の存続自体が難しくなると判断した場合や、現経営者Aの給与額などの処遇など、他の事業承継に付随する契約が遵守されていない等、現経営者が事業承継を撤回したいと考える場面も想定されます。

そのような場合には、現経営者Aが当該株式を一定の条件で新経営者Bの保有している株式を買い取ることができる旨の条項、つまりコールオプション（買受権）を株主間契約で定めておくことも考えられます。このように、一方の経営者の意思に関係なく、他の経営者が一定の場合には株式の売渡しを強制できる買取側にオプションが与えられる場合をコールオプション（売渡強制条項）株主間契約といいます。

現経営者Ａが、事業承継に失敗したと感じる場合には、新経営者Ｂにコールオプションを行使して振り出しに戻って甲株式を取り戻し、やり直しを確保することができることになります。

一方、新経営者Ｂまたは現経営者Ａが事業承継に関する株主間契約に規定されている義務を履行していない場合には、それぞれが保有する株式（Ｂの場合は40%、Ａの場合は60%）を、事業承継の失敗の有無にかかわらず、一方または第三者に対して売却するプットオプション（売付権）をＡとＢとの間の株主間契約に定めておくことが考えられます。

コールオプションにせよプットオプションにせよ、強制的に株式の売買を成立させる手法ですから、その売買代金をどのように決定するかは極めて重要です。株式の価格は変動しやすい性質をもっていますから、この売買価格決定基準は当初の株主間契約が成立する時点で、明確に定めておくべきです。税務上の基準のように評価を伴う基準ではなく、評価という手順を必要としない、議論の余地なく金額が定まる方法が望ましいといえます。たとえば、一例として最初の譲渡価額の何倍、というような定め方が考えられます。

### ⑶　議決権の行使

株主総会での議決権については、株主平等の原則に基づき、株式１株につき１議決権が付与されるのが原則です(会社法308条１項)。株主総会では、定足数も決議要件も過半数が原則です（同法309条１項)。

株主間契約や定款に、規定しなければ、現経営者Ａ（株式保有割合60%）が、株主総会決議事項を決定し、特に取締役の選任においてもすべての取締役を独占して、重要な会社の意思決定を思いのままにすることができます（会社法309条、329条、369条１項、341条)。しかし、本事例のような親族外承継(MBOや段階的Ｍ＆Ａ）においては、現経営者Ａと新経営者Ｂは一種の共同事業状態にあるので、上記のような会社法に定める多数決原理では、少数株式しかもたない新経営者Ｂ（株式保有割合40%）の意思が反映されず、経営を意欲的に推進することは難しくなってしまいます。

そこで、株主総会や取締役会の議決権の内容や行使につき、取り決め（株主間契約）をしておくことが考えられます。

**(ア)　株主間契約による合意**

事業承継会社の合併、株式交換、株式移転、会社分割、事業譲渡など承継事業に大きな影響を与える組織再編行為、取締役の選任、機関の設定その他の重要な事項については、少数株主である新経営者Ｂの承認がなければ行えないという合意を現経営者Ａと新経営者Ｂとの間の株主間契約で行うことが考えられます。

株主間契約において議決権を拘束する契約に違反して議決権行使が行われた場合、それによって成立した株主総会の決議に瑕疵が生ずるのかという点に関して、従来の通説は、議決権を拘束する契約に違反する議決権行使がなされても、その議決権行使は有効で総会決議の瑕疵は生じないとしていました。

それは、議決権の行使を拘束する契約は、債権的効力に過ぎず、当事者間においては有効ですが、会社に対しては効力がないという相対的効力を有するに過ぎないと考えられているからです。

このように、株主間契約の当事者は、株主間契約の効力が定款と比べても強いものではなく、株主間契約に違反した決議をしても、株主総会決議の瑕疵には該当せず、債権的効力を有するのに過ぎないとされているにもかかわらず、株主間契約が利用される理由は次のように考えられています。

株主間の合意を秘密にしておきたいという理由や、定款のように強力な効力がなくても、その実効性に心配がないからだといわれています（江頭憲治郎『株式会社・有限会社法〔第４版〕』301頁（有斐閣、2005年））。

これに関して株主間契約の一つである合弁契約に関してですが、「複数の当事者が協力して合同で企業を設立・運営しようとしている場合、そこで交渉の対象となるのは議決権の分配だけではない。出資という形以外での資金の供給、人材の派遣、技術・ノウハウの提供、原材料などのサプライ、製品の販売など、多様な事項が対象となる。そこでは、議決権（出資割合）だけが両社の権限の実質的な分配を決定するわけではない」（森田果「株主間契約（五）」法学協会雑誌120号（12・23）2341頁）と述べられています。

確かに、一種の共同事業の状態にある親族外承継においても、ノウハウの提供、従業員への影響、顧問先の引継ぎなど、多様な「契約外強制手段」が関係していると思われます。

さらに、「全株主による株主間契約については、契約違反の議決権行使により成立した決議は、定款違反と同視して取り消しの対象とすべきである」(江頭・前掲301頁)との意見もあります。全株主による議決権拘束契約がある場合には、総会の議長が契約に違反する議決権行使をもくろむ株主の提案を総会に付議しないことは外形上適正であるとしても、契約違反の議決権行使により成立した決議は、定款違反と同視して取消しの対象となる(会社法831条1項2号)と結論づけられています(森田・前掲2324頁以下)。

しかし筆者は、議決権拘束契約に違反する場合だけではなく、株主間契約に違反する株主総会議決の結果、株主間契約の当事者に実害が発生したような場合は、「株主総会の決議について特別の利害関係を有する者が議決権を行使したことによって、著しく不当な決議がなされたとき」(会社法831条1項3号)に該当するとして総会決議の取消しを認めてよい場合があるのではないか、と考えています。なお、この問題は株主間契約の法的効力に関する問題のうちでも最も重要な問題点ですので、詳しくは本書の姉妹書『親族外事業承継と株主間契約の法務』(未刊)を参照してください。

**(イ)　定款による株主総会の決議要件の加重**

会社法は、株主総会の議決について、定款で、総会出席数、総会議決権数について、法定の数的要件以上に要件を加重することを認めていますから、重大な議決事項については、株主間契約のレベルにとどめておかないで、定款の変更を図り定款に規定することによって、実質上株主間契約違反の効力を、定款違反による無効にまで高める方策が有効ではないか、と考えられます。

たとえば、事業承継会社の合併、株式交換、株式移転、会社分割、事業譲渡などの組織再編行為、取締役の選任、法定機関以外の任意機関の設定その他の重要な事項を行う場合には、たとえば、株主の議決権の3分の2以上の株主が出席し、出席した株主の75%以上の多数をもって組織再編行為その他の重要な事項を行うとてし、常に少数派である新経営者B(株式保有割合

40％）の同意を得ることを必要とする規定を定款に定めておくこと（会社法309条１項・２項11号）が考えられます。このようにすれば、株主間契約を拒否権付き種類株式に転換したことに酷似してきます。

**(ウ)　拒否権付種類株式**

組織再編行為その他の重要な事項について、株式の一つの内容として拒否権を定める種類株式を少数株主である新経営者に発行する方法が考えられます。

株主総会（取締役設置会社においては取締役会または株主総会）において決議すべき事項においては、その決議に加えて組織再編行為に関する事項について拒否権を定める種類株式の種類株主（少数派である新経営者）を構成員とする種類株主総会の決議を必要としておく方法です。

この種類株式を発行する場合には、株主総会の決議、取締役会の決議のほかに、種類株式総会の決議が必要な事項として組織再編行為（上記例の場合）を定め、加えて、その条件を付加する場合にはその条件を定め、この両者を定款に記載（会社法108条２項８号）することになります。

この方法によるときは、拒否権の定めのある種類株式を新経営者Ｂに発行することになります。この場合、通常の株主総会、取締役会のほかに、少数派株主である新経営者Ｂによる種類株主総会の決議がなければ、その効力を生じないことになります。

しかし、種類株式の発行は登記事項である（会社法911条３項７号）ため、当事者間の取り決めを公開しなければならないという難点があります。中小企業では登記に拒否権付き種類株式が記載されているのをみれば、取引先などから、会社内部に何かトラブルがあるに違いないと邪推されることもあることから、実際にはここまで踏み切れないことが多いでしょう。

**(エ)　取締役会の決議要件の加重**

多数派株主である経営者によって指名された取締役の同意を得なければならない事項を定款において定め、決議の要件を加重することができます。たとえば、組織再編行為その他の重要な事項については、３の２以上の取締役が出席し、その75％以上の多数の賛成によってこれを行うといった具合です（会社法369条１項）。しかし、多数派である現経営者から取締役の全員が選任されている場合には、その効果は期待できません。

#### (オ)　株主の株式保有割合と異なる割合で議決権を配分する方法

株主総会における議決権について、株主ごとに異なる取扱いを行う旨を定款において定める（会社法109条２項）ことができます。属人株を使う方法です。

上述(エ)の決議要件を加重する方法は、一定の事項について少数派株主である新経営者に拒否権を与えるだけですが、これに対して、株主ごとに異なる取扱いを定款に定める場合には、多数派である現経営者と少数派である新経営者の要望を調整することができます。属人株式を使う必要があるときは、いかなる目的で属人株を導入するかが特定しているでしょうから、その目的について議決権行使を済ませたのちは、直ちに再度定款を変更して元に戻すことに多数派も少数派も抵抗するとは考えられず、問題の少ない方法といえます。この方法は、実質、種類株式を使う方法と概ね同じですが、属人株の導入には登記をしなくてよい（会社法109条３項、第７編の適用がない）点が有利です。

### (4)　取締役の選任

現経営者と新経営者が一定の株式を持ち合ったうえで、親族外承継（MBOや外部投資家とのM&A）を進める過程で一定期間は共同事業を行っていく場合には、取締役・監査役の選任・解任をどのように決定するかは、大変重要な課題となってきます。

取締役会設置会社においては、取締役会が、法令・定款により株主総会の決議事項とされた事項を除き、会社の業務執行のすべてについて決定する権限を有しています（会社法362条２項１号）。原則として、取締役会は取締役の過半数が出席し、その過半数の賛成をもって決議されます（同法369条）。

そして、この取締役会の決定に基づき、取締役会の監督の下で、代表取締役および業務執行取締役が業務を遂行することになります。

一方、取締役会非設置会社においては、定款に別段の定めがある場合を除き、取締役の過半数が業務執行を決定し、この決定に基づき、各取締役が業務を執行します（会社法348条）。取締役は、取締役会設置会社であろうがあるまいが、業務執行の決定に関与することになり、取締役・監査役の選任をどのように決定するかは、承継事業の運営において大変重要な要素となります。

たとえば、現経営者Ａが株式の60％を保有し、新経営者Ｂが40％を保有し、いずれは新経営者Ｂに株式を100％移転させ、現経営者Ａと新経営者Ｂの一方が多数派となり、他方が少数派となる過程で、通常は多数決の原理により、株主総会において多数派の株主が取締役の全員を選任でき、少数派の意見が取締役選任に関して反映されることはありません。

このため、事業承継の移行段階の過程にある会社においては、多数派株主としても、少数派株主経営者に共同経営の意思を喪失させないため、少数派株主の意向を反映させる会社運営の仕組みづくりに最大限の注意を支払わなければなりません。その仕組みの一つとして、株主間契約を利用することが考えられます。

①　株主間契約で、現経営者から取締役をxx名（もしくは誰と誰）を指名することができる旨、一方新経営者は取締役をyy名（もしくは誰と誰）を指名することができる旨を約しておく方法があります。

しかし、この株主間契約に反して多数派が多数決の原理により株主総会で議決権行使を行い、少数派の意見を無視した場合には、株主間契約は債権的効力を有するにとどまり、株主総会の議決権行使を取り消すことはできないと考えられていますから（筆者としては、そのようには考えていませんが）、現経営者Ａと新経営者Ｂの関係が悪化している状況下においては、株主間契約の効果が債権的効力にとどまるのを見越して、多数派株主の強引な議決権行使が行われる可能性が残ることになります。しかし、仮に、株主間契約が債権的効力しかないにしても、先にも述べたように、契約当事者の力関係を変化させ得るアレンジメントの方法は実際にはいくつもあり、単に議決権の比率だけではありません。

そして、上記のような誰が、誰を取締役として指名するという株主間契約の内容を、もし定款に記載した場合には、将来の株主を拘束することになります（このような属人的規定は定款規定にそぐわないのではといわれていますし、また、典型的な定款規定でないこのような定款規定は、設立時定款に限ってですが、公証人が認めないのではないか、ともいわれています）。仮に、このような定款規定が許されるとすれば、このような規定を株主間契約に定める意味もあるということになります。

② 少数派株主に取締役の選任を認める方法として、取締役の選任につき内容の異なる種類株式を発行しておくことが考えられます（会社法108条2項9号イ）。

株主間契約で合意した現経営者Ａまたは新経営者Ｂが指名する取締役候補がそれぞれ取締役になれる保証を与えるものです。

具体的には、たとえば現経営者には、甲種類株式を発行し、甲種類株主総会でxx名の取締役の選任を行えるようにする。一方新経営者には、乙種類株式を発行し、乙種類株主総会でyy名の取締役の選任を行うといった具合です。

③ 定款で取締役の選任を定める方法。上記の②のような種類株式を発行することは、多くの株主にとって煩雑さを伴うものであることは紛れもない事実です。

取締役の選任に関する合意を当事者間だけを拘束する株主間契約にとどまらず、会社の根本規範である定款に規定することも考えられます。会社は定款に基づき運営され、その効果は株主全員さらに将来株主までにも及ぶものです（会社法29条）ので、これを無視した取締役の選任は定款違反となり、決議の取消事由にも該当します（同法831条１項２号）。

### ⑸ 給与、賞与、報酬

現経営者Ａが事業承継対象会社の株式の全部または一部を新経営者Ｂに移転後においても、現経営者が代表取締役や取締役として、一定期間、事業承継対象事業に関与する場合には、現経営者のモチベーションを維持するため、その報酬を事前に株主間契約で定めておくことが有効な働きをするでしょう。

また、売上、利益等一定の指標を定めておき、これを超えた場合には、インセンティブとしてボーナスを支給するとか当人から会社が新株予約権を取得するのと引き換えに当該会社の株式以外の財産を交付する（会社法236条７号チ）など、現経営者のモチベーション維持の方策を図っておくことが必要となります。

さらに、現経営者Aが事業承継対象会社から完全に身を引くまで、現経営者Aへの退職金の支給を延期するなど、現経営者Aと新経営者Bとの間で緻密な調整を図る内容の株主間契約をしっかり定めておくことが必要です。

このような株主間契約を事前に定めておかなかったため、現経営者がヤル気を喪失させ、企業価値の既存を招いた事例を、実務では、よく目にするものです。

### ⑹　その他

最後に、事業承継に関するソフト面について一言します。現経営者は、これまでの企業文化、経営方針やミッションを一番理解している若い、活力のある経営者に事業を承継してほしいと念願していることも多いものです。

株主間契約において、これらのことを言葉で明瞭に表現しておくことも、ソフト面の事業承継に寄与できるものと思われます。

## 4　結　び

親族外承継の場合において、現経営者が、株式の全部または一部の移転後においても、承継対象事業に引き続き関与していく場合には、選択するスキームも多様ならば、それぞれの税務上の効果もさまざまです。

それに加えて、事前の定款の定め方、現経営者と新経営者との間の株主間契約もさまざまです。紙面の関係上、ここで取り上げられなかったものも多々あります。

これまで、職業柄スキームの税務上の効果を検討することが中心でしたが、実際に生き物である事業を定款や株主間契約でどのように運営していくのか、事前にこれらを検討しておくことが、新経営者への事業承継の成否を大きく左右するといっても過言でないと痛感させられます。中小企業の親族外承継において、株主間契約をどのように構成するのが望ましいのか、検討すべき課題はまだまだ残されていると思われます。

**（第2編第3章　阿部　幸宣）**

**【編者のコメント】**

非公開会社の場合、現経営者の親族の中に会社の経営を引き継いでくれる者をみつけられないとすれば、後継者を親族以外に求めなければなりません。その非親族後継者が会社の従業員であったとすれば、会社のお得意、銀行との関係、事業の仕方などを一通りは知っているでしょうから、事業承継は比較的スムースに進む、かといえば、そうでもないのです。現経営者の銀行に対する連帯保証責任が数億、数十億にも及んでいることは珍しくもありません。これから経営者になろうとする者にとっては、目のくらむような巨額な責任です。後ずさりするのも無理はないのです。もともと、その後継者候補者が従業員ではないとすれば、事業の仕方のそもそもから教育を始めなければならず、事業承継を実現すること自体が現経営者にとって重大な負担となり、億劫になります。本章は、このように事業承継の難しさと重さに打ちひしがれかねない現経営者とこれから経営者になっていこうとして不安を抱える新経営者に、示唆に富む警句を提供しています。「慌てる必要はないのです。時間をかけて、ゆっくりと、穏やかに事業の引継ぎをやっていけばよいのです」と。事業の引継ぎを、西洋流にすべての人間関係を、経済的な損と得で割り切る、ドラスチックな方法で実現しようとすれば、合理的と呼ばれてその実、事業を通じて社会に貢献しようとする決意を捨て去った、薄汚い裏道に過ぎなくなります。そうではない日本流の、人間性の理解に立脚した穏やかな方法こそが最良の道なのだと筆者は提案しています。その方法とは、事業承継を、「現経営者と新経営者との共同事業」ととらえる哲学です。まことに慧眼であると考えます。かかる共同事業遂行の手段として、法人税法に立脚する適格組織再編技術の利用方法を解説し、資金をもたない新経営者が、現経営者から、現経営者が所有している事業承継対象企業の株式を、時間をかけて取得していくにあたって、必要となる資金源として、事業承継対象企業の信用を利用して銀行融資を受ける方法と、受取配当金の益金不算入を利用する方法を解説しています。そのうえで、共同作業を経ての事業承継の完成までには長大な時間を要することから、不可避的に発生してくる忘恩と心変わりを防止する必要性に、株主間契約論理を建設する必然性を説いています。かかる観点から、事業承継共同経営者間の株主間契約の具体的内容について解説していて、株主間契約の幅広い有用性が基礎づけられています。

（後藤　孝典）

# 第４章　会社分割を活用した事業承継

## 1　老舗の和菓子屋「祥鶴」の将来への心配

広島市中区十日市町で幕末から続く老舗の和菓子屋「祥鶴」は、銘菓煉羊羹で財を成し、広島県と山口県下に賃借り５店舗を構えて安定した経営を続けてきた。当主の横川全蔵が腰を痛めて重量物を持てなくなって以降、和菓子作りに不自由を感ずるようになった。伝統の味の再現が難しくなり、このままでは店の衰退が避けがたい。家族は全蔵とその妻豊（65歳）、二人の間には女の子二人だけ。長女田勢（37歳）は嫁に行き、孫は高校２年になる男の子を筆頭に三人も男の子ができたがいずれもまだ幼い。夫は菓子屋にはまるで興味がない数学の学者。次女帆万千（35歳）は勝気で、おまけに万事勝手気まま。30歳までは国際線のキャビンアテンダントをしていた。今は持前の英語力を活かして地元企業の英会話講師をしている。いまだ独身。養子を迎える気は全くない。

横川全蔵は平成31年１月に72歳になった。これを機に、店一番の腕の立つ番頭三滝幸蔵（40歳）に会社事業の舵取りを任せることを決断した。任せるといっても、具体的にはどうしたらよいのか、妻豊とともに、顧問の税理士浅海忠に相談に来た。

株式会社「祥鶴」は、代表取締役横川全蔵、取締役横川豊、矢賀田勢（非常勤）、監査役横川帆万千（非常勤）、従業員は三滝幸蔵を含め正社員は10名、非正規職員は全員で12名。本店建物は会社所有。本店以外は５店舗とも賃借り物件。本店の底地は全蔵の個人所有。全蔵は妻豊、次女帆万千とともに本店建物の一部を居宅としており、その賃料は、底地地代と相殺している。株式は、全蔵80％、豊20％で、全蔵の持株評価額は約1億5000万円となる。

**全蔵**：浅海先生、ご無沙汰しておりました。本日は先生に会社の将来のことで相談にまいりました。

**浅海**：それで、具体的にはどのようなご用件でしょう？

**全蔵**：先生、私も今年72歳になりました。家業の和菓子屋を先代から引き継いで、学校を出てから50年、頑張ってはきましたが、年齢には勝てません。つい先ごろ、腰を痛め、原材料を運ぶのもおぼつかなく。そろそろ引退かなと。妻とも相談し、家業を番頭の幸蔵に譲ろうかと、ご相談にまいりました。

**浅海**：幸蔵さんですか？ 確か幸蔵さんは、昨年の全国和菓子品評会で銀賞をとられ、職人としての腕は一流。それで、代表権をバトンタッチ、ですか？

**全蔵**：はい、幸蔵の和菓子職人としての腕は本人の精進の甲斐もあって、皆様に認められております。職場での人望も厚く、そろそろ代表取締役として祥鶴を任せてもよいのではと思い、また聞きですが、株の贈与も無税で承継できるとうかがいました。本人の自覚とやる気を促すためにも、私の所有株を幸蔵に譲ろうと思います。ご存知のとおり私の子は娘二人で、家業に無関心です、やはり幸蔵が適任だと思って。

**浅海**：平成30年度税制改正の、特例事業承継制度のことですね。税金がタダになるわけではなく、一定の条件のもとに納税が猶予される制度です。その条件の一つが、幸蔵さんが役員に就任されて少なくとも3年が経過する必要があります。本日申し上げられるとしたら、幸蔵さんを近日中に代表取締役社長に、全蔵社長は代表取締役会長に就任し、今後3年間、幸蔵社長をサポートしてあげてください。また、特例承継計画書を広島県に提出、確認を受ける必要がありますので、次回、できるだけ早いうちに幸蔵さんとご一緒に、もう一度、事務所に来ていただければ。

**豆知識（要点１）　特例事業承継制度……贈与税の納税猶予**

①　期　限

□令和５年３月31日までに特例承継計画書を都道府県知事に提出

□令和９年12月31日までに上記に基づく贈与税の認定申請書提出

□以後５年間は毎年１回、その後は３年に１回の報告手続が必要

②　特例認定承継会社の認定要件

□中小企業者に該当する事（上場会社等に該当しないこと）

□性風俗営業会社に該当しないこと

□資産保有型会社に該当しないこと

□資産運用会社に該当しないこと

□直前事業年度以降の各事業年度の総収入金額がゼロ超であること

□常時使用する従業人が一人以上いること

□後継者以外の株主に拒否権付株式を交付していないこと

③　最初の特例贈与者の要件

□都道府県知事の確認を受けた特例承継計画に係る「特例代表者」であること

□贈与直前まで先代経営者グループで過半数の議決権を有し、先代経営者グループの中で後継者を除いて筆頭株主であること

□贈与時までに代表者を退任すること

④　特例受贈者の要件

□都道府県知事の確認を受けた特例承継計画に係る「特例後継者」であること

□贈与後に後継者グループで過半数の議決権を有しており後継者グループの中で筆頭株主であること

□贈与時において会社の代表者であること

□贈与時に20歳以上かつ３年以上にわたり継続して役員であること

□贈与後、申告期限までに適用対象株式を１株も譲渡せず継続して保有していること

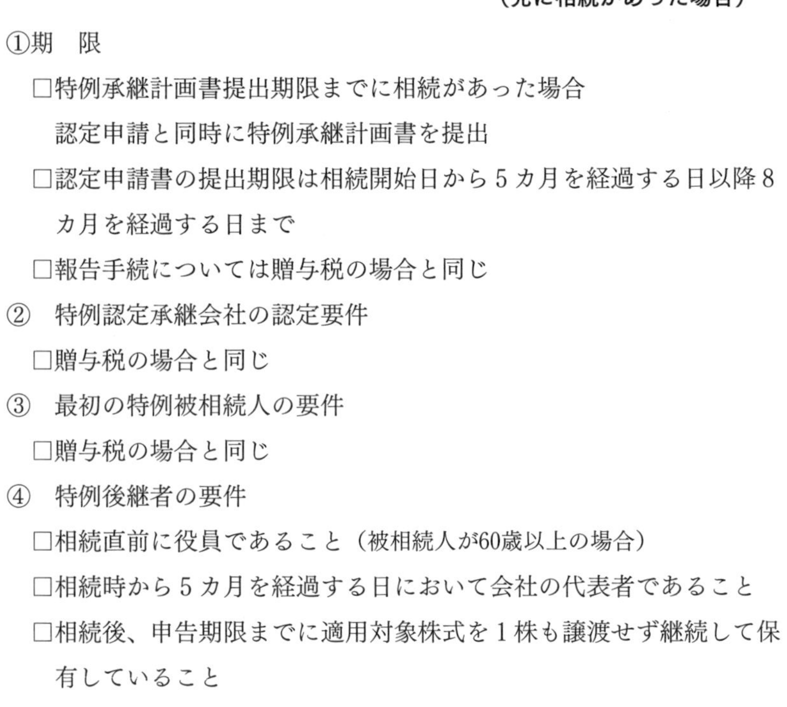

**豆知識（要点２）　特例事業承継制度……相続税の納税猶予**

**（先に相続があった場合）**

①期　限

□特例承継計画書提出期限までに相続があった場合

認定申請と同時に特例承継計画書を提出

□認定申請書の提出期限は相続開始日から５カ月を経過する日以降８カ月を経過する日まで

□報告手続については贈与税の場合と同じ

②　特例認定承継会社の認定要件

□贈与税の場合と同じ

③　最初の特例被相続人の要件

□贈与税の場合と同じ

④　特例後継者の要件

□相続直前に役員であること（被相続人が60歳以上の場合）

□相続時から５カ月を経過する日において会社の代表者であること

□相続後、申告期限までに適用対象株式を１株も譲渡せず継続して保有していること

□他は贈与税の場合と同じ

**浅海**：ところで奥様、このことは二人の娘さんはご存知なのでしょうか？

**豊**　：いえ、娘二人には何も話しておりません。あの子達には関係ない事ですから。

**浅海**：いえ、この制度は、親族ではない幸蔵さんに株式を贈与した後に、もし全蔵社長がお亡くなりになったら、幸蔵さんに移った株式が一度全蔵社長の相続財産としてカウントされ、相続税が計算され、そのうえで幸蔵さんに全蔵さんの株式にかかる相続税が猶予される制度も含まれております。そのため、結果的に、奥様を含め娘さんお二人の遺留分を侵害している可能性があります。このことは大変大切なことで、皆様の合意が必要となります。

**全蔵**：詳しいことはよくわかりませんが、娘達にもよく言い聞かせ、できるだけ早く処理したいと思います。先生よろしくお願いいたします。幸蔵にも話をし、来週一緒に再度参りたいと思います。よろしくお願いいたします。

**豆知識（要点３）　遺留分**

遺留分とは、被相続人の兄弟姉妹以外の相続人に対して確保される相続財産の割合をいいます。

遺留分の割合は、相続人が親、祖父母等、直系尊属のみの場合、被相続人の財産の３分の１、相続人が上記以外（兄弟姉妹を除く）の場合、被相続人の財産の２分の１とされています。

遺留分の制度が設けられている理由は、一般的には遺族の生活保障のためだとも、遺産の形成に貢献した遺族の潜在的持ち分を清算するためだともいわれてきました。

平成30年７月「民法及び家事事件手続法の一部を改正する法律」が成立し、同年７月13日公布、令和元年７月１日施行となり、遺留分制度に関する見直しが行われました。

その見直しの内容は、

①　贈与は相続開始前の１年間にしたものに限りその価額を算入する。相続人に対する贈与については、１年間とあるのは10年間。価額とあるのは婚姻もしくは養子縁組のためまたは生計の資本として受けた贈与の額に限るとする（民法1044条）。

②　遺留分侵害額に相当する金銭の支払を請求することができると改められ（遺留分侵害額請求）、旧法下のような物権的請求（遺留分減殺請求）は認められなくなった（民法1046条）。

③　金銭請求を受けた受遺者または受贈者が直ちに金銭を準備できない場合を想定し、裁判所は金銭債務の支払につき、相当の期限を許与することができる（民法1047条５項）。

税理士浅海忠は深く悩む。

①　全蔵は早期に家業を引退し、幸蔵に事業を引き継がせ心身ともに楽になりたいだけではないのか。

かといって、承継者が家族の中には存在しない。

②　幸蔵は事業承継者として適任といえるのか。技術は誰もが認めるが、経営者としての経験を積んできたわけではない。

③　もしもに備えて全蔵は「祥鶴」の株式すべてを幸蔵に遺贈する遺言書を作成するのか。

特例事業承継制度を利用する限り、相続税の税金上は遺言書を作成した場合と同じになる。ただ納税が猶予されるだけである。

④　幸蔵が資金に困った場合「祥鶴」の株式を第三者に売却することはないといえるのか。

この場合、特例承継制度自体の適用が取り消され、猶予税額を利子税とともに一括納付しなければならない。

⑤　そもそも家族は遺留分を含めこのスキームを理解しているのか。

株式が誰に移ろうとも今の生活が継続できればよいと思っているのではないか。

しかし、どういうことになろうとも、幸蔵を含め従業員の生活を維持しなければならないが、それをどう保障するか。

それでも全蔵の気持ちを考えると何らかのアクションを起こさざるを得ない。そこで、浅海は下記の株主間契約書（覚書）の下書きをつくってみた。

**株主間契約書（覚書）――「条件付株式贈与契約書」**

横川全蔵（以下「甲」という。）は、以下の条件を全て満たされた場合には、三滝幸蔵（以下「乙」という。）に対し、甲の所有する株式会社「祥鶴」（以下「丙」という。）の株式全株を、乙が満45歳に達する日である令和５年１月31日付にて贈与する。

なお、当該贈与は租税特別措置法70条の７――事業承継税制――非上場株式等についての贈与税の納税猶予及び免除の制度適用を前提とするものである。

第１条（準備）　甲は丙の代表取締役会長に、乙は丙の代表取締役社長に各々令和元年５月１日に就任する。
第２条（研修）　本契約の締結後、乙は丙の経営者としての資質を養うため、甲の指導のもと、財務・営業等、株式の贈与時点迄、研修に励むこと。
第３条（処遇）　甲及び乙の役員報酬等、身分上の処遇に関しては、別途取締役会にて定めること。
第４条（期限）　乙は上記贈与日以降、その取得したる丙の株式を誰にも贈与・譲渡・担保設定をしてはならない。
第５条（許諾）　甲及びその家族（横川豊、矢賀田勢、横川帆万千）は上記贈与日以降、甲が死亡した場合、乙が甲の相続税納税猶予制度の適用に移行することに協力し、且つ各々の遺留分侵害額請求権の主張をしない。
第６条（無効）　甲及び乙は上記贈与日以前に甲が死亡した場合、当然本件契約は効力を失う。その場合、甲の相続人と乙は新たな株主間契約を結ぶよう努める。
　なお、甲・乙ともに本件契約が効力を失ったことを理由に相手方に対し相互に損害賠償を請求することはできない。

以上、甲（甲の家族を含む。）及び乙の間で合意したので、これを記すため各人署名押印し、各人本契約書を保有する。
令和２年５月１日

甲　　横　川　全　蔵　印
同妻　横　川　　豊　　印
同長女　矢　賀　田　勢　印
同次女　横　川　帆万千　印
乙　　三　滝　幸　蔵　印

## 2　翌週、浅海税理士事務所にて

**全蔵**：本日は、番頭の幸蔵を連れてまいりました。一応、幸蔵には話をし、また、娘達にも納得してもらいました。先生、私はこれから和菓子組合の理事会で、早々に退席させていただきます。後のことは幸蔵にゆっくり説明してやってください。

**浅海**：ちょっと待ってください。とても大切なことですので、私がつくったお二人の株主間契約書（覚書）があります。これをご一読いただき、納得されましたら署名押印をお願いいたします。

全蔵は、これを一読した。気持ちはすでに固まっていた。直ちに署名し、認印で押印して「後はよろしく」と言って事務所を辞した。

残った幸蔵は浅海に向かって質問した。

**幸蔵**：先生、私はどうすればいいんでしょうか。社長をやれと言われても全く自信もないし、株を譲られても税金が払えるわけもないし、今後の私の生活はどうなるのでしょうか。

**浅海**：大丈夫、今後３年間は全蔵会長のもとで社長業も勉強できるし、株も幸蔵さんが他に売却しない限り、贈与税がかからないように私が処理します。幸蔵さんには職人としての腕があります。今後も努力され立派な社長さんになってください。応援しますから。

**幸蔵**：はあ、大丈夫かなあ。

**浅海**：具体的には、５月末に事業承継計画書を広島県に提出します。これは後継者として幸蔵さんを指名し、承継後の今後の経営計画を作成し承認確認を受けるものです。その話合いのため、近日中に今度は私が御社を訪問し、全蔵さん、幸蔵さんを交えて計画書をつくり上げたいと思います。そのときに幸蔵さんの報酬も含めて決定したいと思います。

**幸蔵**：わかりました。よろしくお願いいたします。

幸蔵はそう言って、株主間契約書（覚書）に署名押印して事務所を後にした。

幸蔵は全蔵から社長就任の内示を受け以降、全国和菓子職人組合で知り合った、駿河の銘菓製造業者「安倍平」の安倍修平社長に相談していた。安倍社長は全蔵社長をとても度量がある人だと誉めたたえ、和菓子業界の発展のためにも、この話は大変うれしいことだ、頑張りましょう、と背中を押してくれた。幸蔵は決意を新たにしたのであった。

この間、浅海は「祥鶴」を訪ね、事業承継計画書を全蔵、幸蔵とともに練り上げ、約束どおり５月迄に提出、承認、確認を得ていた。

**浅海**：全蔵会長、幸蔵社長、本日は事業承継計画書の確認控をお届けにまいりました。まずはおめでとうございました。

**全蔵**：ありがとうございました。先生には何から何までいろいろお世話になりました。つきましては、ささやかながら6月1日に幸蔵の社長就任パーティーを全日空ホテルで夕方行いたいと思います。先生にはぜひ出席していただきたいと思っております。後日詳細な案内状をお届けします。

**浅海**：わかりました。ぜひ出席させていただきます。

**幸蔵**：晴れがましくて、私には荷が重いのですが、業界の方々が遠くは静岡のほうからもお祝いにかけつけてくれます。先生、ぜひ出席してください。この度は大変お世話になりました。

浅海は、まだ計画書を提出しただけで、何も具体的には動いていないが、実際に贈与を実行する時までには、十分時間はあると思っていた。

6月1日、幸蔵の社長就任パーティーは盛大なもので、5年前全蔵が全国和菓子組合の副理事長に就任しており、現在も理事の職にあるだけに、列席者は全国に及んだ。

全蔵は、この日とてもゴキゲンで、3次会まで出席、結局、帰宅は午前2時過ぎとなり、浅海も幸蔵も同じく3次会までつき合った。

翌日、全蔵は、前日飲み過ぎたためか午前中いっぱい布団から起きず、少し寒気がするとこの日は会社を休んだ。

その後も微熱が続き、市内の病院で検査を受けた。医者は肺に少し影が映るという。用心のため入院することになった。

入院は長引き、1カ月が過ぎた頃、浅海に電話がはいった。不吉な予感がした。

**豊**　：先生、昨日、主人が亡くなりました。

**浅海**：えっ。

絶句するしかなかった。

**豊**　：通夜は本日、葬儀は明日午前11時より平安祭典で執り行います。先生だけが頼りです。どうぞよろしくお願いします。

豊は電話口で泣いている。

四十九日も無事済んだ。浅海は、事業承継計画書、株主間契約書（覚書）について、全蔵は家族に十分説明していたのだろうか。遺留分を含め、自分は相続のことをそれほど詳しくは説明していなかったが、と思い悩んでいた。とりあえず相続税の計算だけにはとりかかかることにした。

全蔵が亡くなってちょうど5カ月目になる令和元年12月11日に、家族全員に下記相続申告案を開示した。

〈全蔵、相続申告〉

| | 配偶者1/2<br>豊 | 長女1/4<br>田勢 | 次女1/4<br>帆万千 | 合　計 |
|---|---|---|---|---|
| 相続財産 | | | | |
| 現預金 | 20,000,000 | 20,000,000, | 20,000,000 | 60,000,000 |
| 生命保険金※1 | 5,000,000 | 5,000,000 | 5,000,000 | 15,000,000 |
| 死亡退職金※2 | 50,000,000 | 35,000,000 | 50,000,000 | 135,000,000 |
| 不動産（底地） | 10,000,000 | | 50,000,000 | 60,000,000 |
| 自社株式※3 | 120,000,000 | 15,000,000 | 15,000,000 | 150,000,000 |
| 債務・葬式費用 | -10,000,000 | | | -10,000,000 |
| 課税価格 | 195,000,000 | 75,000,000 | 140,000,000 | 410,000,000 |
| 基礎控除 | | | | -48,000,000 |
| 課税遺産額(按分) | 181,000,000 | 90,500,000 | 90,500,000 | 362,000,000 |
| 相続税額（総額） | 55,400,000 | 20,150,000 | 20,150,000 | 95,700,000 |
| 税額按分割合 | 0.4756 | 0.1830 | 0.3414 | 1.0000 |
| 各人別算出税額 | 45,514,900 | 17,513,100 | 32,671,900 | 95,699,900 |
| 配偶者控除 | -45,514,900 | | | -45,514,900 |
| 2割加算 | | | | |
| 申告納税額 | 0 | 17,513,100 | 32,671,900 | 50,185,000 |
| 猶予税額 | | | | |
| 差引納税額 | 0 | 17,513,100 | 32,671,900 | 50,185,000 |

※1　生命保険金は、終身保険3000万円のみ。相続人1人当たり非課税500万円控除後
※2　退職金は、会社受取死亡保険金1億5000万円を死亡退職金に充当
　　相続人1人当たり非課税500万円控除後
　　退職金算定根拠：100万円（最終報酬月額）×50年×3倍
※3　自社株式は、会社受取死亡保険金と死亡退職金が同額のため評価に異動はない。

## 3　前社長の突然の死と相続のその後

令和2年5月末、税理士浅海忠は「祥鶴」前社長の全蔵の相続税確定申告書を無事提出し、3月決算法人申告もほぼ完成した。家に帰る前に、一息ついてコーヒーを飲んでいたとき、電話が鳴った。

"Hello, Mr. Asami? My name is Gabriel."
外人女性の声だ。
"はあ？ どなた？"
"せんせぇ〜。帆万千で〜す。"
"げっ!! 帆、万、千さん？ 何、ど、どうしたの？"
"先生。私、お父さんの一周忌が済んだら、ガブと結婚しようと思って、それで、先生に相談があるの。今度、お邪魔して、よろしい？"

帆万千はGabrielとともに浅海税理士事務所を訪ねてきた。

Gabrielは帆万千と同じ35歳。ベルギー・ブリュッセル出身、身長185センチ。随分と背が高い。日本語はかなり達者。ベルギー王室ご愛用チョコレート「アトラクティブ・フィーメル」の日本担当営業課長だ。5年前から東京に居住。将来は帆万千のために日本国籍を取得したいという。

**帆万千**：先生、驚かせてごめんなさい。実はガブとは10年前にオーストリアのウィーンで知り合って、ブリュッセルの教会で、二人だけの式は、挙げてはいるんだけど、正式に日本で、結婚式を挙げようと思って、

先生、出席してくださる？ 今日は、二人でお願いにきたの。

**Gabriel**：Yoroshiku Onegai Itasimasu.

**浅海**：相変わらず、行動的ですね。お母さんや、お姉さんは知っているの？

**帆万千**：ええ、先月ガブと一緒に挨拶してきました。それと、お父さんのお墓参りをして報告してきました。

先生、その後、祥鶴の経営状態はうまくいってるんですか？ 私達、姉妹は、前からお給料はもらってなかったけど、お母さん、お給料、辞退しているって聞いたもんだから。

**浅海**：幸蔵さん、頑張っているんだけど、お父さんの時代より苦しくなってる。従業員の給料を払うのがやっとみたいだ。

**帆万千**：やっぱり。先生、実は私達、広島で和洋菓子のお店を出するつもりで。場所も決めてるんです。先生にいろいろ相談に乗ってもらいたいし、祥鶴のお菓子も扱いたいんです。

**浅海**：これまた突然ですねえ。場所も決めてるって、どこ？

**帆万千**：折鶴タワーの一角。狭いけど、ガブのおかげで安く借りられるの。ガブの会社の“フィーメル”が前々から広島で出店したいと言ってたので、私が交渉して“フィーメル”のチョコレートを扱えることになって。折鶴タワーの家賃保証もしてくれるって。

折鶴タワーは「祥鶴」本店から歩いて10分足らず。広島平和記念公園のすぐそば。原爆ドームの隣。普段の日でも外国人観光客が絶えることはない。帆万千の英語力ならうまくやっていけるかもしれない。

浅海はしばらく考えて、前々から考えていた案を帆万千に打ち明けた。

**浅海**：これはお母さんもお姉さんも納得してくれないとできないことだけど、「祥鶴」の会社を二つに分ける。一つは今までどおり【祥鶴】として幸蔵さんにやってもらう。もう一つは帆万千さん、あなたが代表者になる。当面、帆万千さんの会社は本店の不動産を所有し不動産賃貸会社になる。新たに“翔鶴”を設立し、本店店舗と工場を帆万千さんの会社から借りて【祥鶴】としての営業を行い、帆万千さんの会社に賃料を支払う。帆万千さんの会社はそのお金を折鶴タワーのテナント料に充てる。お母さんは従来どおり、帆万千さんの会社の２階に居住する。前から賃借りしている５店舗については、賃借り権は新しい“翔鶴”に移し、“翔鶴”が営業する。

この方法は会社分割の一種で分社型分割というのです。この特徴は、帆万千さんの会社が旧「祥鶴」の店舗の土地建物、工場を所有し、新しい会社である“翔鶴”の株式も全部を所有していることです。ただ【祥鶴】のお菓子の製造、お菓子の店舗営業は新しく会社分割で設立する会社である“翔鶴”でするのです。どうだろう？

帆万千さんは旧「翔鶴」の土地建物を所有する会社の株式を所有し、新“翔鶴”の株式も所有する会社を運営してもらうのだけれど、営業としては折鶴タワーにお店を借りて、そこで営業するのです。もちろん帆万千さんのお店の営業内容は洋菓子屋ですから、新しい名前を考えてもらうことになるのですが、登記簿謄本上は旧「祥鶴」を受け継ぐのです。しかし幸蔵さんの会社の名前が“翔鶴”になりますから、帆万千さんとお母さん、お姉さんの三人家族の会社の名前は、まったく新しい西洋式の名前にしたほうがいいでしょう。思い切って「株式会社ホマチ」にしたらどうですか。そうすれば会社の名前とお店の名前が同じになりますから。

**Gabriel**：Sore iine. New shop HOMACHI！

**帆万千**：さすがぁ～。先生、会社の名前は『HOMACHI』で決めてたの。それ、お願いします。

**浅海**：決めるの早いねえ!!　じゃ、帆万千さん、家族に説明してあげて。僕は幸蔵さんに説明するから。

早速浅海は幸蔵に会って、①「祥鶴」の会社を新設分割すること、②従来どおり幸蔵さんは新“翔鶴”の社長に就任してその経営を担うこと、③新“翔鶴”の会社の株式は「祥鶴」から商号変更した『HOMACHI』が100％所有すること、④新たな株主間契約書を、従前の令和５年１月31日より早い段階で作成し、新“翔鶴”の株式を一部幸蔵に贈与すること、⑤妻豊を『HOMA-

CHI』代表取締役社長にすること等を説明した。

**幸蔵**：先生、全蔵社長が急に亡くなられたことで、私は経営者としての勉強が何もできておりません。まして和菓子業界は今後悪くなることはあっても良くなる兆しがみえません。ほんとに、わたしで“翔鶴”をやっていけるのでしょうか。それに株式をもつにはお金もかかるし、税金問題もあるんじゃないんでしょうか。心配だなー。

**浅海**：なるほど。ただし、従来の従業員は引き継ぐ。本店店舗、工場は新しい会社から貸借する、ということになるのですが、ね。具体的には私もよく考えたうえでどうするかを決めたいと思います。それと、幸蔵さん、落雁、作れますか？

**幸蔵**：えっ、落雁？ 作れますけど。どうして？

**浅海**：帆万千さん、幸蔵さんが作った落雁を扱いたいって。彼女、裏千家の和巾点（わきんだて）の免状をもってるでしょ。お抹茶も出したいんじゃないの。

**幸蔵**：帆万千さんが？ 先生、ありがとうございます。私、頑張ります。

その後、浅海は帆万千たちの委任を受け、新設会社分割計画書を作成し、下記の株主間契約書を作成した。

**会社分割株主間計画書**

①　会社分割の日を令和３年12月１日に行う。

旧株式会社「祥鶴」は分割会社として、新設分社型分割により、分割承継会社新“翔鶴”を設立し三滝幸蔵をその代表取締役とする。同時に、旧株式会社「祥鶴」はその商号を株式会社『HOMACHI』に変更する。新“翔鶴”は旧株式会社「祥鶴」の営業および不動産以外のすべての営業用資産および営業負債（賃借り５店舗についての賃貸借契約を含む）並びに従業員との雇用契約を承継する。同時に、新“翔鶴”は、分割会社『HOMACHI』から賃借りする本店店舗および工場の賃料を月額50万円（消費税別）として、毎月分割会社『HOMACHI』に支払う建物賃貸借契約を別途締結する。

② 分割会社『HOMACHI』（旧「祥鶴」）の株式贈与を令和3年1月8日に実行する。

㋑ 分割会社『HOMACHI』は、その所有する分割承継会社“翔鶴”発行済株式の10%を従業員の退職債務等も考慮して幸蔵に無償で贈与する。

㋺ 当面の間、新“翔鶴”の株主である幸蔵、それに株式会社『HOMACHI』の株主である横川豊、矢賀田勢、横川帆万千の4名は、株式会社『HOMACHI』の社長室において、毎月第三水曜日に「株主会議」を開き、新“翔鶴”の経営一切について協議し、重要事項を決定する。

㋩ 幸蔵は、以後毎年3月に開催する「株主会議」において、

ⓐ 新「翔鶴」の決算書に基づき同社の経営成績、営業上の諸問題を報告して、承認を求める。

ⓑ 幸蔵は、新“翔鶴”の設立登記の日から起算して向こう10年以内に、同社の株式の60%を限度として株式会社『HOMACHI』から新“翔鶴”の株式を買い取る権利を有する。その売買価額については資格を有する公認会計士の評価に基づいて決する。

ⓒ 株式会社『HOMACHI』は、前項ⓑにつき幸蔵が希望するときは株式買取りのための資金つくりに協力する。また、前項ⓑの満10年経過の時点において前記①記載の賃貸借契約の対象たる不動産につき、幸蔵がその買取りを希望するときは、その買取りのための資金づくりに協力する。その売買価額については資格を有する不動産鑑定士の評価に基づいて決する。

③ 株式会社『HOMACHI』は、新“翔鶴”の設立登記の日から起算して向こう10年以内に新“翔鶴”の株式を第三者に売却してはならない。また新“翔鶴”の設立登記の日から起算して向こう10年以内に、新“翔鶴”が賃借りする土地、建物、工場を、特段の事情なき限り、第三者に売却することはしない。ただし、第三者に売却せざるを得ないやむを得ない事情が出立した場合には、事前に幸蔵に相談する義務を負う。

④ 本株主間契約は、新“翔鶴”の設立登記の日から起算して満10年の日を以って効力を失い、それ以上の期間にわたって各株主を拘束するものではないことを確認する。その後のことは利害関係人が協議して定める。

⑤ なお、本株主間契約は、株式会社『HOMACHI』が有する新“翔鶴”の株式についての議決権行使を、本契約に明文をもって規定した事項以上に、制約するものではない。また、本株主間契約は三滝幸蔵が株式会社『HOMACHI』の経営に何らかの権限を有することを認めるものではない。

上記株主間契約が令和３年12月１日に、株式会社『HOMACHI』、株式会社“翔鶴”、それに横川豊、矢賀田勢，横川帆万千、および三滝幸蔵の６者間において成立したので、以上条々を各株主は下記に署名捺印して誓約して確認する。

各々下記に証明捺印した。

株式会社『HOMACHI』代表取締役　横川　　豊　印
株式会社『HOMACHI』株主　横川　　豊　印
同上　矢賀　田勢　印
同上　横川帆万千　印
株式会社「翔鶴」代表取締役　三滝　幸蔵　印
株式会社「翔鶴」株主　三滝　幸蔵　印

# 4　終　章

【HOMACHI】の開店の日は、令和４年１月15日に決定した。

【HOMACHI】は開店当初から、外国人観光客も交え、多くのお客さんで賑わい「アトラクティブフィーメル」のチョコレートも幸蔵の作った「祥鶴の落雁」も飛ぶように売れた。

新“翔鶴”も、本店店舗においても賃借り５店舗においても、旧「翔鶴」の時代と外見上何の変更もなく営業していた。従業員らは横川豊と、滝川幸蔵新社長から、給与も、業務内容も従前と何の変更もないこと、就業規則も同じ内容であると説明を受けて知り、安堵して、仕事に励んでいる。全蔵の急死にもかかわらず、和菓子屋【祥鶴】の看板は永遠に続いていくであろう。

**（第２編第４章　深山　曉）**

**【編者のコメント】**

本章は、後継者難に悩む和菓子屋のオーナー社長が腕のいい番頭に会社を引き継がせることを決断し、会社顧問税理士は事業承継税制の適用準備に入るというスタートでした。ところが社長本人の急死に直面して、税理士は悩み、会社分割技法のうちでも最も初歩的な新設分割の方式、つまり、旧株式会社「祥鶴」は新設分社型分割により、分割承継会社新“翔鶴”の設立に踏み切るのです。つまり、血のつながりのない第三者に事業承継させる場合は、事業承継税制よりも会社分割のほうが優れているのではないか、という問題提起がされているのです。

事業を承継する分割承継会社である新“翔鶴”は、不動産を一切所有しないが、旧「祥鶴」の営業と従業員を引き継ぎ、和菓子屋【祥鶴】の営業を承継します。旧株式会社「祥鶴」は分割会社として社名を株式会社『HOMACHI』に変更しますが、旧「祥鶴」が所有していた不動産である店舗、工場の所有権はそのまま引き継ぎ、その不動産を新“翔鶴”に賃貸して賃料収入を上げ、株式会社『HOMACHI』は折鶴タワーにお店を借りて洋菓子店【HOMACHI】を経営します。ここで重要なことは、株式会社『HOMACHI』は新“翔鶴”の株式全部を所有し、株式会社『HOMACHI』の株式は横川全蔵の遺族３名が所有することです。つまり、新“翔鶴”は株式会社『HOMACHI』の100%子会社になるということで、この会社分割は法人税適格なのです。

この会社分割にあたって考えなければならないことは、新“翔鶴”の株式を幸蔵に渡すのかどうかです。故全蔵が惚れ込んでいた幸蔵であるから、新“翔鶴”の株式を幸蔵に渡すのが筋というべきではあるでしょう。しかし、そうすると、どれほどの株数を、どれほどのスピードで渡していくべきか。税法上重要なことは、株が動けば法人税適格が崩れるから、分割会社である株式会社『HOMACHI』に課税が発生するのではないかという戸惑いです。母豊、長女田勢、次女帆万千は先代である故全蔵が人生賭けて経営してきた和菓子屋【祥鶴】の経営を幸蔵に委ねるのであるから、やはり新“翔鶴”の株式を渡すべきであろうが、しかし、女ばかりの、母豊、長女田勢、次女帆万千にとっては、先代全蔵が亡くなった今となっては不安があり、一時に、全株式を、他人に渡すことには躊躇があるでしょう。第一歩としては無償で10%がよいところではないでしょうか。法人税については、新“翔鶴”に移動した資産といっても和菓子の製造や販売に必要な動産類であって、ほかに不動産、金融資産などがあるわけではないし、他方材料仕入れ関係の営業負債があり、さらに20名を超える承継従業員に対する退職金引当金など隠れた負債がありますから、新“翔鶴”の株式に資産価値はなく、税制非適格になったとしても、結局株式会社『HOMACHI』に法人税課税はないとみてよいのです。したがって、また、10%の株式を対価なく幸蔵に無償交付しても、幸蔵にも贈与税課税は限りなくゼロに近いでしょう。しかも、新“翔鶴”が経済力を身に付けるに従い、幸蔵は新“翔鶴”の株式を取得していくことができます。時間をかけてゆっくりと企業支配権を移動していくこの方法は、第三者事業承継の本質に適合した方法であるといえるのではないでしょうか。

こうしてみると、会社分割による、この事業承継の手法は、万事大掛かりでコストもかかり手間暇かかる特例事業承継税制より、はるかに優れているといえます。実務家税理士の中には、事業承継税制の手続的煩雑さ、手間暇かかる時間の長さ、自分の目が届くうちは何とかなるにしても、寄る年波には勝てない、自分が弱った後はどうするのか、と逡巡する方が多いのではないでしょうか。とすれば、事業承継手法としてこの新設分割手法を真剣に検討してみてはいかがでしょうか。

（後藤　孝典）

# 第5章　別れの株主間契約と課税問題

## 1　本章のテーマ

始まりがあれば終わりもあります。出会いがあれば別れもあります。親しくなれば別れが追い駆けてきます。せつない別れ、強いられた別れ、喧嘩別れ、永遠の別れなどなど。

この章で「別れ」とは、ある会社の株主から“離脱する”（株式を譲渡して外れる）契約を締結することです。自分が脱退する場合、他の株主とともに脱退する場合や全株主が脱退する場合もあります（M&A等による株式譲渡や会社を清算する場合）。

別れの原因は、株主個々の個人的問題（経済的問題や感情問題等）、会社内部の問題（望ましい人が取締役に選任されない、取締役会と経営方針が合わない、経営の主導権争いに敗北したなど）、外部環境の変化（得意先が倒産した、仕入れ元がコロナウイルス不況に陥り生産を続けられなくなったなど）などさまざまでしょう。

株主間契約を締結する場合とはどのような場合かといえば、複数の事業者が共同事業を行う場合やM&A等を行う場合に、役員選任、配当比率、損失負担比率の条件および脱退株主の所有株式の扱い等々を事前に株主間で定める場合などが一般的です。中小企業の事業承継において、親族以外の者が事業会社の後継者になる場合にも見かける機会が多くなったといえるでしょう。

物事は計画どおりに行く場合もあれば、行かない場合もあります。計画どおりに行かなかったときに株主間で揉めないために、事前に決められることは決めておいたほうがベターだと思いますが、結婚前に「離婚のときの財産分与のことをしっかり決めておきましょう」というようなもので、決めづらい問題だと思います（欧米の資産家では普通のことようですが……）。また、株主間契約は債権契約なので、契約違反があっても損害賠償を請求する以外の履行強制の方法がとりにくい側面もありますが（損害賠償請求以外の強制執行も可能なことについては、第１編２(3)(ア)参照）、契約をしっかり履行させる工夫を講じれば、契約不履行のリスクを低くすることができるはずです。紛争が拡大し、感情的になって抑制が効かなくなると、お互いにとって良いことはありません。別れによってもたらされるダメージを最小限にとどめることができるように、別れるときのことを事前に決めておくことが重要です。何の準備もできていないうちに別れ話が出ては後の祭りです。

この章では、別れの備え方（出口戦略）、別れのパターンおよびそれぞれの場合の課税関係について述べます。なお、事業承継税制における出口戦略については本編第７章「株主間契約と事業承継」を参照してください。

# 2　別れに備えた株主間契約の規定

株主として継続するための株主間契約または、単独もしくはグループで脱退するための株主間契約については、次のような規定を定め、その組み合わせによることが有効です。

## (1)　新株優先引受権

新株等を優先して（または出資比率に応じて）引き受ける権利のことです。第三者割当増資等による既存株主の持株比率が希薄化するのを防止するために、この規定が必要です。

**【規定例】**

新株予約権等を行使する場合には株主Ａは持株比率に応じて新株を引き受ける権利を有する。

### ⑵　譲渡制限

会社の同意なく当該会社発行の所有株式の譲渡を制限することです。

この規定は、株式（株主）の分散を防止するためのものです。非上場会社では、種類株式として制限譲渡株式を発行するのではなく、会社が発行する全部の株式について制限譲渡を設けるのが一般的です。このように会社が全部の株式について譲渡を制限する場合、会社法107条１項・２項が働き、その旨を定款に規定しなければなりません。譲渡制限を特定の種類株式だけにかけようとするときも、同法108条２項４号が働き、やはり定款に規定しなければなりませんが、そのうえ同法107条２項１号も働きますから、結構厄介です。譲渡制限を、会社とは関係なく（つまり定款に規定することなく）、株主と株主との間の制限として構成したいのであれば、株主間契約で縛りをかける以外にありません。実務上その株主間契約に違反した場合の強制執行や仮処分については第１編を参照してください。

### ⑶　優先買取権

所有株式を譲渡する場合は、第三者より先に、株式発行会社または他の株主に優先して交渉する権利を与えるものです。

株式（株主）の分散防止および他の株主が望まない者が株主になる事を防止するための規定です。

この規定を定める場合には、⑵の譲渡制限が定款に規定されていると、株式買取の優先順位が株式発行会社なのか株主なのかという問題が生じてしまうので注意が必要です。株主の数が少数に過ぎない中小企業の場合には、譲渡制限は規定しないで、株主と株式発行会社との優先買取権契約で補う方法が優れていると思います。

**【規定例】**

株主Ａは、当社の株式（以下「本会社株式」という。）を第三者に対して譲渡することを希望する場合には、株主Ｂ（又は当社）に対し、希望譲渡先及び希望譲渡価格を書面で通知する義務を負う。

> 株主Ｂ（又は当社）は、その通知を受領した日から○日以内に、本会社株式の取得希望の有無を、株主Ａに宛てて通知する書面を内容証明郵便で発送するものとする。
>
> 株主Ａは、株主Ｂ（又は当社）から本会社株式の取得希望である旨の通知を受領した場合、株主Ａは株主Ｂ（又は当社）に本会社株式を譲渡希望価格で譲渡しなければならない。
>
> 株主Ａは、株主Ｂ（又は当社）から本会社株式の取得希望のない旨の通知を受領した場合、当社の株式を譲渡希望先に提示した希望譲渡価格以上の価格で譲渡できるものとする。

【規定例に関する留意点】　この種の契約では、契約が法律上成立した時点がいつであるのかを契約上に明記しておくことが重要です。たとえば、買取請求書（Ｂの内容証明郵便）が相手方（Ａ）に到達した日から１週間後とか、到達後１週間以内に相手方（Ｂ）が書面による拒否回答をしない（発送しない）場合とかです。これは、以下の規定例に共通です。

所有株式を譲渡すれば課税の問題が生じますが、株式の譲渡における課税は実に複雑です。

その株式の売主が法人か個人かによって取扱いが異なるのは言うまでもなく、買主が法人か個人かによっても売主および買主の取得価格の扱いが異なります。さらに譲渡価格がその株式の時価を上回る額で譲渡した場合、時価で譲渡した場合、時価を下回る額で譲渡した場合、時価の２分の１以下の額で譲渡した場合にも扱いが異なります。なお、買主が株式発行法人の場合はみなし配当の適用がありますので注意が必要です。

上記規定例において、株主Ａが法人で優先交渉株主Ｂも法人（株式発行会社を含む）の場合の課税関係は後述する４（株式譲渡の課税関係）の「①売主法人・買主法人」を、株主Ａが個人で優先交渉株主Ｂが法人（株式発行会社を含む）の場合の課税関係は後述する「②売主個人・買主法人」を、株主Ａが法人で優先交渉株主Ｂが個人の場合の課税関係は後述する「③売主法人・買主個人」を、株主Ａが個人で優先交渉株主Ｂが個人の場合の課税関係は後述する「④売主個人・買主個人」をそれぞれ参照してください。

以下同様に、株式譲渡の課税については4（株式譲渡の課税関係）を参照してください。

### ⑷　買取請求権

一定事由が生じた場合に、相手株主に自己が所有する株式を一定価格で買い取るよう請求できる権利です。

一定の事由としては、相手方が特定の約定に違反した場合、特定の株主間契約の契約期間が終了した場合、特定の経営方針について意見の相違が明らかになった場合、売上高が特定の水準を上回ることができなかった場合等が想定されます。

**【規定例】**

株主Aは、○○の事由が生じた場合、株主Bに対して、書面で通知することにより、自己が保有する当社の全株式を、第○条に定める価格により、買い取るよう請求することができる。

### ⑸　売渡請求権

売渡請求権とは、一定事由が生じた場合に、相手株主（またはその相続人の一人あるいは全員）にその所有株式を一定価格で売り渡すことを請求できる権利です。

一定の事由としては株主の死亡等で、株式の分散防止策の規定です。

**【規定例】**

株主Aは、○○の事由が生じた場合、株主Bに対して、書面で通知することにより、その保有する当社の全株式を、第○条に定める価格により、売り渡すよう請求する権利を有する。

### ⑹　共同売却請求権

自己所有株式を第三者に譲渡する場合に、他の株主に対し、当該他の株主が保有する株式を同一条件で、当該第三者に譲渡することを請求できる権利です。

全株式を一括して譲渡することができるようにするための規定です。

**【規定例】**

株主Ａは、その保有する株式を第三者に対して譲渡する場合、株主Ｂに対し、希望譲渡先及び希望譲渡価格その他の譲渡条件を書面で通知し、同一条件で、株主Ｂの保有する全ての当社株式を譲渡希望先に売り渡すことを請求することができる。

### ⑺　売却参加請求権

ある株主がその所有株式を第三者に譲渡する場合には、他の株主も同調して同一条件で、その保有株式を、その第三者に対して売却することを当該他の株主に請求できる権利です。

多数派株主がその保有株式を第三者に集中的に譲渡する場合に、少数株主もその保有株式を同調して同じ第三者に売却できるようにするための規定です。

**【規定例】**

株主Ａは、その保有する株式（以下「本会社株式」という。）を第三者に対して譲渡する場合、株主Ｂに対し、Ａがその譲渡先及び希望譲渡価格その他の譲渡条件を書面で通知しなければならないものする。

株主Ｂは、その通知を受領した日から○日以内に、本会社株式の売却希望の有無をＡに通知し、株主Ａと同一の条件でその第三者に売却を希望するときは、その保有株式をＡと同調してその当該第三者に売却することを当該第三者に対して請求できるものとする。

### (8)　脱退株主所有株式の評価方法

無償、出資価格、配当還元方式、財産評価基本通達、ディスカウントキャッシュフロー（DCF）およびこれらの折衷方法等が考えられますが、あくまでも売り手と買い手の合意が必要なので、無償、出資価格、配当還元方式は、譲渡する側から合意を得るのは困難な場合が多いと思われます。

## 3　存続株主および脱退株主間の契約事例

2で挙げた規定がどのように使われるかを、事例で確認しておきたいと思います。

### (1)　資本参加の事例

首都圏に10店舗のローストビーフ専門店を営む甲株式会社（以下、「甲社」といいます）は、同族会社で、A社がその発行済株式総数の100％を所有していました。創業者の考案した肉の特殊加工と秘伝のタレが好評で業績は好調でしたが、各店舗の責任者は創業者の兄弟並びにそれらの子供たちで店舗展開は頭打ちでした。

甲社は、創業10年、年商10億円、資本金1000万円、発行済株式数200株、純資産の額10億円です。

あるコンサルタントから甲社に対し、下記のような提案がありました。

次のような要望があるが、もし興味があれば提案書を作成したい。

・大手の投資法人B社が40％、中堅の投資法人C社が20％の資本参加を希望している。

・株式上場を目指したい。

・株価の評価はDCFで結構。

甲社の創業者は思案の末、持ち株比率を3分の2以上維持できることを条件に、コンサルタントに提案書の作成を依頼しました。

〔提案書〕

出資比率はＢ社とＣ社で３：１、取締役の数は出資比率のとおりで出資額は次のとおりとする。

・Ａ社所有の甲社株式40株について、１株800万円で、Ｂ社に30株を、Ｃ社に10株を譲渡する。

・甲社は、１株800万円で40株（Ｂ社30株、Ｃ社10株）を第三者割当増資をする。

上記によりＡ社に3.2億円（税引き前）の現金増加、甲社資本金も3.2億円増加し持株比率はＡ社３分の２（160株／240株）、Ｂ社12分の３（60株／240株）、Ｃ社12分の１（20株／240株）となる。

・上場へ向けてスケジュールは、初年度新規店15店舗で年商25億円、２年目新規店25店舗で年商50億円、３年目新規店50店舗で年商100億円、税引前当期利益率12％とする。

・各年において上記計画の進捗度が毎年の会計年度末段階において80％を上回っている場合、Ｂ社およびＣ社は株式の保有を継続する。

・甲社はＢ社およびＣ社に対して株式売渡請求は行わない

・いずれの株主もその所有株式をＡ社、Ｂ社、Ｃ社以外の第三者に売却する権利を有しないものとし、Ｂ社、Ｃ社のいずれも、単独かまたはその二社共同してＡ社に対して、同時にまたは別々に甲社株式を売却する権限を有するものとし、甲社株主を脱退するときの株式評価はDCF価格に純資産方式価格を加算した価格を２で除した価格とする。

## ⑵　共同投資株主間契約の協議

上記の提案書に株主Ａ社、Ｂ社、Ｃ社はおおむね合意しましたが、Ｂ社およびＣ社から甲社に対して新株優先引受権の要求がありＡ社は承諾し、向こう３年間または売上高100億円達成まで、甲社はＡ社、Ｂ社、Ｃ社に新株優先引受権を認める契約を交わすこととなりました（これにより、Ｂ社およびＣ

社は持株比率の低下を防ぐことができます)。

A社の提案により、甲社と株主A社、B社およびC社は、向こう3年間または売上高100億円達成まで、甲社の同意なくその所有甲社株式を何人に対しても譲渡を禁止する条件付き譲渡禁止契約を交わすこととしました。

また、B社からA社およびC社に対して優先買取権をもつことを内容とする契約締結の申出がありました。A社は、B社が要求している優先買取権に基づき所有株式を譲渡するよう要求する場合には、B社がその優先買取権の行使を2週間以上前に事前にA社並びにC社に対して通知すること、かつC社もB社が要求する優先買取権行使に応諾する意思を10日以上前にA社に通知するときに限り、かつA社がB社からの事前通知およびC社からの事前通知を受領後1週間以内にB社およびC社に対してA社に対して先に売却するよう通知することを条件とし、かつB社の有する上記優先買取権に対してさらに優先するする買取権を有することを条件に、B社の申出を承諾しました(A社は自己の株式保有比率の低下を防ぐことができますし、A社が優先買取権を行使しない場合にはB社も優先買取権を行使できるチャンスが生まれる可能性もあるわけです)。

さらに、甲社およびA社、B社、C社間の4社間の株主間契約の締結後5年経過した時点において、店舗件数基準ないしは売上高基準で判断して達成度が50％を下回ったときは、B社およびC社はA社に対してB社においてもC社においても甲社株式を取得した価額の○○％をカットした価額で株式買取請求権を行使できるものとしました(B社、C社は出口を確保できます)。

なお、C社はB社に対して共同売却請求権契約を申し入れ、B社は承諾しました(C社は孤立することなく出口を確保できます)。

# 4　株式譲渡の課税関係

続いて、別れの際の株式の譲渡に関係する課税関係を整理しておきます。

## (1)　みなし配当の問題

言うまでもありませんが、税金は利益に対して課されるので、ある取引の結果課税問題が生じることは、税法の特例規定等で課税の繰延べや特別控除規定等の適用がある特殊な場合等を除き、生じないより生じたほうが良いことだと思います。損をして困るよりは、得をして税金で悩むほうが良いはずだからです。節税にこだわり過ぎて損をしてしまっては本末転倒です。

ただ、どのくらい課税されるのか、譲渡先を替えること等でどのくらい納税額に差があるかなどを事前に把握することは大切なことでしょう。

株式譲渡の課税は、売値から買値を差し引いた差益金額に対して課税されます。売主が法人であれば法人税の課税対象である益金に含まれ、個人であれば所得税（分離課税20％＋復興税0.315％）が課されます。

しかし、その株式を株式発行法人に対して譲渡した場合には、みなし配当という非常に厄介な問題が生じます。

みなし配当は、株式譲渡金額のうち、利益剰余金部分とみなされる部分の金額について、売主が個人の場合は譲渡所得ではなく配当所得（総合課税）が課され、法人の場合は株式の売買損益ではなく配当収入として受取配当の益金不算入規定が適用されます。よって、譲渡所得（法人の場合は株式売買）の収入金額は、譲渡金額からみなし配当の額を差し引いた金額になります。

**〈計算例〉**

株式の取得価格が40　譲渡価格が100

当該法人の純資産のうち、利益剰余金部分80％、資本剰余金部分20％の場合

⇩

みなし配当額　100×80％＝80

譲渡所得の収入金額　100－80＝20

譲渡所得　20－40＝△20

みなし配当が生じる事由としては、自己株式の取得（株式市場での取得を除く）のほか、合併（適格合併を除く）、会社分割（適格分割型分割を除く）、株式分配（適格株式分配を除く）、資本の払戻しまたは解散による残余財産の分配等が挙げられます。

さらに、売値が税務上の時価（財産評価基本通達）を上回った場合や下回っ

た場合には、上記差益に対する課税（法人税や所得税）のほか、贈与（税）やみなし譲渡の問題が生じます。法人税法において寄付金は、損金算入には一定の要件が必要で、全額が損金にならないのが通常です。

### ⑵　具体例でみる税務上の考え方

上記のとおり、売主・買主が個人か法人で税務上の扱いは異なります。売買のパターンは、①売主法人・買主法人、②売主個人・買主法人、③売主法人・買主個人、④売主個人・買主個人の４通りありますが、①および②については、当該株式発行法人が自己株式を買い取った場合について述べます。

次のような事例を設定し、上記①～④について、下記㋑～㊁のそれぞれの場合について、税務上の考え方を示していきます。

【事例】
譲渡株主の株式の取得価格　30　　譲渡時の株式の時価　100
当該株式発行法人の純資産のうち、資本等剰余金20％、利益剰余金80％
株式を、
㋑　130で譲渡した場合（高額譲渡）
㋺　100で譲渡した場合（時価譲渡）
㋩　60で譲渡した場合（時価の２分の１以上の低額譲渡）
㊁　40で譲渡した場合（時価の２分の１未満の低額譲渡）

#### ㋐　①売主法人・買主法人のパターン

**㋑　130で譲渡した場合（高額譲渡）**

**法人売主**

みなし配当　104（譲渡対価130×利益剰余金部分80％）
株式売却損　△４（譲渡対価130－みなし配当104－取得価格30）

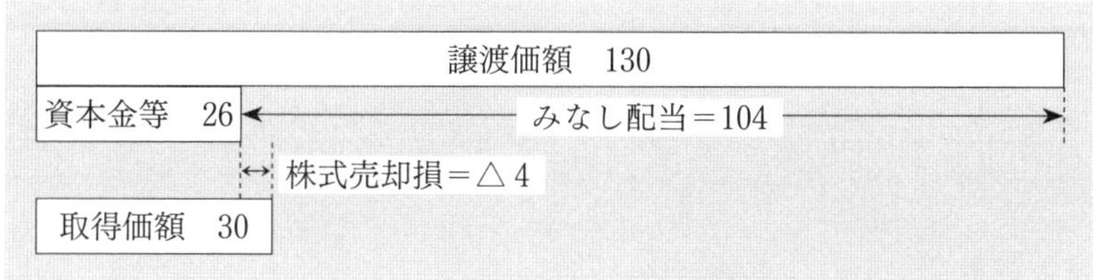

〔参考・譲渡先が株式発行法人以外の場合〕

時価100で譲渡したものとして譲渡益　70（時価100－取得価格30）

時価との差額30（譲渡対価130－時価100）は買主から寄付を受けたものとして益金算入

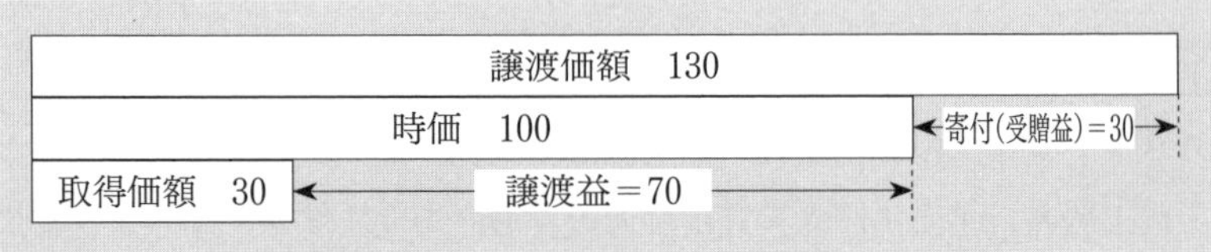


**法人買主**（自己株式の取得）

資本等取引となり、譲渡対価130は資本の部の減算

〔参考・自己株式取得でない法人買主の場合〕

取得価格　100（時価）

その上回った額30は寄付金

**㋺　100で譲渡した場合（時価譲渡）**

**法人売主**

みなし配当　80（譲渡対価100×利益剰余金部分80％）

株式売却損　△10（譲渡対価100－みなし配当80－取得価格30）

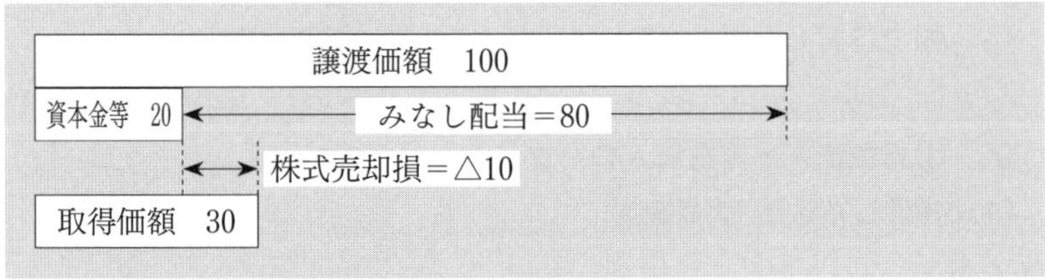


〔参考・譲渡先が株式発行法人以外の場合〕

譲渡益70（時価100－取得価格30）が法人税の益金算入

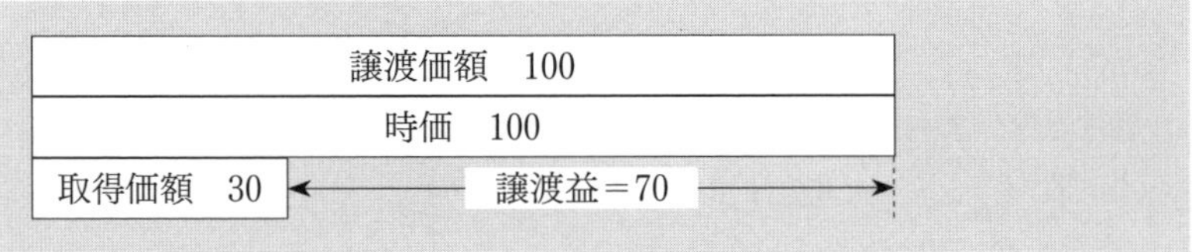


**法人買主**（自己株式の取得）

資本等取引となり、100は資本の部の減算

〔参考・自己株式取得でない法人買主の場合〕

取得価格　100（時価）

**㈧　60で譲渡した場合（時価の２分の１以上の低額譲渡）**

**法人売主**

みなし配当　48（譲渡対価60×利益剰余金部分80％）

株式売却損　△18（譲渡対価60－みなし配当48－取得価格30）

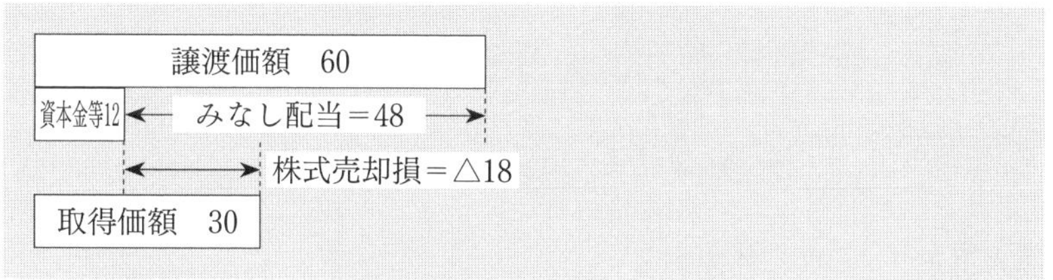


〔参考・譲渡先が株式発行法人以外の場合〕

時価100を下回った額40は、法人買主へ贈与したものとして寄付金

譲渡益は30（譲渡対価60－取得価格30）

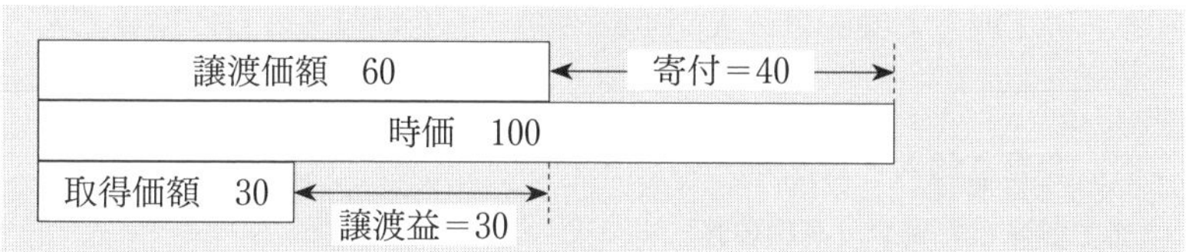


**法人買主**（自己株式の取得）

資本等取引となり、譲渡対価60は資本の部の減算

〔参考・自己株式取得でない法人株主の場合〕

取得価格　100（時価）

その下回った額40は法人売主から贈与を受けたものして益金算入

**㈡　40で譲渡した場合（時価の２分の１未満の低額譲渡）**

**法人売主**

みなし配当　32（譲渡対価40×利益剰余金部分80％）

株式売却損　△22（譲渡対価40－みなし配当32－取得価格30）

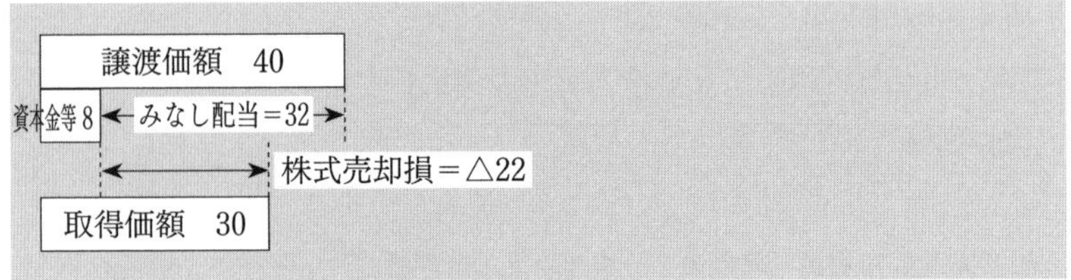


（参考・譲渡先が株式発行法人以外の場合）

譲渡対価　100（時価）

その下回った額60は法人買主へ贈与したものとして寄付金

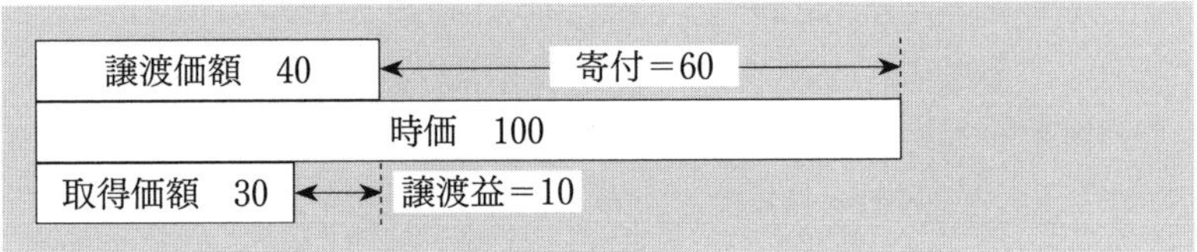


**法人買主**（自己株式の取得）

資本等取引となり、譲渡対価40は資本の部の減算

〔参考・自己株式取得でない法人株主の場合〕

取得価格　100（時価）

その下回った額60は法人売主から贈与を受けたものして益金算入

### (イ)　②売主個人・買主法人のパターン

**㋑　130で譲渡した場合（高額譲渡）**

**個人売主**

みなし配当　104（譲渡対価130×利益剰余金部分80％）

譲渡所得　△４（譲渡対価130－みなし配当104－取得価格30）

一時所得（役員または従業員の場合は給与所得）30（譲渡対価130－時価100）

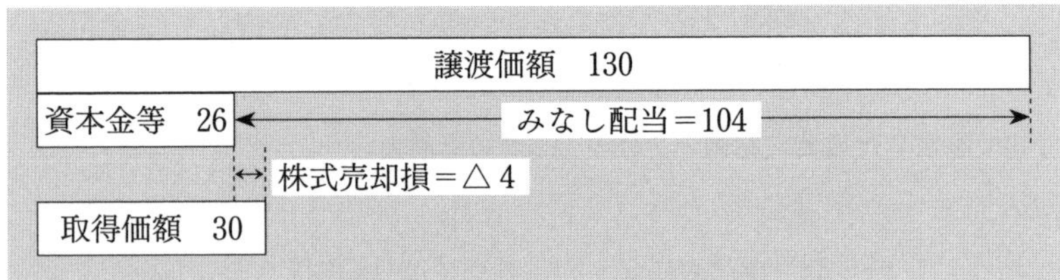


**法人買主**（自己株式の取得）

資本等取引となり、譲渡対価130は資本の部の減算

〔参考・自己株式取得でない法人買主の場合〕

取得価格　100（時価）

その上回った額30は売主への贈与（または給与）

### ㊁　100で譲渡した場合（時価譲渡）

**個人売主**

みなし配当　80（譲渡対価100×利益剰余金部分80％）

譲渡所得　△10（譲渡対価100－みなし配当80－取得価格30）

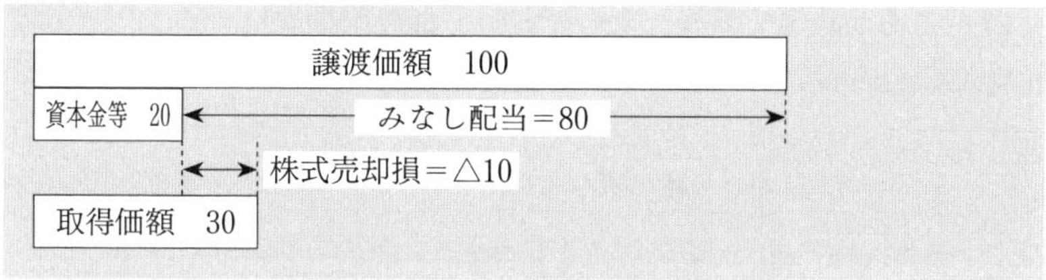


**法人買主**（自己株式の取得）

資本等取引となり、譲渡対価100は資本の部の減算

〔参考・自己株式取得でない法人買主の場合〕

取得価格　100（時価）

### ㊂　60で譲渡した場合（時価の２分の１以上の低額譲渡）

**個人売主**

みなし配当　48（譲渡対価60×利益剰余金部分80％）

譲渡所得　△18（譲渡対価60－みなし配当48－取得価格30）

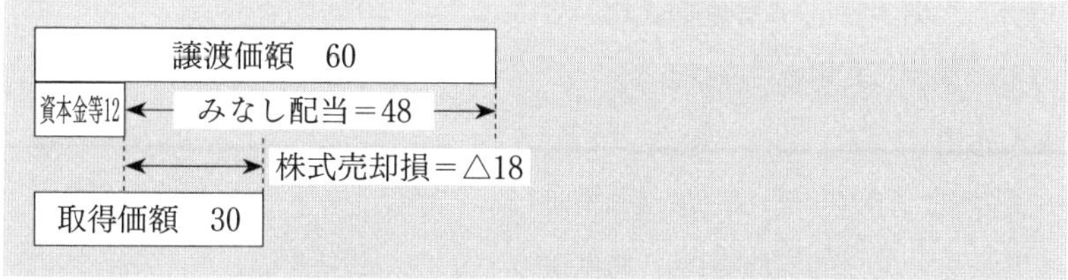


**法人買主**（自己株式の取得）

資本等取引となり、譲渡対価60は資本の部の減算

（参考・自己株式取得でない法人買主の場合）

取得価格は時価100

その下回った額40は個人売主から贈与を受けたものして益金算入

㊁　**40で譲渡した場合（時価の２分の１未満の低額譲渡）**

**個人売主**

みなし配当　32（譲渡対価40×利益剰余金部分80％）

譲渡所得　△22（譲渡対価40－みなし配当32－取得価格30）

みなし譲渡益　60（時価100－譲渡対価40）

個人売主は時価で譲渡したものとして譲渡所得課税（所得税法59条、所得税基本通達59 － 6）

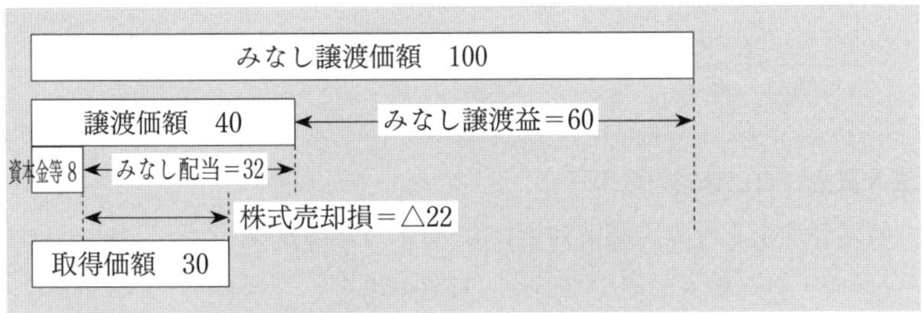


**法人買主**（自己株式の取得）

資本等取引となり譲渡対価40は資本の部の減算

〔参考・自己株式取得でない法人買主の場合〕

取得価格は時価100

その下回った額60は個人売主から贈与を受けたものして益金算入

**(ウ)　③売主法人・買主個人のパターン**

㋑　**130で譲渡した場合（高額譲渡）**

**法人売主**

譲渡益　70（時価100－取得価格30）

受贈益　30（譲渡価格130－時価100）

合計額100は法人税の益金の額に算入

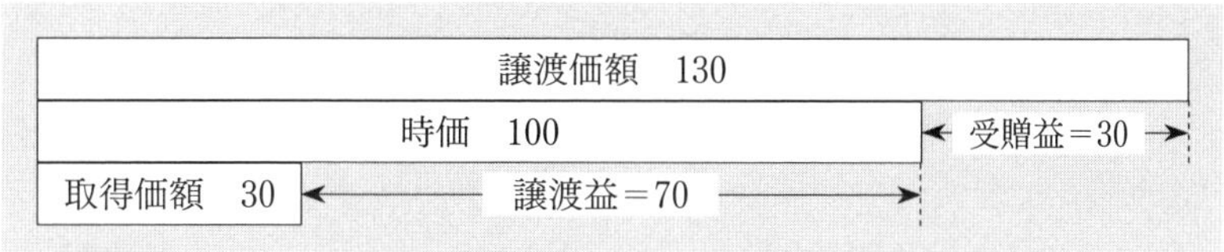


**個人買主**

取得価格は時価100

時価100と譲渡価格130の差額30は買主が売主に贈与したものとされ、課税関係なし

**㋺　100で譲渡した場合（時価譲渡）**

**法人売主**

譲渡益　70（時価100－取得価格30）

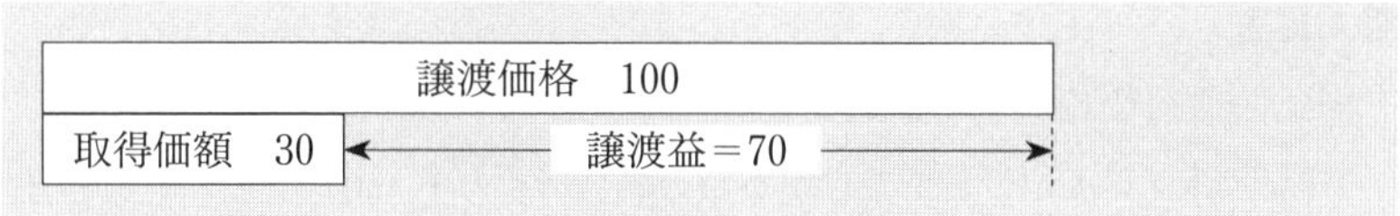


**個人買主**

株式の取得価格は時価100で、課税関係なし

**㋩　60で譲渡した場合（時価の２分の１以上の低額譲渡）**

**法人売主**

譲渡益　70（時価100－取得価格30）

寄付金（買主が役員または従業員の場合は賞与）　40（時価100－譲渡価格60）

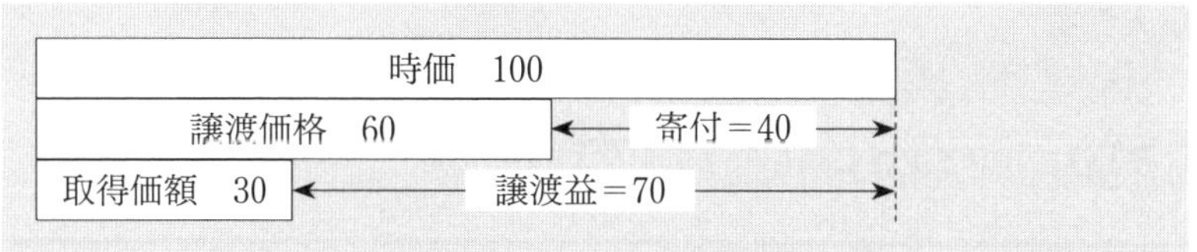


**個人買主**

株式の取得価格　60（譲渡価格）

一時所得（買主が役員または従業員の場合は賞与）　40（時価100－譲渡価格60）

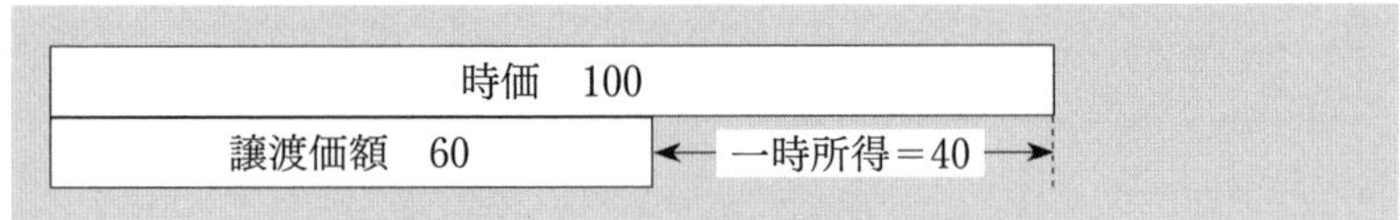


㊁　40で譲渡した場合（時価の２分の１以下の低額譲渡）

**法人売主**

譲渡益　70（時価100－取得価格30）

寄付金（買主が役員または従業員の場合は賞与）　60（時価100－譲渡価格40）

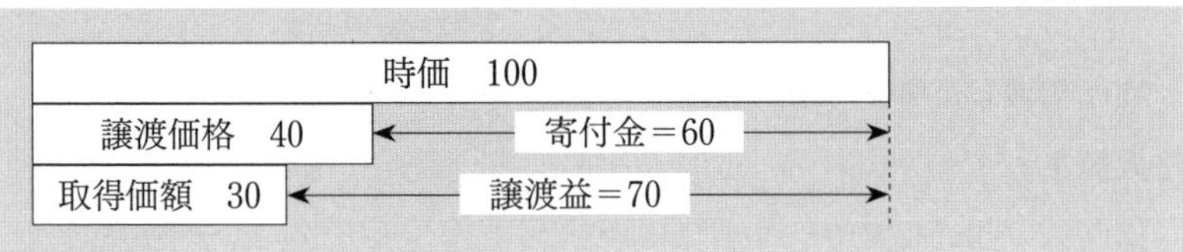


**個人買主**

株式の取得価格　40（譲渡価格）

一時所得（買主が役員または従業員の場合は賞与）　60（時価100－譲渡価格40）

㈤　④売主個人・買主個人のパターン

㋑　130で譲渡した場合（高額譲渡）

**個人売主**

譲渡益　70（時価100－取得価格30）〈所得税〉

受贈益　30（譲渡価格130－時価100）〈贈与税〉

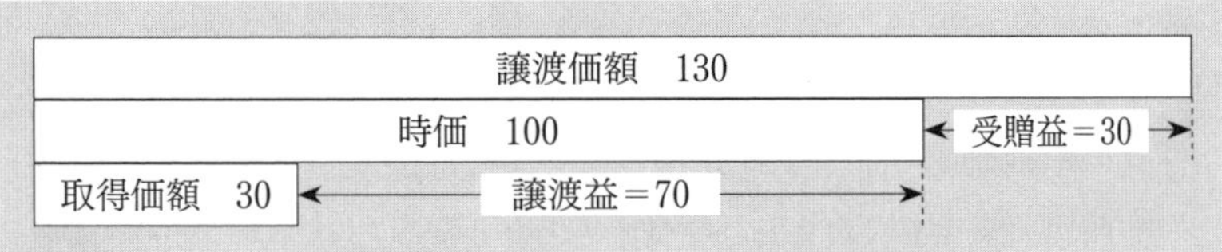


**個人買主**

株式の取得価格　100（時価）

30（譲渡価格130－時価100）は売主に贈与したものとして取り扱われ、課税関係なし

### ㊁　100で譲渡した場合（時価譲渡）

**個人売主**

譲渡益　70（譲渡価格100－取得価格30）〈所得税〉

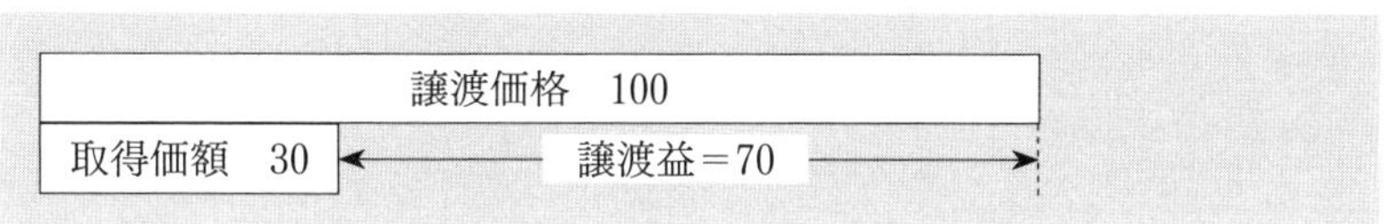


**個人買主**

取得価格　100（譲渡価格）　課税関係なし

### ㊂　60で譲渡した場合（時価の２分の１以上の低額譲渡）

**個人売主**

譲渡益　30（譲渡価格60－取得価格30）

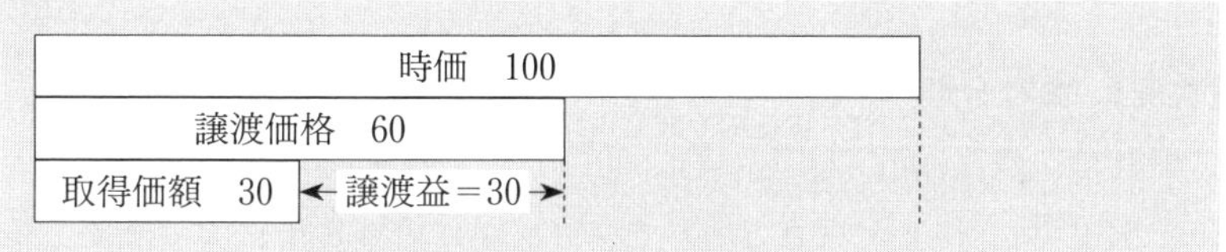


**個人買主**

取得価格　60（譲渡価格）

受贈益　40（時価100－譲渡価格60）〈贈与税〉

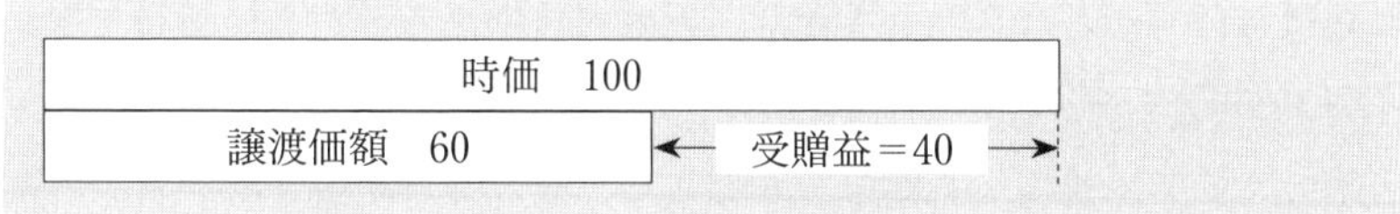


### ㊃　40で譲渡した場合（時価の２分の１未満の低額譲渡）

**個人売主**

譲渡益　10（譲渡価格40－取得価格30）

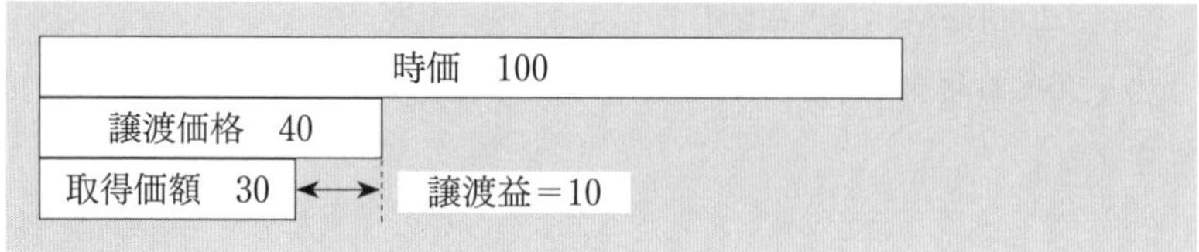


**個人買主**

取得価格　40（譲渡価格）

受贈益　60（時価100－譲渡価格40）〈贈与税〉

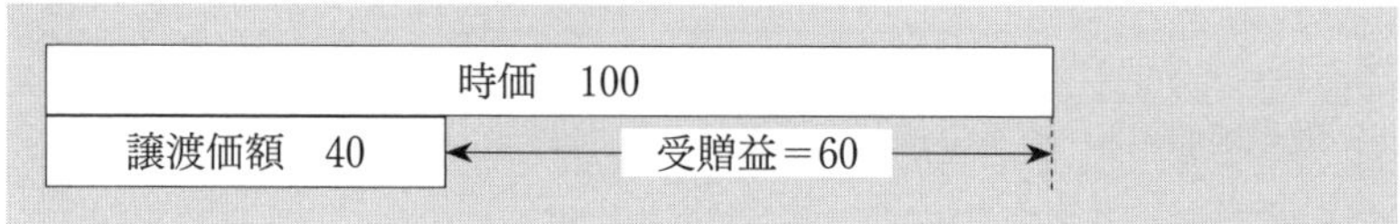


# 5　別れ方の事例と課税関係

## ⑴　合意による別れ

**【事例】　会社分割**

甲社は、資産900百万円、負債500百万円、純資産400百万円（資本金10百万円、利益剰余金390百万円）で、首都圏に店舗賃借によるテナントとして飲食店を20店舗チェーンを展開中です。甲社の株主は80％を所有するＡ（個人）と20％を所有するＢ（個人）の２名のみですが、将来の事業承継に対する見解の相違から、持株比率のどおりに分社してそれぞれの道を行くことに合意しました。どの方法によるのがよいでしょうか。

店舗のエリア、規模、業態等を考慮して、それぞれが引き継ぐ店舗の割振りを出資比率になるように定めます。

**前提条件：**

1　Ａ、Ｂは個人とし、両人とも甲社の取締役です。

2　各店舗の閉店、新設開店は一切ないものとし、店舗平均純資産20百万円

（20百万円×20店舗＝純資産400百万円）とし、資産の含み損益はないものとします。

3　各店舗の所在する場所は違い、店舗の売上も異なりますから、当然その経済価値は違いますが、下記の会社分割では、20店舗の経済価値の合計額が8対2で分けることでき、また、各店舗の所有者（店舗賃貸人）は下記会社分割に一切異議を唱えず分割後の分割会社、分割承継会社に対し権利金、敷金等の増額上積みは一切請求せず、賃料の増額等も請求しないものとします。

4　下記会社分割に伴い「会社分割に伴う労働契約の承継等に関する法律」に則った手続がとられており、各店舗の従業員の勤務地、勤務時間、給与退職金等の労働条件は会社分割の前と後で何の変更もなく、その労働契約はすべて各人ごとに従前の労働契約と同一の内容で分割会社、分割承継会社に承継されるものとします。

**組織再編手法：**

①　法人税法上の分割型分割により、新設分割承継法人乙社（承継店舗4（20店舗×20%）、純資産80百万円（400百万円×20%））を設立します。

②　分割直後における甲社（純資産320百万円）および乙社（純資産額80百万円）の株主と所有株式は次のとおりです。

株主Ａ：甲社株式の80%、純資産256百万円（320百万円×80%）
乙社株式の80%、純資産64百万円（80百万円×80%）
〔合計純資産額320百万円〕

株主Ｂ：甲社株式の20%、純資産64百万円（320百万円×20%）
乙社株式の20%、純資産16百万円（80百万円×20%）
〔合計純資産額80百万円〕

③　株主Ａが所有する乙社株式の80%、純資産64百万円（80百万円×80%）を株主Ｂに譲渡し、株主Ｂが所有する甲社株式の20%、純資産64百万円（320百万円×20%）を株主Ａに時価で譲渡します。

**会社分割前後のバランスシート**

会社分割前の甲社のバランスシート

株主A　80%　　株主B　20%

株価　320　　株価　80

甲社　（単位：百万円）

| 資産 | 900 | 負債 | 500 |
|---|---|---|---|
| | | 資本<br>内利益剰余金 | 400<br>(390) |

分割後の甲社のバランスシート

株主A　80%　　株主B　20%

株価　256　　株価　64

甲社　（単位：百万円）

| 資産 | 720 | 負債 | 400 |
|---|---|---|---|
| | | 資本<br>内利益剰余金 | 320<br>(312) |

分割後の乙社のバランスシート

株主A　80%　　株主B　20%

株価　64　　株価　16

乙社　（単位：百万円）

| 資産 | 180 | 負債 | 100 |
|---|---|---|---|
| | | 資本<br>内利益剰余金 | 80<br>(78) |

この組織再編方法（法人税法上の分割型分割ですが、会社法上でいえば分社型分割と剰余金の分配にあたります）は、株式継続要件を満たさないので税制非適格になります。株主Aも株主Bもそれぞれ新設された乙会社との関係では、個人の場合は株式譲渡金額のうち、利益剰余金とみなされた部分について、みなし配当が課税されます。

よって、株主Aは分割型分割により取得した乙株式64百万円のうち62.4百万円（64百万円×利益剰余金分39／40）に対して、株主Bは分割型分割により取得した乙株式16百万円の内15.6百万円（16百万円×利益剰余金分39／40）に対して、それぞれみなし配当が課されることになります。

その後の株式の売買における課税については次のとおりです。

株主Ａが所有する乙社の株式の80％、純資産16百万円（80百万円×20％）の株主Ｂへの時価譲渡については取得価格での譲渡（みなし配当として課税済みなので）となり譲渡所得は生じません。

株主Ｂが所有する甲社株式の20％、純資産64百万円（320百万円×20％）の株主Ａへの時価譲渡については譲渡所得62百万円（純資産64百万円－資本金10百万円×20％）が課されます。

その結果、株主Ａ所有の甲株式の取得価格は64.8百万円（甲社資本金10百万円×株主Ａ持分80％＋時価取得分64百万円）、株主Ｂ所有の乙株式の取得価格は80百万円（株主Ａからの時価取得分64百万円＋みなし配当課税による時価取得分16百万円）となります。

この事例では、株式継続保有要件を満たさないので税制非適格となりみなし配当が課されますが、税制適格になればみなし配当は課されず、株式の譲渡は譲渡所得課税（分離課税20％＋復興税0.315％）になります。

仮に、株主Ａおよび株主Ｂが法人の場合は、みなし配当については受取配当の益金不算入が適用されます。

この事例の場合、株主Ａと株主Ｂは会社分割時からそれぞれ別れてお互いに独立経営に入ることを想定していたので税制非適格となりましたが、別れることを想定せず、経営の効率を図るために会社分割をした場合には税制適格となります。

仮に、会社分割の数年後（といっても数年が何年かは規定がありません）に、株主Ａと株主Ｂの協議の結果、合意により上記と同じように株主Ａ所有の乙株を株主Ｂに譲渡し、株主Ｂ所有の甲株を株主Ａに譲渡したときは、その譲渡益に対して、通常の譲渡所得（分離課税20％＋復興税0.315％）が課されます。

## (2)　喧嘩別れ

**【事例】　事業譲渡**

甲社と乙社の株主は、それぞれ80％を所有する株主Ａと20％を所有する株主Ｂです。株主Ｂは甲社の重要な顧客数社を乙社だけの顧客として取り込み、甲社も乙社も株主Ｂだけの経営になる会社であると言いふらすようになり、乙会社にのみ出勤し、甲会社には出勤していません。その結果、株主Ａと株主Ｂとは争いになり、共同して事業を継続することは無理な状況になりました。株主Ａは株主Ｂに三拝九拝して甲社の株式も乙社の株式も売却してほしいと泣いて頼んだが、株主Ｂは、ほしければ時価の10倍を支払えと強気です。このため株主Ａは、組織再編行為によって株主Ｂを甲社からも乙社からもスクイーズアウトしようと考え弁護士に相談しました。

スクイーズアウトといってもさまざまな手法があり、最も強力な方法である株式売渡請求をかけるのがベストですが、所有株式比率が80％ではその手が使えません。それ以外の手法のうち、株主Ｂを甲会社からも乙会社からも同時に追い出す方法として最も優れている方法は、分社型分割と全部取得条項付種類株式を同時に組み合わせて使う方法（会社法763条１項12号イ）です。株主Ａが甲社の株式を80％を所有している以上、実行は可能です。しかし、株主Ｂは株主総会で全部取得条項付種類株式の取得に反対したうえ、裁判所に対し全部取得条項付種類株式の取得の価格の決定を申し立ててくる可能性は高いと考えられます（会社法172条）。

Ｂ株主を会社外に追い出すにはＢ株主が持っている甲社株式、乙社株式を合法的に取り上げなければならないのですが、どの方法をとっても、株主Ｂは甲社についても乙社についても株式買取請求をかけてくることは必至であり、裁判所で株式の価額を争うことになります。妥協しようにも株主を無理やり会社の外へ追い出す方法ですから、乙株式の取得対価が高額になることは明らかです。株主Ａは一挙に解決できる何か良い方策はないかと思案し、専門家に相談しました。

その専門家は、Ａ株主が甲社株式の80％を所有している代表取締役であること、かつ乙社株式の80％を所有している代表取締役であることをそれぞれ会社登記簿謄本で確認して、両社ともに株主Ａが80％の株式を所有していることを利して、次のような方法を提案しました。

①　株主Ａは自己が全株式を所有する別会社である会社丙を設立し、丙社

の全株式を掌握したうえ、その代表取締役はA株主以外の者でAが信頼できる者を立てる。

② 甲会社と丙会社は、甲の総資産と総負債とを含んで甲会社の事業全部をある特定の日（事業譲渡日）に丙社に事業譲渡する旨の契約を締結する。かつ、

③ 乙会社と丙会社は、乙社の総資産と総負債とを含んで丙社に乙会社の事業全部を甲会社の事業譲渡日と同じ日に事業譲渡する旨の契約を締結する。

④ 甲社の株主総会で事業譲渡契約の承認を議決すると同時に、丙社は甲社から事業譲受する旨の契約の議決をする。かつ、

⑤ 乙会社の株主総会を同じ場所で時を置かずに開催して乙社の事業譲渡契約の承認と、丙社は乙社から事業譲受する旨の株主総会決議取り付ける。

⑥ 甲社・乙社の株主総会でB株主が反対しても、総会議決で押し切る。そして、

⑦ 甲社でも乙社でも、この同じ日の総会で同時に、甲社は解散すること、かつ同じ日に乙社は解散することを議決する。

⑧ 事業譲渡日に、事業譲渡代金を丙会社から甲社と乙社にそれぞれ全額を現金で振り込み、即時に振込みを完了する。

⑨ 甲社も乙社は解散し、清算に入る。

この提案によれば、甲社・乙社の解散の日に丙社は甲社の事業と乙社の事業をそれぞれ承継して事業を開始することができます。また、株主Bは甲社に対しても乙社に対しても、自己の株式を公正な価格で買い取れと請求することができなくなります（会社法469条1項1号、467条1項1号・3号、471条3号、475条1号）。要点は事業譲渡の株主総会の決議と同時に解散の株主総会決議をすることにあります。甲会社、乙会社の営業上の債務の引継ぎをどうするか、それとの関係で丙社の商号をどうするか（甲社の商号、乙社の商号を引き継ぐか否か）、従業員の引継ぎをどうするか（基本的は引き継ぐにしても馘首したい従業員がいるか、馘首するにしてもいつするか、給与体系、労働条件、就業規則、退職金規定の引継ぎはどうするか）など細かい問題点はいくつもあ

りますし、それぞれ手続が厄介ですが、事前に専門家の指導を受けておけば、それらは克服できます（商号を引き継ぐ場合は対策をとらないと旧債務の引継ぎの効果が発生します。これを避けるためには、旧債務は引き継がない旨の登記をするか、旧債権者たる第三者に対して同債務は引き継がない旨の通知をしなければなりません。商法17条１項・２項)。そして事業は滞りなく丙社の下で続けていくことができます。甲社と乙社は入金された資金で清算に入り、残余財産を分配することになります。Ａ株主には現金額の80％が残余財産として分配されますから、事業譲渡代金の80％は結局株主Ａに戻ってくることになります。Ｂ株主にも20％の分配はあります。

ただし、甲会社にも乙会社にも法人税の課税は避けられませんから、事業譲渡代金の価額の決定については、税理士か公認会計士に相談するなど、慎重に検討しなければなりません。

「喧嘩別れ」で会社を分割すると、法人税法上はソンすることが多いことを示す一例といえます。

### (3)　合意の別れと喧嘩別れとの税務比較

事業譲渡と会社分割の税務上の取扱いは次のとおりです。

| | 事業譲渡 | 会社分割 |
|---|---|---|
| 消費税 | 課税あり | 課税なし |
| 不動産取得税（注） | 課税あり | 課税なし注） |
| 登録免許税軽減 | なし | あり |

（注）　地方税73条の７第２の２後段および地方税法施行令37条の14および37条の14の２の場合に該当する適格分割と現物出資の場合は課税がありませんが、本事例では事業譲渡ですから課税はあります。

**（第２編第５章　李　永壽）**

**【編者のコメント】**

本章は、ある株主が別の株主と「別れる」＝「離脱する」こととなった場合の株主間契約のあり方と税務問題を網羅的に整理したものです。本章の脱稿が令和２年中であったことから、令和３年３月１日に施行となった会社法改正による「株式交付」に関連する株式交付子会社から株式交付親会社に別れていくその株主と株式交付子会社との関係および株式交付子会社に残留する株主との関係については論じられていません。この点については第６章「株主間契約と M&A」）を参照してください。

一般に組織再編行為をする際には、必ずといってよいほど反対株主から株式買取請求をぶつけられます。これに対抗する手法は本章に記載した事業譲渡同時解散しかありません。しかし事業譲渡同時解散には副作用があることも確かです。特に商号の継続使用による旧債務のみなし引継ぎの副作用が最も重大です。しかしそれを避けて通る方法もあることを本章では示しています。

（後藤　孝典）

# 第６章　株主間契約と M&A

**【事例】**

乙社は、財務内容も良く、優良顧客を多数抱える会社であるが、有力な後継者が不在であり、将来に不安を抱えている。甲社は、乙社の経営権の取得を目論んでおり、可能であれば全株式を、次善の策として３分の２以上の株式の取得を計画している。

甲社は乙社の全株式を取得することを目的とし、取得数の下限条件を付さずに株式の公開買付け（以下、「ミニ TOB」という）を実施した。

ミニ TOB の結果、応募株式数の割合が下記の１～３である場合、経営権の取得を目指す甲社のとり得る方策にはどのようなものがあるか。また、ミニ TOB に応じなかった乙社の残存株主に対抗すべき手段はあるか。

なお、乙社は非上場会社であり、株式の譲渡制限が定款上に設けられている。

１．応募株式数が90％のケース

２．応募株式数が60％のケース

３．応募株式数が45％のケース

## 1　M&A をめぐる手法

合併、買収等の組織再編（以下、「M&A」といいます）を取り巻く株式に関する諸制度として、以下のものがあります。

### ⑴　株式の公開買付け（TOB）

株式の公開買付けとは、株式等の発行会社または第三者が、不特定かつ多数の者に対して、公告等により買付期間・買付数量・買付価格等を提示し、株式等の買付けの申込みまたは売付けの申込みの勧誘を行い、市場外で株式等の買付けを行う制度です。なお、公開買付けの対象となる会社の取締役会の賛同を得て、買付者が公開買付けを行う場合を友好的公開買付け（友好的TOB)、取締役会の賛同を得ないで、買付者が公開買付けを行う場合を敵対的公開買付け（敵対的TOB）といいます。

基本的に、上場会社を対象として行われますが、非上場会社であっても一定数の者に社債等を発行している有価証券届出書の提出会社もTOBの対象となります。

### ⑵　ミニ公開買付け

ミニ公開買付けとは、非上場や有価証券届出書を提出していない中小企業が、全株主に対し自己株式取得の申込みの機会を与えて自己株式を取得する方法であり、一般に「ミニ公開買付け」と呼ばれており、会社法156条以下に手続が規定されています。

会社法上、このミニ公開買付けが株主との合意による自己株式取得の原則的な取得方法とされており、特定の株主からの取得等については、必要な手続要件が加重されています。

なお、上場会社について、会社が市場「外」で自己株式取得を行う場合、特定の株主からのみ取得（会社法160条）する場合を除き、金融商品取引法（以下、「金商法」といいます）上の公開買付手続によることが必要となるため、ミニ公開買付けの方法で取得することはできません（金商法27条の22の２第１項１号参照)。

よって、ミニ公開買付けの方法は、非上場会社が自己の株式を取得する場合にのみ利用できます。

### (3)　全部取得条項付種類株式の発行

全部取得条項付種類株式とは、当該種類の株式について当該会社が株主総会の決議によってその全部を取得する旨の定めのある株式を意味します（会社法171条１項、108条１項７号）。

全部取得条項付種類株式の全部を取得するには、特別決議により、取得対価の種類、内容やその数、取得日等の事項を定める必要があります。決議された取得対価に不満な株主は、裁判所に対し、取得価格の決定の申立てをすることができます（会社法172条１項）。

会社が定款変更によって、すでに発行されているある種類の株式について取得条項を定めるときは、それが一部の株主の地位を強制的に奪うものとなることに鑑み、その対象である種類株主全員の同意が必要とされます（会社法111条１項）。しかし、ある種類の株式について定款の定めによって全部取得条項を付すときは、株主に平等の条件が提示されているため、種類株主総会の特別決議による承認のみが要求され（同条２項１号）、また、反対株主には株式買取請求権が与えられます（同法116条１項２号）。

### (4)　株式併合

株式併合（会社法180条）とは、少数株主の保有株式数が１株未満となるような偏狭的併合割合で株式を併合する手法です。少数株主が保有する株式を１株に満たない端株がでるような割合（たとえば、１に対して0.15）で全株式を併合し、併合の結果、端数となった数の合計数に相当する数のうち、一に満たない端数の部分は切り捨て、整数となった部分の株数を競売し、その結果得られた代金を、競売された整数の株式に相当する金員をその株式を競売された株主に交付して、結果的に少数株主には現金だけを受け取らせて保有株式を失わせるという、スクイーズ・アウト（強制追出し）に利用される典型的なスキームです（同法235条）。

この「株式併合」スキームは、下記(5)の「特別支配株主の株式等売渡請求」とは異なり、株式併合に際して株主総会の特別決議が必要となります（会社法180条２項、309条２項）。支配株主（その100％子会社等を含む）の単独議決権割合は3分の2未満ですが、支配株主（その100%子会社等を含む）と支配株主に同調する株主を合わせた議決権割合が3分の2以上である場合には、スクイーズ・アウトの手法として、通常は株式併合が選択されます。

少数株主がこの株式併合に対抗する手法としては、当該株式会社に対して株式併合をやめるよう請求することができます（会社法182条の3）が、会社に法令違反、定款違反がある場合に限られますし、反対株主の株式買取請求も認められてはいます（同法182条の4）が、当該株主の株式のうち一に満たない端数となるものの全部を公正な価格で買い取れと請求できる場合に限られています。

## (5)　特別支配株主の株式等売渡請求

特別支配株主の株式等売渡請求（会社法179条）とは、対象会社の総株主の議決権の10分の9以上を有する株主（特別支配株主）が、当該会社の株主全員（当該会社と自己は除く）に対し、その有する株式の全部を当該特別支配株主に売り渡すよう請求することができるというものです。その請求には、対価として交付する金銭の額、売渡株式を取得する日その他を定めなければなりませんが、その請求をする前に、特別支配株主は対象会社に対して前記売渡請求に記載すべき事項を記載した通知を行い、対象会社において、その承諾や売渡株主に対する通知・公告等の手続を経ることにより、特別支配株主が少数株主の有する株式等（新株予約権、新株予約権付社債を含む）の全部を、少数株主の個別の承諾なく、直接、金銭を対価として取得すること（キャッシュアウト）を可能にするものです。

議決権保有割合の算定にあたっては、他の株主が保有する議決権と合算することはできませんが、特別支配株主となる者が自ら保有する議決権に加えて、その者の特別支配株主完全子法人（特別支配株主となるものが発行済株式の全部を有する株式会社その他これに順ずるものとして法務省令で定める法人）が有する議決権は合算できます（会社法179条1項）。

少数株主がこの株式売渡請求に対抗する手法としては、当該特別支配株主に対して株式取得をやめるよう請求することができますが、会社に法令違反がある場合、売渡請求に係る対価が対象会社の財産の状況に比して著しく不当である場合に限られます（会社法179条の８）。また売渡請求にかかる株主は裁判所に対し売買価格の決定の申立てができはしますが、特別支配株主が自分が公正な売買価格と認める額を一方的に支払ってしまうことができますし、特別支配株主が売渡請求の中で一方的に定めた株式取得日に売渡株式の所有権は、何の手続をとることもなく、特別支配株主に移転してしまいます（同法179条の２）。少数派株主がこの株式売渡請求に対抗できる手法はまったくない状況です。

## 2　M&A と株主間契約

株主間契約とは、会社と特定株主間、または、株主間同士において、特定の事項について締結する民法上の契約のことであり、一般社会における通常の契約形態と同一です。すなわち、公序良俗（民法90条）に反しない範囲において、会社と株主間、または、株主間で、自由に内容を定めることが可能となります（第１編参照）。特に、株主間において、一方の株主が他方の株主に対して、契約当事者ではない他の株主とは異なる取扱いを要求するか、ないしは受け入れる内容である場合に有意義な契約です。

この株主間契約は、会社と特定株主間、または、締結した株主間の契約当事者間においてのみ効力を有し、他の株主との間では効力を有しないのが原則です。

しかし、株主間契約は、株主の個性（事情）に着目した内容を定めることが可能な、いわゆる属人株（人の属性に着目すること）に極めて類似した働きをすることがあります。たとえば、他方当事者の同意・承認がなければ株式の譲渡や担保権設定が禁止されるとか、先買権条項とか、売渡強制条項とかを付した場合です。しかしこれらは、あくまで契約の効力の問題であり、属人株は株主の属性によって当該株主による株式の取扱い方を他の株主がする内容とは異なるものとすることが許されるという問題ですから、性質が全く違います。また、株主間契約は定款に定めることを要しませんが、種類株式も属人株は定款に定めることを要求される（会社法108条２項、109条２項）点でも両者は著しく異なります。

重要な論点は、株主間契約は、強行法規に反しない限り、「一人会社」の理論、つまり、株主の全員が同意している場合には会社法規の規定には合致しない方法、ないし内容にわたる事項（たとえば、株主総会の招集手続とか議決方法）についての契約内容でも、法的効力が肯定されること、加えて、株主間契約の内容を定款に定めた場合には、当該契約当事者だけを拘束するだけではなく、当然、当該契約の当事者ではない他の株主をも拘束しますし、当該株式の発行会社をも拘束するに至るという点です。特にこの経路を通して定款に定めた解散事由の到来をもって会社を解散に追い込むことも可能になり（会社法471条２号）、また定款違反を理由に株主総会決議の取消しの訴えを提起できることにもなります（同法831条１項１号)。株主間契約が契約当事者間だけを拘束するに過ぎないという見方は当を得たものとはいえません。

株主間契約の応用範囲についても、上場会社を対象企業としたM&Aの場合には、一般少数株主が存在するため、少数株主保護の観点から一部の主要株主のみでの株主間契約には実務上制約が多いといえます。しかし、M&Aの場合であっても少数派株主間ではその適用範囲は広いといえます。

もちろん、そもそも限られた株主のみで構成される非上場会社においては、関連法規制を遵守する限り、株主間の合意に基づいてある柔軟な契約を締結することができます。

## 3　ケース別検討(1)――甲社の立場から

以下では、事例について応募株式数の割合のケース別に検討します。便宜上、各株主層を以下のように定義します。

①　TOBを実施した甲社　→　筆頭株主

②　TOBに応じなかった株主

　ⓐ　うち必ずしも甲社に反対ではない株主　→　少数株主

　ⓑ　うち必ず甲社に反対である株主　→　反対株主

筆頭株主と反対株主が株主間契約によりその他の株主（少数株主）を自陣に取り込もうと模索する場合に、甲社のとるべき方法から述べます。

## ⑴　90%のケース

TOB の結果、甲社が90%の株式を取得した場合、甲社は特別支配株主に該当することになったため、上記の１⑸【特別支配株主の株式等売渡請求】を活用して全株式を取得することが可能となります。

この結果、TOB に応じなかった株主は乙社から締め出されることとなり、甲社は乙社の全株式を取得して完全親子会社が形成されることにより、甲社は乙社の完全な経営権を取得することとなります。

なお、TOB および特別支配株主の株式等売渡請求の実施者は株式の発行会社ではなく第三者に該当するため、TOB に応じた株主にはみなし配当課税は適用されず、株式譲渡による所得の全額が譲渡益課税の対象となります。

## ⑵　60%のケース

甲社が TOB にて60%までしか株式を取得できなかった場合、甲社は発行済み株式総数の過半数は確保しましたが、３分の２以上は確保していないため株主総会の特別決議にて拒否権を行使される可能性が残り、乙社の支配に制限が課されることとなり経営権を完全には掌握できません。

甲社は TOB に応じなかった株主と個別に交渉して、発行済み株式総数の３分の２以上に達するまで任意に株式を買い進める必要がありますが、任意売却に応じてもらうには困難が予想されます。そこで、株式を買い増すことができない場合の策として、少なくとも残りの７%を保有する株主の賛同を得るべく勧誘工作を行う必要があり、この勧誘手段の一つとして、株主間契約の利用が検討されます。

### ㋐　株主間契約の活用

株主間契約とは、２で述べたように会社と特定株主間、または、株主間同士において、公序良俗（民法90条）および会社法上の強行法規に反しない範囲で特定の事項について他の株主とは異なる内容を契約内容として締結する契約であり、契約当事者間でのみ効力を有し、他の株主との間では効力が及ばないのが原則です（例外もあります。本書姉妹書『親族外事業承継と株主間契約の法務』（未刊）を参照されたい）

甲社によるTOB、また甲社からの株式買取の申出には応じませんでしたが、必ずしも甲社と共同歩調をとることに否定的でない他の株主（少数株主）が存在する場合、甲社は少数株主と下記の内容を盛り込んだ株主間契約を締結することを試みます。これにより、甲社は少数株主に一定の権利を保障したうえで、可能であれば甲社の経営方針に賛同を得ること、最低でも甲社の方針に異を唱えないことを目指します。

一方、少数株主も株主間契約により自己の権利が保障されることにより、安心して決議にて甲社案に賛成票を投じる、あるいは甲社に議決権の行使を委任することができ、双方の利害が一致することとなります。

#### (A)　株式の取扱い

##### (a)　株式譲渡禁止

株式を60％しか保有していない状況では、当面の株主総会において少数株主の協力が必要となります。株主総会での特別決議の可決要件を維持するために、少数株主が自己の持分を安易に他に譲渡しないよう、一定期間は株式の譲渡を制限するか、禁止する等の譲渡制限条項、禁止条項を株主間契約に盛り込みます。

##### (b)　売却方法と価格

少数株主の中に株式を長期的に保有する意思がなく、近い将来に転売を検討している短期保有志向の株主が存在する場合、(a)のような譲渡禁止義務を課すと、甲社の方針に賛同を得られず、かえって株主間契約自体を締結できない懸念があります。

そこで、そのような少数株主に対しては、譲渡の意思があればまず甲社へ優先的に売却する優先交渉権や、甲社が指定する第三者に株式を売却するプットオプションを与えることを株主間契約で定めます。加えて、譲渡価格についても簿価での譲渡や一定の計算式に基づくプレミアムを乗じるなど後日の紛争を避けるためあらかじめ株主間契約で定めておきます。

なお、乙社は定款上株式の譲渡が制限されている非公開会社に該当するため、株式の譲渡に際しては取締役会の承認を要することが必要となります。そこで、甲社は少数株主以外に、乙社とも株主間契約を締結し、上記の内容をあらかじめ乙社に認めさせておくことも考えます。もっとも、発行済み株式総数の60％を保有しているため、甲社は取締役等の選解任権を有しているので、乙社との株主間契約は必要不可欠というわけではありませんが、不測の事態に備え締結しておくことが望まれます。

これにより少数株主は投下資本の回収の途が確保され、安心して株主の地位に留まることができます。

#### (c)　希薄化防止

乙社の将来の資金ニーズに応じ、増資が必要となるケースが考えられます。その場合、第三者あてに新株が発行されるならば少数株主の株式は希薄化します。

そこで、このような希薄化を防止するため、増資を行うに際しては株式保有割合に応じて優先的に既存株主へ株式を割り当てる等の割当条項を株主間契約に盛り込みます。なお、(b)と同じく、新株の割当てについても甲社と乙社間でも株主間契約を締結し、事前に双方で調整しておく必要があります。乙会社の取締役がこのような優先割当条項の履行に協力したくない場合においても、甲は多数派株主として乙会社の取締役の解任権限を有していますので、取締役は従わざるを得ないでしょう。

新株引受権を保証することにより、少数株主は株式希釈化の懸念を回避でき、少数株主を甲社側に引き止まらせる効果が生じます。

### (B)　会社運営

#### (a)　株主総会決議事項

株主総会においては、原則として筆頭株主である甲社の方針と軌を一にして議決権行使することを株主間契約にて定めておきます。加えて、甲社としても株主間契約を締結した少数株主に対し定期的に自己の方針を伝達し、問題が起きかねない場合にはあらかじめ個別説明のうえ、少数株主との間で利益相反が生じぬよう事前に利害調整を心がけることが要求されます。

#### (b)　取締役・監査役の選解任

株主間契約で甲社と少数株主とでそれぞれ選任する取締役または監査役の数を定めておきます。あるいは、取締役は甲社が選任し、監査役は少数株主が選任すると定めておきます。株式の論理からすると、過半数超を確保している甲社は単独で取締役および監査役を選解任することができますが、少数株主に一定の配慮をすることにより少数株主を自陣に引き止めることを優先します。

(c)　取締役会決議事項

甲社から送り込んだ取締役数が過半数を上回る状況では、甲社の思惑どおり取締役決議事項を可決できますが、下記の事項を審議するに際しては甲社と少数株主間で事前協議することを株主間契約に定めることにより、少数株主への配慮を示します。

①　事業計画、資本政策および予算案の承認
②　重要な会計方針の変更
③　定款変更
④　剰余金の処分
⑤　株式、新株予約権、新株予約権付社債その他本会社の株式を取得できる権利の付与または処分
⑥　株式の併合、株式の分割または株式もしくは新株予約権の無償割当て
⑦　自己株式の取得または処分
⑧　重要な社内組織の変更
⑨　重要な資産の取得および譲渡、賃借権または担保権等の設定その他の処分
⑩　一定額を超える投資、設備投資、融資、出資およびこれらの処分
⑪　一定額を超える社債の発行、借入れ、保証その他これらに準じる債務負担行為
⑫　破産手続、民事再生手続、会社更生手続、特別清算手続等の法的倒産手続の申立て

(C)　その他

(a)　デッドロック条項

各株主間で意見の相違が生じ、その解決が不可能状態に入り、会社としての決議が暗礁に乗り上げる事態に備えて、解決方法をあらかじめ株主間契約に定めておきます。デッドロック条項としては、デッドロックに陥ったときは解散事由になるという定款の定めを設けるのが最も望ましい（会社法471条2号）のですが、これには定款変更を要しますから（同法466条）甲の有する

議決権数だけでは不十分です。甲が乙社の少数株主の同意を得るには、何らかの譲歩をしなければならないでしょう。

**(b)　競合禁止条項**

甲社および他の株主の利害の衝突を回避するため、双方が乙社と同じ事業を営まないことを株主間契約に盛り込んでおきます。

**(c)　契約解除条項**

以下のような一定の事象が発生した場合、自動的に株主間契約が解消されることとする内容を株主間契約で定めておきます。

①　甲社の本業の悪化

②　乙社の業績の悪化

③　主要取引先の倒産や契約打切り

④　経営を取り巻く経営環境の変化

⑤　会社運営に重大な支障を及ぼす事象の発生

**(ｲ)　スクイーズ・アウトの実行**

株主間契約の締結により、甲社および甲社に賛同する少数株主を合わせた株式数が発行済み株式総数の３分の２以上となった段階で、反対株主を締め出す（スクイーズ・アウト）具体策を講じます。

スクイーズ・アウト方法として、以下検討します。

**(A)　全部取得条項付種類株式の検討**

平成26年会社法改正前には、スクイーズ・アウトの手法として「全部取得条項付種類株式」スキームが広く用いられていました。このスキームは、対象会社の発行済株式を全部取得条項付種類株式に変更し、株主総会決議により当該全部取得条項付種類株式のすべてを当該株式会社が取得し、取得対価として各株主に他の種類の株式や当該株式会社の株式等以外の財産を交付するものです。このスキームの実行にあたっては、株主総会の特別決議が要求されていました。

平成26年会社法改正後も「全部取得条項付種類株式」スキームは引き続き利用可能ですが、種類株式発行会社がある種類の株式の内容として全部取得条項付種類株式を発行することができるとの定款の定めを設けるときは、通常の株主総会に加え、全部取得条項によって取得されると同時に交付される他の株式が取得請求権付株式であったり、取得条項付株式であったりするときは、それぞれの種類の種類株主総会の決議も必要となる（会社法111条２項）だけでなく、反対株主の買取請求も働くこと（同法116条２項）など手続が複雑、かつ、技巧的なスキームであり、使い勝手が悪く、現実に利用されるケースは稀といえます。

本事例の場合においても、種類株主総会決議を可決するためには少数株主のみならず反対株主（会社法172条）とも合意する必要がありますので、実現可能性の低い全部取得条項付種類株式の利用は検討の対象外とします。

**(B)　株式併合の検討**

株式併合とは、支配株主以外の株主の保有株式数が１株未満となるような併合割合で株式を併合し、これにより生じた端株を強制取得し、結果的に支配株主以外の株主に現金を交付し株主の地位を剥奪する手法です。

この「株式併合スキーム」においては、前述(A)の「全部取得条項付種類株式」スキームとは異なり、株式併合実施に際して株主総会の特別決議のみで可能となります（ただし、ある種類の株式の内容として株式の併合をする際には、当該種類の株主総会は不要であるとの定款規定がある場合に限って、当該種類の株式の反対株主は株式会社に対して反対株主買取請求権をもちます。会社法116条１項３号、322条２項)。

平成26年会社法改正前においては、「株式併合スキーム」は、少数株主の保護制度（情報開示制度、株式買取請求制度等）が不十分で、株主総会決議の取消リスクがあることから利用されることは稀でしたが、平成26年会社法改正により新たに情報開示制度（会社法182条の２)、反対株主の株式買取請求制度（同法182条の４)、差止請求制度（同法182条の３）等が整備されたことにより法的安定性が担保され、使い勝手が格段に良くなりました。

この結果、法改正後は、それまで広く利用されていた「全部取得条項付種類株式スキーム」にとって代わり、「株式併合スキーム」がスクイーズ・アウトの代表的手法となりました。

そこで、本事例において、株主間契約により甲社側与党の議決権割合が３分の２を上回った段階で、臨時株主総会の特別決議にて株式併合を可決し、一旦甲社に好意的でない株主を締め出すことにより乙社を完全子会社とします。

なお、株式併合を決議する前に、株式併合により乙社から締め出されることとなる旧少数株主に対し、株式併合後、甲社が全株取得した株式の一部を譲渡する、あるいは、乙社がこれらの旧少数株主に対し新株発行することにより旧少数株主を株主として復帰させる内容を株主間契約で定めておくのが賢明でしょう。

これにより、甲社は反対株主を乙社から締め出すことが可能となり、また、少数株主も自己の株主の地位が最終的に保障され、双方の利害が一致することとなり、反対株主のスクイーズ・アウトが実現します。

株式併合により締め出される株主は、受領した金銭が株式の取得価額より大きい場合にも、みなし配当課税はなく、全所得が譲渡益課税の対象となります。

### (3)　45％のケース

甲社がTOBにて45％しか株式を取得できなかった場合、甲社は発行済み株式総数の過半数を確保できていないため、特別決議はおろか普通決議すら制することができず、乙社の経営について不安定度が増す事態となります。

そこで、経営の安定化を図るため、まずは甲社主導のミニTOBに応じなかった株主の中から5％超の議決権を有する株主の賛同を得る必要があり、(2)のケースと同じように株主間契約を活用した勧誘工作が必要となります。

ただし、保有株式数が過半数以下という脆弱な支配状態であるので、(2)の60％のケース以上に少数株主に配慮した株主間契約を結ぶ必要があります。

株主間契約に盛り込む内容は(2)のケースとほぼ同じです。

#### (ア)　株主間契約の活用(1)――株式の取扱い

##### (A)　株式譲渡禁止

株式を過半数以下の45％しか保有していない状況では、当面、少数株主の一層の協力が必要となります。株主総会での普通決議を可決するための議決権数を維持するため、一定期間は、賛同する株主が持分を容易に譲渡しないよう、株式の譲渡禁止を株主間契約に盛り込みます。

##### (B)　売却方法と価格

株主間契約を締結する少数株主の中に個別事情により乙社株式の売却を希望する者がいる場合、(a)のような譲渡禁止義務を課すと、甲社と株主間契約を締結してもらえない懸念があります。そこで、このような少数株主に対しては、譲渡の意思があればまず甲社へ優先的に売却する優先交渉権や、甲社が指定する第三者に株式を売却するプットオプションを与えることで資金需要に応えることを株主間契約で定めます。また、譲渡価格についても簿価での譲渡や一定の計算式に基づくプレミアムを乗じるなど後日の紛争を避けるためあらかじめ株主間契約で定めておきます。

もっとも、甲社の保有株式割合が45％に留まる状態では、甲社の意向どおりに取締役を選任することに懸念が生じ、取締役会での株式の譲渡承認に支障を来すおそれがあります。そこで、甲社が取締役会をコントロールできていない状況下では、株主間での株式譲渡については実質上の株式譲渡契約（状況に応じて公正証書契約にしておくべきでしょう）は締結するものの、会社に対しては譲渡承認を求めず、名義株のままとして置くことも考えられます。

これにより、少数株主には投下資本の回収の途が保障されることとなります。

#### (C)　希薄化防止

乙社の将来の資金ニーズに応じ、増資が必要となるケースがあります。その場合、第三者あてに新株が発行されるならば少数株主の持分は希薄化してしまいます。このような希薄化を防止するため、増資を行うに際しては優先的に既存株主へ新株予約権を付与することをあらかじめ株主間契約に盛り込みます。また、新株予約権を行使しない少数株主からは失権株をすべて甲社が引き受けることを株主間契約にて定めておきます。

新株予約権が与えられることにより、株式の希釈化懸念を回避でき、少数株主を甲社側に引き止まらせることが可能となります。

### (イ)　株主間契約の活用(2)――会社運営

#### (A)　株主総会決議事項

株主総会においては、原則として筆頭株主である甲社の方針と軌を一にすることを株主間契約にて定めておきます。また、甲社としても株主間契約を締結した少数株主に対し定期的に自己の方針を伝達し、問題が起きかねない場合にはあらかじめ個別説明のうえ、株主間で利益相反が生じぬよう、(2)の60%のケース以上に念入りな利害調整を行うことを心がける必要があります。

#### (B) 取締役・監査役の選解任

甲社の単独保有率が過半数を切っている状況下では、株主間契約で甲社と少数株主の中からそれぞれ選任する取締役または監査役の数を定めます。あるいは、取締役は甲社が選任し、監査役は少数株主が選任すると少数株主に一定の権利を与えることが不可欠となります。

キャスティングボードを握る少数株主の動向次第では甲社の意向をくむ取締役、監査役が選任できないか、場合によっては、解任されるおそれもあるため丁寧な運営が必要となります。

#### (C) 取締役会決議事項

自陣から送り込んだ取締役数の過半数により取締役決議事項は可決されますが、(2)の60%のケース以上に少数株主グループ内の株主に最大限配慮し、下記の事項を審議するに際しては甲社と少数株主間で事前に念入りな協議を行うことを株主間契約に定めることとします。

① 事業計画、資本政策および予算案の承認

② 重要な会計方針の変更

③ 定款変更

④ 剰余金の処分

⑤ 株式、新株予約権、新株予約権付社債その他本会社の株式を取得できる権利の発行、処分または付与

⑥ 株式の併合、株式の分割または株式もしくは新株予約権の無償割当て

⑦ 自己株式の取得または処分

⑧ 合併、解散、清算、会社分割、株式交換、株式移転、事業の全部もしくは重要な一部の譲渡または事業の全部の譲受

⑨ 重要な社内組織の変更

⑩ 重要な資産の取得および譲渡、賃借権または担保権等の設定その他の処分

⑪ 一定額を超える投資、設備投資、融資、出資およびこれらの処分

⑫ 一定額を超える社債の発行、借入れ、保証その他これらに準じる債務

負担行為

⑬　破産手続、民事再生手続、会社更生手続、特別清算手続等の法的倒産手続の申立て

**(ウ)　株主間契約の活用(3)――その他**

**(A)　デッドロック条項**

各株主間で意見の相違が生じ、会社としての決議が暗礁に乗り上げる事態に備えて、解決方法をあらかじめ株主間契約に定めておきます。デッドロック条項としては、乙会社の解散議決権行使の合意、あるいは少数派株主の株式全部の甲会社への譲渡が考えられます。

**(B)　競合禁止条項**

甲社および他の株主の利害の衝突を回避するため、双方が乙社と同じ事業を営まないことを株主間契約に盛り込んでおきます。

**(C)　契約解除条項**

以下のような一定の事象が発生した場合、自動的に株主間契約が解消されることとする内容を株主間契約に盛り込んでおきます。

①　甲社の本業の悪化

②　乙社の業績の悪化

③　主要株主の倒産や変更

④　経営を取り巻く経営環境の変化

⑤　会社運営に重大な支障を及ぼす事象の発生

株式保有割合が45％の場合、甲社単独では当面取り得る手段はないため、任意の株式買取を進めます。次に、買い増しの成果がみられない場合には必ずしも甲社に反対ではない株主と株主間契約を締結し、甲社に反対しない株主を増やしていくことを試みます。この与党株主が過半数を超え、最終的に、発行済株主総数の3分の2を超えた段階で、(2)で検討した株式併合を採用することを検討します。

# 4　ケース別検討(2)――残存株主の立場から

次に甲社の支配に反対する残存株主の対抗手段について考察します

## (1)　90％のケース

TOB にて甲社に90％の株式を取得された場合、乙社の反対株主としては打つ手がありません。特別支配株主となった甲社が、１(5)【特別支配株主の株式等売渡請求】を実行した場合、対抗手段がなく、強制的に保有株式を売り渡たすことにより乙社より締め出されてしまいます。

決定された対価に不満がある売渡株主等は、取得日の20日前の日から取得日の前日までの間に、裁判所に対し、その有する売渡株式等の売買価格の決定の申立てをすること（会社法179条の８）で最後の抵抗を示すくらいしか対抗手段はありません。

## (2)　60％のケース

TOB にて甲社に60％の株式を取得された場合、甲社に発行済み株式総数の過半数は取得されましたが、３分の２以上は確保されていないので、株主総会の特別決議を成立させないことが反対株主にとって当面の目的となります。

そこで、反対株主は残り７％超を甲社に保有させないために TOB に応じなかった株主を集結させる必要があり、これを実現する一手段としての株主間契約の活用を反対株主の立場から検討します。

甲社の場合と同様、株主間契約を締結し、今後の株式の取扱い、会社の運営方法、そして不首尾の場合の撤退方法等について、TOB に応じなかった株主間であらかじめ取り決めておくことが必要となります。これにより、甲社に反対する株主は軌を一にして甲社主導の決議案に反対票を投じる、または反対派を代表する株主に議決権の行使を委任することが可能となります。

### (ア)　株式の取扱い(1)――株式譲渡制限

甲社に反対する株主は、株主総会で意に添わない甲社提出の決議案への反対が当面の目的であるので、否決後、短期間に臨時株主総会にて再度議題に提案される場合に備えて、TOB後１～２年間程度は株式を第三者に対して譲渡できないよう制限する必要があり、株主間契約にて一定期間の株式譲渡制限を定める必要があります。

#### (ｲ)　株式の取扱い(2)――名義株化

反対株主に賛同する株主の中には長期的に株式を保有する意思がなく、個人的な事情により株式の譲渡を希望する株主が存在する場合には、特別決議に先立ち、甲社主導の議案にあらかじめ反対の意思を表明したうえで、総会決議においても反対を表明するよう説得します。仮に特別決議が可決された場合には会社に対し反対株主による株式買取請求権を行使せず、買取請求を表明していない他の株主に譲渡させます。また、反対株主の議決権が３分の１を上回り特別決議を否決できた場合にも、株式買取請求を表明していない株主に譲渡することができます。

なお、選解任権を介して取締役会を支配している甲社のケースとは異なり、反対株主間での株式譲渡は取締役会での承認が拒否される見込みが高いと予測されます。そこで、反対株主間での株式譲渡は、株式譲渡制限が規定されている場合であっても株主間では法律上の効力がありますから、乙会社に譲渡の承認を求めず名義株として旧株主名義のままにしておくことも考えられます。

この結果、反対株主に賛同する株主は特別決議の可否にかかわらず残存する反対派株主の株式数も維持されることとなり、投下資本を回収する途が開ける効能性が高くなります。

### (3)　45％のケース

TOBにて甲社に45％の株式を取得された場合、甲社に発行済み株式総数の３分の２以上どころか、過半数も取得されていないため、株主総会にて普通決議を成立させないことが反対株主にとって当面の目的となります。

そこで、甲社に反対する株主は残り５％超の株式を甲社に保有させないためにTOBに応じなかった株主を反対派側に集結させる必要があります。これを実現する手段として、株主間契約の利用が考えられます。

甲社の場合と同様、方法としては、今後の株式の取扱い、会社の運営方法、そして不首尾の場合の撤退方法について、TOB に応じなかった株主間であらかじめ取り決めておくことが必要となります。これにより、反対株主に賛同する株主は安心して決議にて反対票を投じるか、または反対派を代表する株主に議決権の行使を委任することが可能となります。

**(ア)　株式の取扱い(1)――株式譲渡制限**

甲社に反対する株主は、株主総会で意に添わぬ決議の反対が当面の目的であるため、賛成株主の場合のような中長期間の株式保有義務を課すことは現実的ではありません。とはいえ、否決後、短期間に再度議題が提出される場合に備え、1～2年間程度の株式譲渡制限を株主間に盛り込むことが考えられます。

**(イ)　株式の取扱い(2)――名義株化**

反対株主に賛同する株主の中に長期的に株式を保有する意思がなく、個人的な事情により株式の譲渡を希望する株主が存在する場合には、特別決議に先立ち、甲社主導の議案にあらかじめ反対の意思を表明したうえで、総会決議においても反対を表明するよう説得します。仮に特別決議が可決された場合には会社に対し反対株主による株式買取請求権を行使せず、買取請求を表明していない別の株主に譲渡します。また、反対株主の議決権が3分の1を上回り特別決議を否決できた場合でも、株式買取請求を表明していない株主に譲渡することにより投下資本を回収することができます。

なお、選解任権を介して取締役会を支配している甲社のケースとは異なり、反対株主間での株式譲渡は取締役会での承認が拒否される見込みが高いと予測されます。そこで、反対株主間での株式譲渡後も、譲渡の承認を請求せず名義株として旧株主名義のままにして置くことも考えられます。

この結果、反対株主に賛同する株主は特別決議の可否に拘わらず、残存する反対派株主の株式数も維持されることとなり、投下資本を回収する途が開ける可能性が高まります。

# 5　45％だけの買収に終わった場合の甲会社の立場

ここでは、45％の買収に終わった甲会社には、それ以上に乙会社株式の買収を進める方法がないかどうかを検討します。

## (1)　株式交付制度（令和元年改正）

令和元年に会社法が改正され株式交付の制度が導入されました。株式交付制度の目的は、目標会社乙会社を甲会社の子会社にすることにあります（会社法774条の２以下）。同改正法は公付された令和元年12月11日から１年６カ月を超えない範囲内であって政令が定める日から施行される定めになっていました。その後、会社法の一部を改正する法律の施行期日を定める政令（令和２年政令第325号）により、令和３年３月１日と定められ、施行されています。

## (2)　株式交付登場の背景

組織再編の技法として、目標会社を子会社にする手法として従来は株式交換と目標会社の株式を現物出資する手法がありました。ところが株式交換は目標会社を完全子会社にしてしまう手法であり、50％以上を取得し子会社にしたい場合には、その取得株式数の過剰性から使えない仕組みでした。

現実に実務の世界では100％子会社にして何もかも抱え込むことは望むところではなく、50％超を支配できれば十分で、それ以上の支配権はかえって重石になる場合（逃げるに逃げられない）のほうが多かったと思われます。株式現物出資は、募集株式または自己株式を引受ける者が金銭以外の物である株式を出資財産とすることをいいますが（会社法199条１項３号）、出資株式価値には数字的明快さがないため、数字で会社資本を制御するシステムである会社法にも会計学にも適合せず、そのため出資物の数字的価値を明らかにするための裁判所による検査役の選任、あるいは弁護士、公認会計士、税理士による現物出資財産の評価証明書の作成など、まことに面倒でコストもかかり、結果としても不明確な根拠に基づく資本額の決定という暗闇を通らねばならないことから忌避する向きが多く、頻用はされませんでした。

これらの不都合点を解決する手法として株式交付制度が登場しました。株式交付制度の本質は、株式による企業買収にあります。

### ⑶　株式交付のしくみ・手続

株式交付の仕組みは、株式交付親会社（本件では甲会社）が、株式交付子会社（本件では乙会社）の株主から、同株主が有する乙会社株式だけ、または乙会社株式に付加して乙会社の新株予約権等の譲渡を受け、その対価として、甲会社の株式または甲会社の株式に付加して金銭等を交付する、ということを骨子とする株式交付計画を作成し（会社法774条の2以下）、同計画に定めた効力発生日の前日までに、甲会社の株主総会において特別決議で同計画の承認を受けることによって、甲会社が乙会社の株主になるというものです（同法816条の3以下）。この甲会社が交付する必須のものは甲株式であり、乙会社が交付する必須のものは乙会社株式です。甲会社が付加的に交付できる金銭等の内容としては、甲会社の社債、甲会社の新株予約権、甲会社の新株予約権付社債、これら新株予約権および社債以外の財産です。これら金銭等は乙会社株主が甲会社に譲渡する乙会社株式の数に按分してしなければならない定めです。また乙会社が種類株式の発行会社であるときは、甲会社は金銭等を交付しないことも許されており、株式の内容に応じて別異の取扱いも認められています（同法774条の3第3項・4項）。

株式交付は目標会社を自己の子会社（50％超）にすることだけを目的にする仕組みですから、甲会社がすでに50％超の株式を有している会社を目標会社とすることは許されませんし、はじめから株式交付親会社が目標会社の50％未満の株式を取得できるに過ぎない場合も認められていません。とにかく計画した株式交付にかかってみたが、株式譲渡の申込みをした乙会社の株式数が予定の下限に達しなかった場合は、甲会社は申込者に対し遅滞なくその旨を通知しなければならず（同法774条の10）、またすでに乙会社の株主らが株式または新株予約権を甲会社に給付していた場合は、甲会社はそれらを譲渡人に返還しなければなりません（同法774条の11第6項）。

株式交付の制度設計が、乙会社の株主から、その所有する乙株式を、甲会社との譲渡契約によって、甲会社に譲渡し、その対価として、甲会社が甲株その他の金銭等を、乙会社株主に交付し、乙会社株式の50％超の買収だけを目的にしたものであることことが明瞭に規定されています。このことから、株式交付は会社法の条文の位置としては第２編の組織再編規定群の中におかれていますが、合併、会社分割、株式交換、株式移転などの、団体としての株式会社と、その株主との関係を組織的に変換することを本質とする組織再編と類似の手続ではなく、乙会社株主と甲会社との任意の乙株と甲株との交換取引、という性質が濃厚です。

しかし、この株式交付の制度設計には、単に子会社化の目的だけではなく、立法者の狡賢い狙い目が隠されているとみるべきでしょう。

それには二つあります。一つは、甲会社に株式交付の申込みをしてくる乙会社株主を選定できる仕組みが組み込まれている点です。

会社法774条の５第１項には、「株式交付親会社は、申込者の中から当該株式交付親会社が株式交付子会社の株式を譲り受ける者を定め、かつ、その者に割り当てる当該株式交付親会社が譲り受ける株式交付子会社の株式の数を定めなければならない。この場合において、株式交付親会社は、申込者に割り当てる当該株式の数の合計が第774条の３第１項２号の下限の数を下回らない範囲内で、当該株式の数を、前条第２項第２号の数よりも減少することができる」と定められています。したがって、甲会社は、乙会社株主の〈申込者の中から甲会社が乙会社株式を譲り受ける者を定め〉ることができる仕組みです。要するに、選り好み、ができるのです。

さらに、この「第774条の３第１項２号の下限の数」とは甲会社の目標獲得数ですから、50％超の、たとえば60％に当たる株数です。そして「前条第２項第２号の数」とは乙会社の株主が〈譲り渡そうとする乙会社株式の数〉を指しています。つまり甲会社は申込者を選定したうえ、目標下限株数を下回らない限り、その者が譲り渡そうとしている株数を適当に減らしてしまうこともできるということです。この意味では、株式売渡側にいる乙会社の株主たちとしては有利な条件での株式譲渡を実現するため共同売却請求権（売却参加請求権）を設定する株主間契約を締結して団結することも考えなければならないといえるでしょう。

このことから逆に、二つ目として、申込者の申込株数が下限値を超えるどころか、増えに増え、90％になり、さらに100％になってしまった場合はどうなるのでしょうか。この点についての制限はまったく規定されていません。つまり、株式交付でスタートし、結果的に株式交換と同様の完全子会社になってしまうことも許されているわけです。したがって適格合併は苦もなくできます。そればかりか、90％以上まで取得できそうな場合は91％以上の申込株数を少し減らして、そこで打ち切り、その後は株式等売渡請求（会社法179条）がいつでもできる体制に入ることもできるし、67％まで取得できた場合はそこで打ち切り、いつでも全部取得条項付種類株式の取得（同法171条）ができる体制に入ることもできるのです。

このことから、株式交付制度は株式による企業買収制度の入口に位置する制度であるともいえ、かつスクイーズアウト制度の入口にある制度ともいえ、組織再編技術のチャンピオンといってもよいでしょう。組織再編技術の本命が最後になってとうとう登場したという感じがします。

### ⑷　埒外におかれる子会社

ところがです。株式交付の手続全般から乙会社がまったく埒外に置かれていることに十分注意する必要があります。株式交付にかかる甲会社は乙会社に何の連絡もしなくてよいのです。もちろん承諾を求めることも必要とされていません。中小企業経営者はある日突然株式交換が開始されたことを知る、青天の霹靂のような場合がありうるわけです。中小企業を子会社化しようとする大会社法は、目標会社株主の株式さえ手に入れればよいのであって、目標とした中小企業はすでに我が掌中にあり、それをどう料理しようと旧経営者が口を挟む余地はない、と言わんばかりの法制です。ある日突然経営権を失う中小企業経営者たちの苦悶の表情が脳裏をかすめます。

このため、甲会社が株式交付作戦を始めたことを察知した乙会社の株主たちがとるべき戦略は、おのずから極めて明瞭です。乙会社株主全員（乙会社の経営者も株主として参加すべきでしょう）は結束し、まず①全員が一致して署名捺印して、一つの団体を結成する株主間契約を作成することです。法人化する必要はなく、民法上の組合にする必要もないでしょう。②その契約には、ⓐ全員の投票によって選出する複数（奇数）の代表者の定めをおき、かつ全員の決議で行動方針を決定すること、ⓑ株主各人の対外的意思表示はその代表者によって行うこと、ⓒ各株主は一定期間いかなる者に対して自己の株式を任意に譲渡してはならないこと、ⓓ各株主は上記に違反するときは他の株主に対して特定額の損害賠償責任を負うことを規定することでしょう。このような組織化に成功すれば株式交付親会社はこの代表者と交渉するほかはなくなります。代表者は全株主の意思を無視して妥結はできないでしょう。乙会社株式を甲会社に譲渡することに決するか、譲渡しないことに決するか、いずれにしても乙会社株主は有利な条件を手に入れることができるでしょう。

ミニTOBによっても、本件の甲会社は乙会社株式の45%までの買収しかできなかったというのですから、令和3年3月1日以降、目標会社の支配権を取得したいと企画している甲会社は、株式交換ではなく株式現物出資でもなく、株式交付を選好する事例が多くなることは必定です。逆に、乙会社の株主の側でも上記のような代表者選定方式の「全員株主間契約」をとりまとめようとする動きも活発化するでしょう。

## ⑸　株式交付と税務

ただし、株式交付では乙会社の株主は自己の有する乙株式を、甲会社に譲渡しますから株式譲渡益課税があります。乙会社の株主とすれば、自己が有する乙株を甲会社に譲渡したとして、その対価が金銭である場合は甲の誘いに乗りやすいでしょうが、その対価が甲会社の株式だけであるとすれば、甲会社が評判のよい大会社であったとしても、甲株式を手にした後から株式譲渡益課税が追いかけてくるというのであれば後退りすることにもなりかねないでしょう。このことから株式交付制度はどこまで普及するか疑問視されていました。

そこで、目標会社（本事例では乙会社）株主の株式交付による乙会社株式の株式譲渡益については、対価として受け取った甲社株式を売却する時まで課税が繰り延べられることになりました。この課税繰延の適用範囲は交付される甲会社の資産が甲株式だけに限られず、一部は現金であってもその現金が対価の総額の20%以下である場合にも適用があります（租税特別措置法66

条の２の２、68条の86参照）。

### ⑹　まとめ

以上のことから、甲会社が乙会社株式の45％まで買収したという場合には、乙会社の残存株主が株主間契約で対抗しようとしても、甲会社は「課税繰延付きの株式交付」の作戦をとってくる可能性が極めて高いといえるでしょうし、残り５％超を手に入れればよいのですから、経済学でいう限界効用が顕著に表れ、乙会社株主に信じられないほどの好条件を提示してくると思われ、これに対抗するのは極めて困難になるでしょう。甲会社が60％程度は買収できた場合は、すでに乙会社は甲会社の子会社になっていますから、甲会社は株式交付の手法は使えません。このことから60％程度は買収できたという場合には、乙会社の残存株主が甲会社に対抗するには、「代表者選任株主間契約」で対抗する道をとるべきだと結論づけることになります。

**（第２編第６章　酒井　修）**

**【編者のコメント】**

本章は、甲会社が乙会社にミニ TOB をかけた結果、取得に成功した乙会社の割合が90％の場合、60％の場合、45％にとどまった場合に、買取に成功したとはいえない甲会社はその後どのような作戦が残されているか、また買い取られなかった少数派乙会社株主がその後自己を守り有利な立場に立つには、株主間契約をどのように利用することができるかを整理したものです。

ここで登場する株式交付には、気になることが二つあります。

一つは、株式交付の条文には甲会社（株式交付親会社）がどのようにして乙会社（株式交付子会社）の株主の中の誰が甲会社に乙会社株式を譲渡してもよいと思っているかを探索する手続が全く規定されていないことです。会社法774条の４第１項は、株式交付親会社は、株式交付子会社の株式の「譲渡しの申込みをしようとする者」に対し、株式交付親会社の商号、株式交付計画の内容を通知しなければならないと規定しています。つまり、株式交付子会社の株主たちをその気にさせる、いわば

「撒き餌」を全くする必要はない、寄ってくるものだけ釣り上げれば十分だろうという想定を前提にしている内容です。それとも「撒き餌」は課税繰延税制だけで十分だということでしょうか。大手上場大会社なら、それで十分、中小企業株主を釣り上げることなどできるということでしょうか。それならそれで、弱小中小企業株主は団結し、「代表者選任株主間契約」で対抗する道を進めばよいでしょう。

もう一つは、乙会社が定款で株式譲渡制限規定を装備している場合に備えた規定がまったくないことです。株式交換においては、株式交換完全親株式会社が株式交換完全子会社の発行済株式の全部を取得する際に、当該取得株式が譲渡制限株式である場合には、当該株式交換完全子会社が会社法137条１項の承認をしたものとみなす、という規定が用意されています（同法769条２項）。これと対比すると、株式交付においては乙会社に譲渡制限がある場合には、譲渡制限株式を取得した甲会社は同法137条１項の承認手続をとらなければならいと解せられます。

しかし、ほとんどの中小企業が株式譲渡制限の定款で防御していますから、手続は極めて煩雑で厄介なことになります。手続をとったとしても譲渡制限株式を取得した株式取得者から取得したことについての承認を求められて乙会社が当該株式を買い取る（会社法141条）かもしれず、指定買取人が買い取る（同法142条）かもしれず、甲会社が目的を達成できる見通しは暗いのです。あるいは立法者は、乙会社の定款に株式譲渡制限規定があっても、株式交付を仕かける甲会社は大会社であろうし、中小企業の株主たちは、その大会社の株式をもつことを強く望むであろうし、中小企業経営者も同じ株主であろうから、会社としても譲渡を承認せざるを得なくなるだろうと考えているのかもしれません。とすれば中小企業経営者らは甘くみられたものです。

もちろん、乙会社定款に譲渡制限規定がおかれており、乙会社株主と第三者との乙株の譲渡について乙会社の譲渡承認が得られていないとしても、その乙会社株主と第三者との株式譲渡契約は有効であり、ただ会社に対抗できないだけだと考えられますから、甲会社が株主になれないわけではありませんが、乙会社に甲会社に対する乙株譲渡を対抗できない結果、乙会社の株主名簿を書換え甲会社名義に変更することはできないのですから、乙会社を子会社化する目的は達成できないことには変わりありません。

結局、株式譲渡制限がある乙会社に株式交付を仕かけることは目的を達成できない場合が多いでしょう。それでも、なお株式交付を成功させようとすれば、乙会社の株主に、よほどの好条件を提示する以外にはないように思われます。

45%を取得した甲会社に対して乙会社の株主が対抗するには、経営者と意を通じ、株式譲渡制限と「代表者選任株主間契約」の両者で対抗したら、その堅陣を突破するのは容易ではないでしょう。

（後藤　孝典）

# 第７章　株主間契約と事業承継

## 1　検討事例

技術者であったＡ氏は、大手企業を退職し、若干30歳で、自動車関連の部品を製造する甲社を設立して、40年にわたって事業を行ってきました。その間、幾多の経営危機の時期もありましたが、信頼する役員や従業員とともに力を合わせて乗り越え、当初1000万円の資本金で設立した甲社は、現在では、資本金３億円、年商300億円、経常利益25億円、純資産額280億円、従業員数1000人の規模にまで、成長発展を遂げることができました。

Ａ氏には、一緒に甲社の会社経営に協力してくれた妻のＢ子と、長男Ｃ・次男Ｄ・長女Ｅの３人の子供がいます。

Ｃは、38歳で結婚もして２人の子どもがいます。Ｃは、現在甲社の取締役として製造部門を担当しています。

Ｄは、35歳で結婚もして２人の子どもがいます。Ｄは、現在甲社の取締役として営業部門を担当しています。

Ｅは、31歳で、甲社と取引関係にある乙社の経営者の家系に嫁いでおり、子供も１人います。Ｅは、甲社の事業には何も関係をしていません。

Ａ氏には、永年にわたって一緒に苦楽をともにし、甲社の成長発展のために努力をしてくれた多くの役員や従業員がいますが、特に、その中でも下記の者については、深い信頼関係で結ばれています。

取締役副社長　Ｆ　65歳　経営全般担当
取締役副社長　Ｇ　63歳　営業統括本部長
専務取締役　　Ｈ　60歳　総務担当
専務取締役　　Ｉ　58歳　人事担当

常務取締役　Ｊ　55歳　経理財務担当
常務取締役　Ｋ　52歳　研究開発部門担当
取締役　Ｌ　50歳　製造部門担当・工場長
取締役　Ｍ　48歳　国際部門担当
取締役　Ｎ　48歳　営業統括副本部長
取締役　Ｏ　45歳　製造部門担当・副工場長

Ａ氏ですが、70歳になり、そろそろ甲社の経営にあたることがつらくなってきました。また、前年、大腸がんになり大きな手術を行いました。その手術以降はますます身体が不自由になり、いよいよ事業承継に取り組まなくてはならないと考えています。

ところで、Ａ氏には、男の子として長男Ｃと次男Ｄがおり、ともに、甲社で勤めてくれていますが、実は、彼ら２人の経営能力については疑問に思い、心配をしています。

長男Ｃは38歳で、取締役として製造部門を担当していますが、部下からの人望がなく、製造部門は、工場長であるＬ取締役と副工場長であるＯ取締役により管理運営がされています。Ｃは両名のフォローの下で与えられた職務を行っている状態で、今後、ＬやＯに代わって、製造部門を管理運営していくイメージがもてませんし、将来、甲社の経営全般を行っていくだけの能力もありません。Ｃが取締役になったのもＡ氏の子息であるということによるものです。

次男Ｄは35歳で、取締役として営業部門を担当していますが、Ｃ同様に部下からの人望がなく、営業部門は、営業統括本部長であるＧ副社長と営業統括副本部長であるＮ取締役により管理運営がされています。Ｄは両名のフォローの下で与えられた職務を行っている状態で、今後、ＧやＮに代わって、営業部門を管理運営していくイメージがもてませんし、将来、甲社の経営全般を行っていくだけの能力もありません。Ｄが取締役になったのもＡ氏の子息であるということによるものです。

Ａ氏は、自身の子息であるＣやＤには、甲社を経営していくだけの能力があるとは認められないことから、できれば、深い信頼関係があり、また、その能力も高く評価している50歳のＬ取締役に、甲社の経営を担っていってもらいたいと考えています。

A氏と深い信頼関係があり、経営の能力もあると考えている役員は多くいますが、そのなかで、L取締役を選んだ理由は、A氏と20歳の年齢差があること、技術力で伸ばしてきた甲社の中核を担う製造部門の担当だということからです。

A氏としては、L取締役に代表取締役社長に就任をしてもらい、20数年間甲社の経営にあたってもらったうえ、20数年後、もしCやDの子息で甲社の経営を担える者が現れたときにはその者に、甲社の経営権を引き継いで行ってもらいたいと考えています。

また、逆にCやDの子息に甲社の経営を担える者がいないとなれば、A氏がL取締役に甲社の経営を委ねたように、次は、甲社の役員・従業員の中から、経営を任せられる者を選んで、その者に甲社の経営を承継していってもらいたいと考えています。

そして、将来、いつかA氏の家系の中から、甲社の経営を担えるものが現れた際には、その者に甲社の経営権を引き継いでもらいたいと考えています。

甲社は、何度かの増資を繰り返して、今は、3億円の資本金の金額になっています。甲社の発行済株式数は60万株であり、その60万株の株式をA氏が36万株、妻のB子が12万株、Cが6万株、Dが6万株、とA氏およびその家族ですべての株式を所有しています。

なお、甲社は、ここ数年1株について50円の配当を実施しています。

また、甲社には、役員持株会も従業員持株会もありません。

甲社株式の価値としては、相続税における財産評価で、下記のとおりです。

①　純資産価額方式による場合には、1株5万円、総額300億円

②　類似業種比準価額方式による場合には、1株4万円、総額240億円

③　配当還元方式による場合には、1株500円、総額3億円

先日、もし、M&Aで甲社を売却する場合には、いくらぐらいの価額になるかをM&Aの専門の仲介会社に聞いたところ、約500億円程度になるとの返事をもらっています。

# 2　事業承継税制・納税猶予制度

## (1)　事業承継税制・納税猶予制度の概要

事業承継税制（納税猶予制度）は、後継者である受贈者・相続人等が、中小企業における経営の承継の円滑化に関する法律（以下、「経営承継円滑化法」といいます）の認定を受けている非上場の中小企業の株式等を贈与または相続等により取得した場合において、その非上場株式等に係る贈与税・相続税について、一定の要件の下、その納税を猶予し、後継者の死亡等により、納税が猶予されている贈与税・相続税の納付が免除される制度です。

事業承継税制・納税猶予制度は、平成21年に創設され、その後、平成22年、23年、25年、27年、29年と改正されました。そして、平成30年度税制改正により10年間の時限措置として特例事業承継制度が創設されました。このように、現在は、平成29年度税制改正後の一般事業承継制度と平成30年度税制改正による10年間の時限措置としての特例事業承継制度の二つが存在しています。

なお、特例事業承継制度と一般事業承継制度を比較すると、以下のような違いがあります。

①　事前の計画策定

一般事業承継制度では不要ですが、特例事業承継制度では５年以内（平成30年（2018年）４月１日から令和５年（2023年）３月31日まで）の特例承継計画の提出が必要です。

②　適用期限

一般事業承継制度では期限はありませんが、特例事業承継制度では10年以内（平成30年（2018年）１月１日から令和９年（2027年）12月31日まで）の贈与・相続等が対象です。

③　対象株式数

一般事業承継制度では総株式数の３分の２までが対象ですが、特例事業承継制度では全株式が対象になります。

④　納税猶予割合

一般事業承継制度では相続税の場合80パーセントが限度ですが、特例事業承継制度では相続税の場合も限度はありません。なお、贈与税については、一般事業承継制度も特例事業承継制度も限度はありません。

⑤　後継者（承継者）の数

一般事業承継制度では承継する後継者は一人ですが、特例事業承継制度では最大三人の後継者に承継することができます。この結果、複数の株主（先代経営者および先代経営者以外の株主）から最大三人の後継者に株式を承継させることができることになります。

⑥　雇用確保要件

一般事業承継制度では承継後５年間は平均８割以上の雇用継続が必要でしたが、特例事業承継制度では雇用確保要件の弾力化が図られました。

⑦　経営環境変化に対応した免除

特例事業承継制度では、新たに経営環境変化に対応した免除の制度が設けられました。

⑧　相続時精算課税の適用

一般事業承継制度では60歳以上の者から20歳以上の推定相続人・孫への贈与に限り相続時精算課税の適用が認められていましたが、特例事業承継制度では60歳以上の者から20歳以上の者への贈与に相続時精算課税の適用が認められました。

なお、特例事業承継制度の適用期間の10年間の間に贈与が実行された場合には、贈与者の死亡による特例事業承継制度（相続税）への切替適用については期間の制限はありません。

## (2)　特例事業承継制度の概要

### (ア)　贈与税の納税猶予制度

後継者が贈与により取得した株式等に係る贈与税のすべてが猶予されます。

この制度の適用を受けるためには、経営承継円滑化法に基づく都道府県知事の「認定」を受け、報告期間中（原則として贈与税の申告期限から５年間）は代表者として経営を行う等の要件を満たす必要があり、その後は、後継者が対象株式等を継続保有すること等が求められます。また、後継者が死亡した等の一定の場合には、猶予された贈与税が免除されます。

#### (イ)　贈与税の納税猶予中に贈与者が死亡した場合

贈与者が死亡した場合には、猶予されていた贈与税は免除されたうえで、贈与された株式等を贈与者から相続または遺贈により取得したものとみなして、贈与時の価額で相続税が課税されます。その際、都道府県知事の確認を受けることにより、相続税の納税猶予を受けることができます。

#### (ウ)　相続税の納税猶予制度

後継者が相続または遺贈により取得した株式等に係る相続税のすべてが猶予されます。

この制度の適用を受けるためには、経営承継円滑化法に基づく都道府県知事の「認定」を受け、報告期間中（原則として相続税の申告期限から５年間）は代表者として経営を行う等の要件を満たす必要があり、その後は、後継者が対象株式等を継続保有すること等が求められます。また、後継者が死亡した等の一定の場合には、猶予された相続税が免除されます。

## 3　甲社（代表者Ａ氏）の事業承継税制（納税猶予制度）の適用

事例の甲社（代表者Ａ氏）において事業承継税制（納税猶予制度）を適用するについては、会社（特定認定承継会社・甲社）についての要件、先代経営者（Ａ氏）についての要件、後継者（取締役Ｌ工場長）についての要件をクリアーする必要があります。

### (1)　特定認定承継会社の要件

事業承継税制・納税猶予制度の適用対象となる中小企業は、①業種によって基準が異なりますが、製造業の場合、資本金が３億円以下か常時使用する従業員数が900人以下とされています。その他、②上場会社等に該当しないこと、③性風俗営業会社に該当しないこと、④資産保有型会社や資産運用型会社に該当しないことなどの要件がありますが、甲社の場合、特例認定承継会社の認定要件に該当するといえます。

### ⑵　先代経営者の要件

①都道府県知事の確認を受けた特例承継計画に係る「特例代表者」であること、②贈与・相続直前まで、先代経営者グループで過半数の議決権を有し、先代経営者グループの中で後継者を除いて筆頭株主であること、③贈与税の納税猶予においては、贈与時までに代表者を退任すること、などの要件がありますが、Ａ氏の場合、事業承継税制における先代経営者の要件に該当するといえます。

### ⑶　後継者（受贈者または相続人）の要件

①都道府県知事の確認を受けた特例承継計画に係る「特例後継者」であること、②贈与・相続後に、後継者グループで過半数の議決権を有しており、後継者グループの中で筆頭株主であること、③贈与時または相続時から５カ月を経過する日において、会社の代表者であること、④贈与・相続後、申告期限までに適用対象株式を１株も譲渡せず継続して保有していること、⑤贈与税の納税猶予においては、贈与時に20歳以上かつ３年以上にわたり継続して役員であること、⑥相続税の納税猶予においては、相続直前に役員であること（被相続人が60歳以上の場合）などの要件がありますが、取締役Ｌ工場長の場合、３年以上の期間継続して甲社の取締役であれば、事業承継税制における後継者の要件に該当します。

## 4　甲社（代表者Ａ氏）の事業承継を目的とした株式の譲渡・贈与と税負担

### ⑴　通常の贈与の場合

代表者であるＡ氏と取締役Ｌ工場長との間で、甲社の事業承継についての話が合意し、Ａ氏の所有している甲社株式36万株を取締役Ｌ工場長に譲ることとなった場合を考えます。これを売買により移転するとなると、相続税評価額（類似業種比準価額方式による評価額）で売買するとしてもその価額は、

144億円（４万円×36万株）となってしまい、現実的には事業承継は不可能となってしまいます。

そこで、事業の継続・雇用の維持・将来甲社の経営権（株式）をＡ氏の家系に戻すことを約して、Ａ氏の所有する36万株の甲社株式をＬ工場長に贈与することを考えてみます。この場合、Ｌ工場長には、売買と異なり購入代金を調達する必要はないものの、贈与税の負担が発生することになります。Ｌ工場長が取得する甲社株式36万株は、発行済株式数の60パーセントであり、Ｌ工場長が過半数の株式を所有することになりますから、相続税の財産評価においては、Ｌ工場長が同族株主とみなされ原則的評価方法が適用されて類似業種比準価額方式により評価されることになります。そして、その価額は144億円となり贈与税の課税価額とされるのです。この場合の贈与税は最高税率の適用を受けて、79億円を超える贈与税の負担が発生することになります。現実的には、このような贈与税の負担は行えないことから、贈与によってもＬ工場長に事業承継を行うことはできないことになってしまいます。

### (2)　特例事業承継制度（納税猶予制度）の適用

事業の継続・雇用の維持・将来甲社の経営権をＡ氏の家系に戻すことを約して、Ａ氏の所有する36万株の甲社株式をＬ工場長に贈与することし、贈与税の負担の観点から、特例事業承継制度（納税猶予制度）の適用を受けることとします。

①　甲社は、認定支援機関の指導・助言に基づいて、特例承継計画を作成します。

特例承継計画には、ⓐ先代経営者（Ａ氏）、ⓑ後継者（Ｌ工場長）、ⓒ承継時までの経営上の課題と対応、ⓓ承継後５年間の経営計画、ⓔ認定支援機関による所見等を記載します。

②　特例事業承継制度の適用を受けるために、令和５年３月31日までに、特例承継計画を都道府県知事に提出し、都道府県知事の確認を受けます。

③　Ａ氏は甲社の代表取締役を退任し、Ｌ工場長が代表取締役に就任します。

④　Ａ氏は、その所有する甲社株式36万株をＬ工場長に贈与します。

⑤　贈与の年の10月15日から翌年１月15日までに、特例承継計画を添付して、都道府県知事に対して認定申請を行い、認定書を取得します。

⑥　Ｌ工場長は、翌年３月15日までに、認定書の写しとともに、贈与税の申告書等を所轄税務署に提出します。

⑦　Ｌ工場長は、特例事業承継制度の適用を受けることにより、79億円を超える贈与税の納税の猶予を受けることができます。

⑧　申告期限後５年間は、都道府県庁に「年次報告書」を年一回提出します。また、税務署へは「継続届出書」を年１回提出します。

⑨　６年目以降は、３年に一度、税務署に「継続届出書」を提出します。

## ⑶　Ａ氏死亡時の対応

Ａ氏が死亡した時点の対応を説明します。

①　贈与者であるＡ氏が死亡すると、Ｌ工場長が猶予を受けていた贈与税（約79億円）が免除されます。

②　贈与税の免除とともに、贈与を受けた株式（甲社株式36万株）は、贈与者（Ａ氏）から相続または遺贈により取得したものとみなして、Ｌ工場長に相続税が課税されます。

③　相続税の課税価格は、Ａ氏の死亡時の甲社株式の価格ではなく、その価格がいくら増加していたとしても贈与時の価額144億円で計算されることになります。

④　Ａ氏死亡による相続の際に、あらためて都道府県知事の確認（切替確認）を受けることにより相続税の納税猶予の適用を受けることができます。

⑤　相続税の納税猶予の適用を受けるためには、認定書の写しとともに、相続税の申告書等の提出が必要です。

⑥　なお、特例事業承継制度の適用期間の10年間の間に贈与が実行されていれば、Ａ氏の死亡が特例事業承継制度適用期間の10年間を超えていても、期間の制限なく特例事業承継制度（相続税）が適用され、相続税額のすべての納税が猶予されます。

⑦　申告期限後５年間は、都道府県庁に「年次報告書」を年一回提出します。また、税務署へは「継続届出書」を年一回提出します。

⑧　６年目以降は、３年に一度、税務署に「継続届出書」を提出します。

### ⑷　Ｌ工場長の引退と株式の贈与および経営権の移譲

Ｌ工場長が甲社の代表取締役となり、甲社の事業を継続し雇用を維持し成長発展させたうえ、将来（20数年後）、引退の時期を迎えた際、Ａ氏の長男Ｃまたは次男Ｄの子息などＡ氏の家系に甲社の経営を任せるに足りる能力ある者（仮に「Ｐ」といいます）が存している場合には、Ｌ工場長は、Ａ氏との約束に基づいてＡ氏より贈与を受けた甲社株式36万株をＰに贈与し、甲社の代表取締役をＰに譲ることになります。

逆に、Ａ氏の家系に甲社の経営を任せるに足りる能力ある者がいない場合には、甲社の役員や従業員の中から、経営を任せるに足りる能力を有する者（仮に「Ｑ」とします）を見出し、その者（Ｑ）に甲社株式36万株を贈与し、代表取締役をＱに変更することになります。その際には、Ｌ工場長とＡ氏との約束（甲社の事業の継続・雇用の維持・将来甲社の経営権（株式）をＡ氏の家系に戻すこと）をＱに引き継いでもらうことになります。Ｑは、その約束の履行を前提に、甲社株式36万株の贈与を受け、代表取締役の地位に就任することになります。

ところで、贈与を受けるＰ（またはＱ）が、事業承継制度で規定する後継者要件、具体的には20歳以上で３年以上にわたり継続して役員であることを充足していれば、ＬからＰ（またはＱ）への贈与については、事業承継制度を適用して、課税を受ける贈与税について、納税猶予の適用を受けることができます。

具体的には、次のとおりです。

①　甲社は、認定支援機関の指導・助言に基づいて、承継計画を作成します。

承継計画には、ⓐ先代経営者（Ｌ工場長）、ⓑ後継者（ＰまたはＱ）、ⓒ承継時までの経営上の課題と対応、ⓓ承継後５年間の経営計画、ⓔ認定支援機関による所見等を記載します。

②　事業承継制度の適用を受けるために、承継計画を都道府県知事に提出し、都道府県知事の確認を受けます。

③　Ｌ工場長は甲社の代表取締役を退任し、Ｐ（またはＱ）が代表取締役に就任します。

④　Ｌ工場長は、その所有する甲社株式36万株をＰ（またはＱ）に贈与します。

　なお、Ｐ（またはＱ）は、贈与を受ける３年以上前には、甲社の取締役に就任しておくことにします。

⑤　Ｌ工場長は、事業承継制度の適用を受ける一括贈与により甲社株式をＰ（またはＱ）に贈与しましたので、納税の猶予を受けていた相続税（Ａ氏からのみなし相続によるもの）は免除されることになります。

⑥　贈与の年の10月15日から翌年１月15日までに、承継計画を添付して、都道府県知事に対して認定申請を行い、認定書を取得します。

⑦　Ｐ（またはＱ）は、翌年３月15日までに、認定書の写しとともに、贈与税の申告書等を所轄税務署に提出します。

⑧　Ｐ（またはＱ）は、事業承継制度の適用を受けることにより、贈与税の納税の猶予を受けることができます。

⑨　申告期限後５年間は、都道府県庁に「年次報告書」を年一回提出します。また、税務署へは「継続届出書」を年一回提出します。

⑩　６年目以降は、３年に一度、税務署に「継続届出書」を提出します。

以上のように、事業承継制度を上手に使うことができれば、実質的には贈与税や相続税の負担なく、次のように、甲社の株式および経営を引き継いでいくことが可能となります。

①　Ａ氏からＬ工場長へ代表取締役の変更・甲社の経営権の移譲

②　Ａ氏からＬ工場長へ甲社株式の贈与

　Ｌ工場長の贈与税については納税を猶予

③　Ａ氏の死亡

　Ｌ工場長の猶予されている贈与税の免除

④　Ｌ工場長に対して、贈与を受けた甲社株式についてみなし相続

　Ｌ工場長の相続税については納税を猶予

⑤　Ｌ工場長からＰ（またはＱ）へ代表取締役の変更・甲社の経営権の移譲

⑥　Ｌ工場長からＰ（またはＱ）へ甲社株式の一括贈与

Ｐ（またはＱ）の贈与税については納税を猶予

甲社株式の一括贈与により、Ｌ工場長の猶予されている相続税の免除

このように、贈与税か相続税の納税の猶予を受けている状態が常に継続することになりますが、事業を承継し事業を継続している限り、これらの税負担は順次免除されていくことになります。

## (5)　現状の事業承継制度の問題点

ただし、現状の事業承継制度には、下記のような問題点や危惧される点があります。

①　特例事業承継制度が令和９年12月31日までの期間と定められており、法律改正により延長継続されていくかどうかがわかりません。

②　株式に対する相続税については納税が猶予され、事業が継続されれば免除されることになりますが、多額の評価を受ける株式のみなし相続により、他の相続財産に対する相続税が高率な負担になります。特に、親族以外の第三者に株式を承継させた場合、親族が相続する相続財産に対する相続税が、第三者の事業承継制度（納税猶予制度）適用のために大きく増加することになってしまいます。

なお、この承継の方法の一番難しいことは、創業家の一族に経営を任せるに足りる能力あるか否かの判断です。Ａ氏の子孫に能力がある者がいるかいないかを誰が判断するのか、誰が決定するのかを明確にしておかなければ、このような主観的な人によって判断が異なるような事柄については、複数の決定者とすると必ず意見が分かれるようになりますので、一人の者に判断と決定は委ねるべきです。そして、甲社（Ａ氏）の場合、その判断・決定はＬ工場長とすべきでしょう。

# 5　事業承継制度を継続していくことについての問題点

## (1)　制度上の問題点

上記のように、特例事業承継制度については適用期間が定められており、今後、同様の制度が延長継続されていくかどうかがわかりません。もし、時限措置である特例事業承継制度の延長継続がなければ、恒久措置である一般事業承継制度を適用していくことになりますが、この二つの制度には、前述したように、以下のような違いがあります。

①　対象株式数

特例事業承継制度では全株式が対象ですが、一般事業承継制度では総株式数の３分の２までとされます。

②　納税猶予割合

特例事業承継制度では相続税の場合も全額が納税猶予できますが、一般事業承継制度では相続税の場合80パーセントまでしか納税猶予ができません。

③　後継者（承継者）の数

特例事業承継制度では最大三人の後継者に承継させることができますが、一般事業承継制度では承継できる後継者は一人だけです。

特例事業承継制度と一般事業承継制度の違いを具体的に甲社の場合で検討すると、

①　Ｌ工場長からＰ（またはＱ）へ甲社株式を一括贈与する場合

Ｌ工場長の所有している甲社株式は、Ａ氏から贈与を受けた36万株であり、これは甲社の発行済株式数60万株の60パーセントですので、３分の２未満となり、贈与税の全額が納税猶予できることになります。

ただ、たとえばＰが、甲社株式の所有者であったＢやＣ（またはＤ）などから相続や贈与により甲社株式を取得していた場合、納税猶予の対象株式は、すでに所有している株式を含めて、発行済株式数の３分の２までとされているため、それを超える部分については、贈与税の負担が発生することになります。

仮に、Ｌ工場長から贈与を受ける以前に、甲社株式を12万株（20パーセント）所有していたとすると、Ｌ工場長から贈与を受けた36万株（60パーセント）の株式のうち、３分の２を越える部分の８万株（36万株－（60万株×２/３－12万株））については、贈与税の納税猶予を受けることはできません。

また、甲社株式を一括贈与することにより、Ｌ工場長が納税の猶予を受けていた相続税は免除されることになりますが、この免除は、一括贈与を受けた受贈者が事業承継制度による納税猶予を受けることが要件ですので、納税猶予の適用を受けられない８万株については免除されず、利子税を合わせて相続税を納めなくてはならないことになります。

②　Ｌ工場長が死亡した場合

Ｌ工場長が死亡すると、納税猶予を受けていたＰ（またはＱ）の贈与税は免除されますが、贈与を受けた甲社株式は、相続により取得したものとみなされて相続税が課税されます。

この相続税については、あらためて事業承継制度の適用を受けて、納税を猶予することができます。ただし、相続税の納税猶予については、特例事業承継制度では相続税の全額の猶予が可能ですが、一般事業承継制度では80パーセントまでしか猶予されず、20パーセントの部分については納税をしなくてはなりません。

特例事業承継制度が延長され継続されていなければ、Ｌ工場長の死亡の際、20パーセントに対してであっても多額の相続税の負担が発生することになります。

③　Ｌ工場長による甲社株式の一括贈与

特例事業承継制度では最大三人までの後継者に株式を承継させることが可能ですが、一般事業承継制度では一人の後継者にしか承継させることができません。

Ｌ工場長が、Ａ氏との約束に基づいてＡ氏の家系に甲社株式を戻そうとした場合、対象の後継者が一人であれば問題はありませんが、二人ないし三人の場合には、特例事業承継制度が延長継続されていなければ、贈与ができないことになってしまいます。

### ⑵　親族である相続人の相続税の問題

また、事業承継制度（特例事業承継制度も一般事業承継制度）には、多額の評価を受ける株式のみなし相続により、他の相続財産に対する相続税が高率な負担になるという問題があります。株式の贈与を受けるのが親族である場合にはまだしも、第三者である後継者の相続税の負担の軽減のために、親族である相続人の相続税の負担が増加することについて納得しがたいものがあります。

Ａ氏（甲社）の場合についての具体的にみてみます。

仮にＡ氏の所有している財産が、下記のとおりだとします。

| | |
|---|---|
| 甲社株式　36万株 | 144億円 |
| 自宅不動産（小規模宅地特例適用後） | １億円 |
| 預　金 | １億円 |
| 合　計 | 146億円 |

相続人は、妻Ｂ、長男Ｃ、次男Ｄ、長女Ｅです。

甲社株式36万株は、Ｌ工場長に贈与し、自宅不動産は妻Ｂが相続し、預金１億円は３人の子供が相続します。

①　事業承継制度の適用を受けない場合

Ｌ工場長には、甲社株式の贈与を受けたことにより、多額の贈与税の負担が発生しますが、その負担は、Ａ氏の家族（相続人）には関係のない負担です。

Ｌ工場長が事業承継制度の適用を受けなければ、Ａ氏の相続人は、自宅不動産１億円と預金１億円の合計２億円の財産に対して、相続税の負担をすることになります。

その場合の相続税は2435万円となり、配偶者控除の適用により三人の子供が納付する相続税の総額は、約1220万円程度となります。

②　事業承継制度の適用を受けた場合

Ｌ工場長が贈与を受けた甲社株式について、事業承継制度の適用を受けた場合には、Ａ氏の死亡の際に、相続財産とみなされて相続税の課税を受けることになります。

その場合の相続税は、総財産額を146億円として計算することになり、相続税の総額は77億1230万円となります。この総額の相続税を財産の取得割合に応じて、各自に按分することになりますが、その按分額は、甲社株式を取得したＬ工場長が76億0665万円、自宅不動産を取得した妻Ｂが5282万円、預金を相続した子供たちが5282万円となります。なお、甲社株式を取得したＬ工場長はＡ氏の一親等の親族ではありませんので、負担すべき相続税額は２割増しとされ、91億2798万円となります。

このうち、Ｌ工場長の91億2798万円の相続税は納税を猶予されることになります。

また、妻Ｂの5282万円についても配偶者控除で０円となりますが、子供たちが相続した預金１億円に対して5282万円の負担が発生することになります。

以上のように、Ｌ工場長の事業承継制度（納税猶予制度）の適用により、Ａ氏の子供たちは、本来であれば1220万円で済んだ相続税が5282万円に跳ね上がることになります。

Ａ氏の甲社株式以外の財産が基礎控除の範囲内であった場合には、もともと相続税の負担が発生しないにもかかわらず、Ｌ工場長の事業承継制度（納税猶予制度）の適用により、親族である相続人に相続税の負担が発生することになり、納得しがたい制度になっています。

このような問題は、次にＬ工場長が死亡した場合に、Ｌ工場長の相続人に高率の相続税の負担が発生することになり、相続が発生するごとに繰り返していくことになります。

## 6　贈与契約または株主間契約の締結

事業承継制度（納税猶予制度）については、いくつかの問題点もありますが、その制度を上手に利用すれば、事業承継に伴う相続税や贈与税の負担を軽減しながら、望むような承継をしていくことができます。

甲社（Ａ氏）の場合についてもＬ工場長との約束が取り決めたとおり履行

されれば、能力のない息子を飛ばして、優秀な経営者（Ｌ工場長）に甲社を成長発展させてもらったうえ、一族のなかの能力ある子孫に甲社を引き継いでいくことができることになります。

大事なことは、Ｌ工場長との間でどのような契約を、どのような方法で締結をしておくか、また、その契約について、どのように実効性・強制性を確保するかということになろうかと思われます。

### (1)　Ａ氏とＬ工場長との間の贈与契約

Ａ氏とＬ工場長との間で締結される贈与契約は、およそ次のような内容になります。

①　Ａ氏は、甲社の代表取締役を退任し、Ｌ工場長を後任の代表取締役として指名する。

②　Ｌ工場長の代表取締役就任後、Ａ氏は、その所有する甲社株式36万株をＬ工場長に贈与する。

③　贈与を受けた甲社株式36万株は、譲渡等の処分はできず、Ｌ工場長の後継の代表取締役に就任する者に贈与をしなくてはならない。

④　代表取締役に就任したＬ工場長は、甲社の事業を継続し雇用を維持し、甲社の成長発展のために努力をする。

⑤　代表取締役に就任したＬ工場長は、Ａ氏の子孫の中に将来甲社の代表取締役としてふさわしい者に育つ可能性がある者がいる場合には、その者を甲社に入社させ、後継の代表取締役候補として育成していくように努力する。なお、Ａ氏の子孫の中に可能性がある者が複数いる場合には、できるかぎり多くの者を甲社に入社させ、切磋琢磨させることに努力する。

⑥　代表取締役候補として育成してきたＡ氏の子孫の中で、甲社の代表取締役としてふさわしい者がいる場合には、Ｌ工場長は、将来、代表取締役を引退するときに、その者を後継の代表取締役として指名し就任させる。なお、代表取締役としてふさわしいか否かの判断はＬ工場長が単独で決定し、他の者は一切、異論を述べられないものとする。

⑦　Ａ氏の子孫で、Ｌ工場長の後継の代表取締役に就任する後継者は、代

表取締役就任以前に、少なくとも３年間は甲社の取締役に就任させることとする。

⑧　Ｌ工場長が後継の代表取締役としてふさわしい者として選任したＡ氏の子孫（以下、「Ｐ」という）に対して、Ｌ工場長は、この贈与契約によりＡ氏から贈与を受けた甲社株式36万株をＰに贈与する。

贈与の時期は、後継者が代表取締役に就任した以後、速やかに行うものとする。

⑨　Ｌ工場長が代表取締役を引退するときに、Ａ氏の子孫の中で甲社の代表取締役としてふさわしい者がいない場合には、甲社の後継の代表取締役として、甲社の役員（３年以上の期間にわたって取締役である者に限る）の中から甲社の代表取締役としてふさわしい者を指名するものとする。この指名はＬ工場長が単独で決定し、他の者は一切、異論を述べられないものとする。

⑩　Ａ氏の子孫の中で甲社の代表取締役としてふさわしい者がいない場合には、Ｌ工場長の指名により甲社の後継の代表取締役として指名する者に対して、Ｌ工場長は、その所有する甲社株式36万株を、この贈与契約書において受贈者であるＬ工場長の義務とされている内容と同様の義務を承継することを条件に贈与する。なお、後継の代表取締役候補者が同様の義務を承継することを承諾しない場合には、代表取締役として指名はしない。その場合にはＬ工場長は同様の義務を承継することを承諾する甲社の役員（３年以上の期間にわたって取締役である者に限る）の中から甲社の代表取締役としてふさわしい者を指名するものとし、その者（以下、「Ｑ」という）に株式36万株を贈与する。

⑪　Ｑへの株式の贈与は代表取締役就任後、速やかに行うものとする。株式の贈与の際には、贈与契約書を作成し、この贈与契約書と同様の義務を明示して、締結をするものとする。

⑫　Ａ氏は、甲社の代表取締役を退任するが、当面は会長として甲社の取締役に就任するものとする。Ｌ工場長はＡが死亡または80歳まで、甲社の取締役として就任させ、最低月額報酬100万円を保証するものとする。

⑬　Ｌ工場長は、Ａ氏の子息であるＣおよびＤについて、Ｌ工場長が代表

取締役に就任している限り、またはCもしくはDが死亡するまで、または60歳まで、甲社の取締役として就任させ、最低月額報酬100万円を保証するものとする。

⑭　この贈与契約書の内容と同様の内容の株主間契約書を、Ｌ工場長が甲社株式の贈与を受ける際に、ＬとＡ氏およびＣ・Ｄとの間で締結をすることとする。

⑮　Ｌ工場長は、株式の贈与を受けた後、速やかに、本人が急死した場合に備えて、甲社株式の受贈者を定めた遺言書を作成するものとする。

⑯　Ｌ工場長の相続人は、甲社株式について、遺留分侵害額請求はしないものとする。

### ⑵　Ｌ工場長とＡ氏およびＣ・Ｄとの株主間契約

贈与契約に合わせて、株主間契約をＬ工場長とＡ氏およびＣ・Ｄとの間で締結しますが、その内容は、①Ａ氏およびＣ・ＤがＬ工場長に協力すること、②Ａ氏の家系に株式を贈与するのではなく、第三者の後継者に株式を贈与する場合には、その後継者となる第三者との間で今回の株主間契約と同様の株主間契約を締結する、この２点を除いて、贈与契約の条項と同じに内容になります。

### ⑶　違約や事故への対応

このような贈与契約書・株主間契約書を締結した場合、それ自体、法律上は「有効」であると考えられますが、Ｌ工場長が違約し契約の内容を実行しなかった場合、どのような対処が考えられるのかということが問題です。契約時にはあらかじめ考えておかなければなりません。

まずは、約束を守らない、破るような相手とは、基本的にこのような契約はしないということです。今回の場合、Ａ氏とＬ工場長との間には深い信頼関係が結ばれているということですから、それを前提にした株式の贈与であり、代表取締役への指名でしょうから、心配する必要はないと思われますが、いくら強い信頼関係があったとしても、人は心変わりをすることもあり、また、Ｌ工場長が事故などにより急死する場合もあるでしょうから、そのような場合についての対処が必要となります。

どのような違約が考えられて、その対処方法はどのようなものがあるでしょうか。

①　契約に反して、Ｌ工場長が甲社株式を譲渡等してしまった。譲渡しようとしている。

ⓐ　株券不発行会社にして株券は発行しない。

ⓑ　株式の譲渡には株主総会の承認が必要として、譲渡の当事者は株主総会における議決権がないようにする。

②　Ｌ工場長が、子孫に甲社株式を贈与してくれない。

・　不法行為として損害賠償請求を行う。

③　Ａ・Ｃ・Ｄの取締役への就任、報酬の支払が実行されない。

・　債務不履行を理由に損害賠償請求を行う。

④　Ｌ工場長が急死した場合に備えて、どのような遺言書を用意しておくか。

多額の相続税の問題があるので、事業承継制度（納税猶予制度）が適用できる者に遺贈させる必要がある。

Ａ氏の子孫が入社して、後継者候補として明確になってきていれば、そして、その者がすでに取締役に就任しているぐらいであれば、その者に遺贈する旨の遺言書を作成しておく。

そのような者がいない場合には、現在の信頼関係の厚い役員の中で、Ｌ工場長の立場に次ぐ者に遺贈するようにする。ただし、事前に説明して納得してもらっておく必要がある。

⑤　贈与や遺贈をした場合に、Ｌ工場長の相続人から遺留分侵害額請求を起こされないか。

一番、安心なのは、Ｌ工場長の相続人に遺留分放棄の手続をしてもらえればよいが、それはとても難しいことと思われます。

# 7　株式贈与契約・株主間契約による事業承継の方法の課題・問題点

## ⑴　長期間にわたることの課題・問題

以上述べてきたような、次期後継者として親族以外の優秀な役員を抜擢し、その者に株式を贈与するとともに、贈与契約および株主間契約によって会社や事業の継続・雇用の確保・企業の成長発展を求め、さらに、将来創業者の一族に経営権および株式を戻すことを約束するという方法は、創業者および次期後継者が深い信頼関係で結ばれているとともに、約束を違えることなく履行できる場合には、有力な事業承継の方法であることは、そのとおりだと思われます。

ただ、事業経営は、当然、長期間にわたるものであり、その間に当事者の気持ちや周りの環境も大きく変わっていくものですから、当初の契約時点での状況のままということはあり得ません。

そのような相違が発生し、その相違が拡大していった場合、贈与契約や株主間契約だけで、どこまで実効性のある、また、強制力のある契約が締結できているのかという問題になり、また、違約があった場合、それらの契約でどこまで強制できるものかということにも問題があります。具体的にみてみましょう。

## ⑵　L工場長が甲社を自分のものにしたくなった場合

契約時、A氏との深い信頼関係に基づいて、将来優秀なA氏の子孫が出てきたときには、贈与を受けた甲社株式をその子孫に渡すことに何の迷いもなかったL工場長です。しかし、L工場長が20年にもわたって甲社の経営に努力し、甲社を成長発展させ、さらに、自身の子息も甲社に入社して、ばりばり頑張っているとすると、最初は、A氏の子孫に渡そうと考えていた甲社株式も、できれば自身のものとしたいと考えるようになるかもしれません。そうした気持ちをもつことは、ある面、人間としては当然のことといえるでしょう。

このような場合、どのようにすべきでしょうか。

やはりＬ工場長は、Ａ氏の子息であるＣやＤと話し合って解決を模索するしかないでしょう。

### (3)　Ａ氏の子孫が甲社の経営権より現金化を望む場合

逆に、権利者である創業者の側が、株式の譲渡を求めないという事態もあり得ます。たとえば、長男Ｃの子供や次男Ｄの子供たちですが、甲社に入社し甲社で業務を行えば、甲社に対する愛着もわき、後継者候補としての教育も受けて、将来は甲社を継ぎたいと考えていくものと思います。しかし、その子供たちが甲社に入社せず、甲社とは異なる別の会社に勤め、その別の仕事にやりがいをもって人生を送っていくようになりますと、甲社の株式を取得して、事業を承継したいとは考えないようになっていくものと思います。

甲社の経営者に就かなければ事業承継制度の適用はありませんから、株式の贈与を受ければ、多額の贈与税の負担も発生するでしょうし、たとえ、事業承継制度の適用を受けて納税の猶予を受けたとしても、あくまでも猶予であり、いつ納税しなければならない状態に追い込まれるかもしれません。

このような大きな危険がある甲社株式の贈与など、受けたくないということも十分に考えられるのです。そして、金額としては、たとえ10分の１の価額になろうとも現金のほうがよいということも人の情としては考えられるところです。

このような場合、どのようにすべきでしょうか。

やはりＣやＤは、Ｌ工場長と話し合って解決を模索するしかないでしょう。

### (4)　Ｌ工場長が現金化を望んだ場合

また、Ａ氏の後を継いで、甲社の事業を継続し雇用を維持して、拡大成長発展をさせてきたＬ工場長は、自身の努力を評価してもらいたいとの気持ちもあるでしょうし、功績に見合ったそれがしの現金も得たいという気持ちもあると思います。

それだけのことをして、甲社を成長発展させてきたとすれば、それを正当に評価して、それなりの金銭的な見返りを用意すべきだと思われます。

ただ、株式は会社支配権の裏づけですので、株式自体はA氏の子孫に戻してもらうことを前提として、たとえば、10億円や20億円程度の役員退職慰労金などを検討することになるでしょう。

## ⑸　遺留分侵害額請求の問題

さらに大きな問題もあります。それは、創業者から親族以外の第三者（L工場長）に株式を贈与しているということです。株式を贈与したのですから、それは当然、L工場長固有の財産になります。この財産を約束どおり創業家に贈与したとしても、遺留分侵害額請求の問題が生じる可能性があります。しかも、その株式の財産価額は莫大なものになります。

このような遺留分侵害額請求が行われると、その支払が可能かという問題もありますし、また、そのような金銭を支払ってまで株式の贈与を受けたいのかという問題も生じるでしょう。

創業者・創業家と、能力のある親族以外の第三者の役員を後継者として株式を贈与し、事業を引き継いでもらう方法として、株主間契約を利用するというのは、当事者の考えが変化せず、当初決めた約束を履行するという前提のうえでは有効な方法であり得るかもしれませんが、現実論としては、うまく行かない場合があると考えられます。

贈与契約・株主間契約で事業承継を行う方法は、最終の意思決定を行うものが特定されず、常に、創業家と後継者の協議によるところが多く、また、長期間を要するものであることから当事者自身の考え方の変化や心変わりに対応していけないということ、さらに、遺留分侵害額請求の問題が考えられるというところに根本的な問題があります。

## ⑹　まとめ

以上述べてきた株主間契約や贈与契約および事業承継対策税制を活用した事業承継の対策ですが、その法的効果もよくわからないものがありますし、実際問題として、それぞれの契約が長期間にわたることも含めて、その法律効果がどれだけ維持できるか不明です。また、遺留分の問題も大きいですし、違約があった場合、その対処も法律的に確定したものとはいえません。また、このような契約をした場合の課税上の取扱いも不明確です。創業家に株式を返すことを約束しているとすると、それは本当に贈与なのか、単に預かっているだけなのかなど法律上も税務上も不明瞭な問題が多々あります。

さらに、L工場長が事故で急死した場合、どのようになるのかという問題も解決されていません。これらのこと以外にも、事例の贈与契約・株主間契約・事業承継対策税制の適用には数多くの問題点を含んでいますので、あくまでもひとつの物語として理解していただき、実際に実行することは難しいことをご承知おきください。なお、ここで記載されている税制は執筆当時(令和元年)の税制に依っていますので、今後その内容は変化していくでしょうし、あくまでも物語として一般的な内容に基づいて簡潔に述べたものですから、その内容の正確性、完全性、最新性、信頼性、有用性、目的適合性を保障するものではないことをご承知おきください

そこでここからは、甲社（A氏）の立場に立って、別の方法としてはどのようなものが考えられるかを検討していきたいと思います。

# 8　将来を見据えた別の方策

## (1)　今後の甲社の経営を誰が担っていくのかという問題

将来を見据えて事業承継を確実に行っていくためには、「誰が」意思決定をしていくのか、意見の対立があった場合に「誰が」決定するのかという点が、法律上の権限とともに明確になっている必要があります。

そして、それが誰かという点については、

①　創業家（具体的にはCおよびD）

②　事業後継者

③　甲社役員たちによる集団指導体制

などが考えられます。

そして、それぞれの場合に、それぞれの事業承継の方法が考えられます。

また、A氏の引退とあわせて、甲社そのものをM&Aで売却してしまうと

いうことも考えることができます。この場合は経営から離れるということになります。

上記①〜③の場合を詳細にみていきます。

## (2) 今後の体制①――創業家の支配を継続する場合

A氏の子息であるCやDには、実際に甲社の事業を承継して経営を続けていくだけの能力はありません。そうなると、A氏が引退すると実際に事業を継続し経営していくだけの能力のある者に経営を委ねていくしかありません。その場合でも、創業家が支配を継続できる体制が必要です。

### (ア) 完全親会社による甲会社の支配

具体的な方法としては、A氏の引退に備えて、株式移転の方法により甲社の持ち株会社となる完全親会社を設立します。

現在、甲社の株主は、すべて同族株主ですので、完全支配関係における組織再編行為として、この株式移転による完全親会社の設立は税制適格として行うことができ、課税関係は発生しません。仮に、設立した完全親会社の社名を甲ホールディングスとします。

将来甲ホールディングスで事業承継制度の適用を受けることになりますので、設立に際して、事業承継制度の対象となる中小企業に該当するように、資本金の額などに配慮します。

甲ホールディングスに、甲社から資金を移動させて、甲ホールディングスは甲社グループの資金管理法人の役割を担わせるか、それとも甲社で使用している不動産を移転させて、甲社グループの不動産管理法人の役割を担わせます。

細かな配慮は必要ですが、完全支配関係法人間での資産の移転なので、会社分割の方法または現物分配の方法により、非課税で資産の移転が可能になると思われます。

さらに、CまたはDで管理して経営をしていける程度の事業を甲ホールディングスで行うこととします。甲ホールディングスで行う事業や甲ホールディングスの業務（資金管理または不動産管理）のために、少なくとも一人以上の従業員を甲ホールディングスで雇用します。甲ホールディングスで行う事業としては、難しい経営判断をあまり要しないフランチャイズの事業がよいかと思われます。大きく利益をあげる必要はありませんので、コンビニエンスストアやカレーショップ、コインランドリーなどの事業がよろしいでしょう。

なお、甲ホールディングスの代表取締役はＡ氏とし、ＣとＤも取締役に入ります。

甲社は年商300億円であり、従業員も1000人もいる会社ですから、その経営には相当の能力が求められます。そのためＡ氏が代表取締役を引退した後は、実際に経営を委ねられる能力のある役員に代表取締役になってもらい、経営を担っていただくようにお願いをしなければなりません。ただ、甲ホールディングスは、そのような難しい経営判断が必要な事業をしませんので、ＣまたはＤで管理して経営をしていけるでしょう。

### (イ)　甲会社の経営にあたる者

株式移転により甲ホールディングスを設立しましたので、甲社の株式のすべては甲ホールディングスが所有し、その甲ホールディングスの株式は、創業家がすべてを所有しているという関係になります。

甲社において、事業承継税制の適用を予定していないことから、甲社の代表取締役に株式を所有してもらう必要はありません。また、次の承継まで永い期間にわたって代表取締役を務めてもらう必要もなく、順次、経営者としての能力のある役員に交代をしていけばよいので、比較的年齢の高い者であっても、能力があれば、一定の期間代表取締役を務めてもらうことができるものと思われます。

具体的には、経営全般を担当してくれている65歳のＦ副社長に、代表取締役に就任してもらい、５年間程度経営を委ねることができると思います。５年後は、そのときの役員のメンバーの中で、能力や人間性・年齢などで決めていけばよいと思います。

また、甲社の代表取締役には株式を所有してもらうわけではないので、甲社の経営に従事してくれた努力に対しては、金銭により報いるなど、インセンティブの方法も検討していくべきです。たとえば、代表取締役に就任している期間の内部留保の増加額の10パーセントを代表取締役辞任時に役員退職慰労金として加算するなどです。

毎期25億円の利益を計上し続けることができれば、５年間で税引き後の内部留保は70～80億円程度増加するでしょう。インセンティブとして７～８億円を支払うことができればよいと考えます。

**(ウ)　甲ホールディングスについて事業承継制度（納税猶予制度）の適用**

Ａ氏からＣおよびＤへの事業承継の方法ですが、甲ホールディングスの株式について、事業承継制度の適用を検討してみましょう。次のような手順になるでしょう。

①　甲ホールディングスの設立時には、Ａ氏が代表取締役に就任します。そして、設立と同時にＣとＤも取締役に就任します。

②　甲ホールディングスを特定認定承継会社とする特例承継計画を都道府県知事に提出して、確認を得るようにします。

③　甲ホールディングス設立から３年経過後（ＣおよびＤが取締役に就任してから３年経過後）、Ａ氏は甲ホールディングスの代表取締役を退任し、代わってＣおよびＤが代表取締役に就任します。

④　甲ホールディングスの株式の60パーセントを所有しているＡ氏は、その所有している株式をＣおよびＤに特例承継計画に基づいて贈与します。

⑤　甲ホールディングスの株式の20パーセントを所有している妻Ｂは、その所有している株式をＣおよびＤに、特例承継計画に基づいて、Ａ氏に追随して贈与を行います。

⑥　贈与後、甲ホールディングスは都道府県知事に対して認定申請を行い、認定書を受領します。

⑦　贈与を受けた翌年、ＣおよびＤは、認定書の写しを付けて、贈与税の確定申告を行い、特例事業承継制度（特例納税猶予制度）の適用を受けます。

⑧　ＣおよびＤは、納付すべき贈与税について、納税の猶予を受けます。

このようにして、甲社経営の主導権は、甲ホールディングスを通じて常に創業家にあり、事業の後継者は甲ホールディングスの完全子会社である甲社の代表取締役として経営にあたることになります。最終的な議決権は、甲ホールディングスを通じて、創業家が維持していますので、後継者との間で揉め事が発生することは考えがたく、また、たとえ、揉め事が発生したとしても、議決権をバックに解任をすればよいということになります。

逆に、会社の経営に尽力し、甲社を成長発展させてくれた後継者には、十分なインセンティブにより、その功績に応えていきたいと思います。

### (3)　今後の体制②――事業を承継する後継者に権限を譲る場合

次は、実際に事業を継続し経営していくだけの能力のある後継者一人を甲社の役員の中から選任して、甲社の株式を贈与によりその者に譲り、創業家は一定の創業者利潤を得て、甲社の経営から完全に離れていく場合です。

たとえば、経営全般担当を担ってくれている取締役副社長のＦ（65歳）に、今後の甲社の経営を委ねることとします。幸いにもＦの長男Ｒは甲社に勤めてくれており、現在は、部長として製造部門で重要な地位を占めてくれています。Ｆが甲社の経営を承継してくれれば、今後、ＦからＲへと承継をしていくことができそうです。

Ａ氏をはじめ甲社の役員全員は、Ｒの能力を高く評価しており、将来甲社を担っていってくれる人物であると評価しています。

#### (ア)　具体的な承継手順

具体的には、次のような承継を実行していくことになります。

① 次の定時株主総会において、Ｒを甲社の取締役に就任させることとします。

② 同じ定時株主総会について、Ａ氏は甲社の代表取締役を退任し、Ｆが代表取締役に就任します。

③ 代表取締役をＡ氏からＦに変更する際に、Ａ氏・Ｂ・Ｃ・ＤとＦ・Ｒとの間で、甲社の事業承継、生前贈与・遺贈、創業家への創業者利潤の支払などについて合意をして、取り決め（契約）を交わします。契約の内容については、後述します。

④ 甲社は、将来Ｒを代表取締役に就任させ、Ａ氏からＲに株式を贈与することを骨子とする特例事業承継計画を作成し、支援機関の指導・助言を受けて、都道府県知事に申請し、確認を受けます。

⑤ その後、Ｒが成長し、甲社を任せるに足りるとＦが判断した際に、甲

社の代表取締役をＦからＲに変更することとします。具体的には、定時株主総会において、Ｆが代表取締役を退任し、Ｒが代表取締役に就任することになります。

⑥　その後、創業者であるＡ氏は、その所有している甲社株式のすべてである36万株をＲに贈与をします。なお、Ｒの代表取締役への就任およびＲへの株式の贈与は、特例事業承継制度の期限である令和９年12月31日までに実行するものとします。

⑦　その後、Ｂの12万株、Ｃの６万株、Ｄの６万株について、各自より甲社が買い取り、現金化をして、Ａ氏家族について創業者利潤を得ていただきます。

⑧　その後は、甲社はＦおよびＲの家系で承継されていくこととなります。

### (イ)　創業者の立場

このように、創業者の親族で後継者たるべき能力を有する者がいない場合には、愛着のある会社（甲社）が承継され、事業が継続されて、雇用が維持されていくことを条件に、能力ある後継者を会社の役員または従業員の中から選んで任せていくという方法が考えられます。

そして、創業家においても、所有していた株式24万株（Ａ氏の贈与後の40パーセントの株式）については、甲社に買い取ってもらうことにより、現金化ができて、創業者利潤を得ることができます。創業家であるということだけで、能力のない者が会社を承継して、会社経営に危機を及ぼすより、会社を離れて、たとえ40％部分に減少し、さらにみなし配当課税により多額の税負担をするとしても、それでも数十億円もの現金を一族で手にするほうが幸せなことではないかと思います。また、能力ある経営者に会社経営を継いでいただくほうが、より社会のためでもあるとも思われます。

### (ウ)　Ａ氏・Ｂ・Ｃ・ＤとＦ・Ｒとの間で取り交わす合意書の内容

あくまで筆者の私見ですが、下記のような内容が考えられると思います。

Ａ氏・Ｂ・Ｃ・Ｄは、Ｆ・Ｒとの間で、Ａ氏が創業し成長発展させてきた甲社を、今後Ａ創業家に代わって、ＦおよびＲが経営を引き継ぎ、事業を継続し、雇用を確保して、今後、ますます甲社の成長発展を目的として、次のような合意書（株主間契約書）を締結するものとします。

①　Ａ氏は、甲社の代表取締役を退任し、新たに、Ｆが甲社の代表取締役に就任します。

②　Ｆが甲社の代表取締役に就任すると同時に、Ｆの子息であるＲも甲社の取締役に就任します。

③　Ａ氏は、甲社の代表取締役を退任後、非常勤の相談役取締役として、Ｆによる甲社の経営を支援します。

④　Ａ氏は、甲社の代表取締役退任に際して、役員退職慰労金として、甲社より５億円の支給を受けるものとします。

⑤　甲社の取締役であるＡ氏の息子であるＣおよびＤは、本人が望む限り、最低60歳まで甲社の取締役を継続するものとし、最低、月額100万円以上の役員給与の支給を受けるものとします。

⑥　甲社は、Ｆの代表取締役就任後（Ｒの取締役就任後）、特例事業承継制度における特例承継計画を速やかに都道府県知事に提出することとします（期限は令和４年12月31日）。

⑦　提出する特例承継計画の内容は、次のとおりです。

ⓐ　Ｒが取締役に就任して３年間が経過した以後、Ｆが代表取締役を退任して、Ｒが代表取締役に就任すること

ⓑ　Ｒが代表取締役に就任後、速やかに、Ａ氏は、その所有する甲社株式36万株をＲに贈与すること

ⓒ　以上のことは、遅くとも特例事業承継制度の期限である令和９年12月31日までに行われること

⑧　甲社の経営をＡ氏から引き継いだＦおよびＲは、甲社の事業を継続し、雇用を確保して、今後ますますの甲社の成長発展を目指していきます。

⑨　なお、Ａ氏およびＦと一緒になって、甲社を成長発展させてきた現役副社長のＧ以下の者を厚く遇することもお願いします。

⑩　創業家であるＡ家から、その所有している甲社株式の買取りを求められた場合には、Ｆ・Ｒおよび甲社は、株式の買取りを実施するものとし、その買取価額は話し合いにより決定するものとするが、原則として、買取り時の「時価」によるものとします。

以上により、Ａ氏が心から願っている甲社の事業の継続・承継は、能力の

あるＦおよびＲの下で達成していけることになります。

また、Ａ氏の家族にとっても、甲社の経営を続けている限り現金化のしようがなかった甲社株式が、40パーセントになるとしても、多額に売却できることになるのです。

なお、甲社の事業を承継したＦ家（Ｒ）は、今後、事業承継制度を有効に適用していくことにより、甲社株式を安定的に次世代に承継していくことになります。

また、Ａ創業家からの株式の買取りによりＦ家で、甲社株式を100パーセント所有することになりますし、会社経営の意思決定は、すべてＦまたはＲが行うことになりますので、会社の経営について、創業家との間で揉め事が発生する心配はありません。

この承継の方法は、創業家としては、創業者利潤を得て、完全に甲社の経営から離脱するということであり、今後のことは、すべてＦ家に委ねるという意思決定です。

**㈤　創業家の税金の問題**

Ａ氏の所有している甲社株式36万株をＲに贈与した後、創業家の有している甲社株式は、Ｂが12万株、Ｃが６万株、Ｄが６万株の計24万株、発行済株式数の40パーセントとなります。

仮に、この甲社株式について、１株５万円で甲社が金庫株（自己株式）として、創業家から取得したとすると、その価額は、Ｂが60億円、Ｃが30億円、Ｄが30億円の合計120億円となります。

金庫株（自己株式）として甲社に譲渡した場合には、有価証券の譲渡として分離課税の適用を受けるのではなく、みなし配当として総合課税の適用を受け、配当控除はあるものの、所得税・住民税を併せて、おおむね50パーセント程度の課税を受けることになります。確かに高い税金の負担となりますが、それでもＢには30億円、ＣとＤにも各15億円の現金が残りますので、十分な金額だと思います。私見ですが、手取り金額が10億円もあれば、それ以上、いくらあっても一緒です。どうせ使い切れません。

なお、妻Ｂについては、Ａ氏と同世代であり、相続の発生も近いものと思われます。Ｂが死亡し、相続が発生しますと、その所有している30億円の現金に対して、相続税の課税が行われ、すでにＡ氏が死亡していて配偶者控除の適用がないとすると、おおむね50パーセント近い相続税の負担になるものと思われます。

Ｂの財産に対して課税される相続税の対策として、Ｂの所有している甲社株式を甲社に金庫株（自己株式）として譲渡する前に、長女のＥや、Ｃ・Ｄ・Ｅの子供たち（孫）に贈与しておくことが考えられます。

Ａ氏がＲに株式を贈与した後であれば、Ｒが甲社株式の60パーセントを所有していますので、Ｒが甲社の同族株主となり、40パーセントの株式しか所有していないＢ親族は、非同族株主となります。非同族株主に該当しますと、相続や贈与の際には、その所有する甲社株式の評価は、純資産価額方式や類似業種比準価額方式などの原則的評価方法ではなく、配当還元方式という特例的評価方式により評価され、結果として、甲社株式は１株500円で評価されることになります。譲渡する前に、特例的評価方式の適用を受けて、１株500円で、親族に幅広く贈与により名義を移しておけば、Ｂの相続税の問題は解消することとなります。また、金庫株（自己株式）にした場合の課税がみなし配当として総合課税の適用を受けるとすると、親族に幅広く所得が分散されているほうが、所得税・住民税の節税にもなると思われます。

なお、注意点として、贈与する時点で甲社株式の買取り価額が具体的に定められていたり、具体的に計算方法が定められていると、その価額が贈与の際の甲社株式の価額であると認定されることになります。

### ⑷　今後の体制③――甲社の役員たちによる集団指導体制を目指す場合

３番目は、実際に事業を継続し経営していくだけの能力のある者に経営を委ねていくにあたって、その力のある後継者を一人の者に絞ってしまうのではなく、今まで甲社の成長発展に寄与してくれた複数の役員たちにより、今後の甲社の経営を担っていってもらう方法です。

そして、創業家は、一定の創業者利潤を得て、甲社の経営から完全に離れていくか、それとも集団指導体制の一員に参加するかになります。

#### ㋐　集団指導体制への手順

仮に、副社長のＦから取締役Ｏまでの10人に、Ａ氏の子供のＣとＤを加えた12人で、今後の甲社の経営を担っていくことにします。なお、Ａ氏の次の代表取締役としては、当面の現副社長のＦが就任することにしますが、随時、役員の中で交代をしていくことにします。

具体的には、次のような承継を行っていくことになります。

① 次の定時株主総会において、Ａ氏は甲社の代表取締役を退任し、Ｆが代表取締役に就任します。

② Ａ氏は、その所有している甲社株式36万株（60パーセント）を一人３万6000株（６パーセント）ずつ、ＦからＯまでの10人に均等に売却することとします。

③ 甲社の株主は、６パーセントずつの株式を所有するＦからＯの10人と、Ａ創業家（Ｂが20パーセント、ＣおよびＤが各10パーセント）が40パーセントを所有することになります。

この場合、30パーセント以上の株式を所有しているＡ創業家というグループが同族株主となりますので、残りのＦからＯの10人は非同族株主ということになります。

非同族株主に該当すると、その所有する株式は特例的評価方式である配当還元方式で評価されますので、甲社株式は１株500円と評価され、一人が３万6000株の株式を購入するとしても、その価額は1800万円程度ということになります。

なお、購入代金については、各自が支払うことになりますが、甲社からの役員給与を増額して、数年でカバーすることにします。

④ 次に、ＦからＯの10人とＣおよびＤの12人が理事や評議員となって、非営利型の一般財団法人を設立します。仮に乙財団法人とします。

この乙財団法人は、評議員や理事について、特定の親族が３分の１以上を占めないようにし、また、寄付行為の内容にも注意をして、非営利型法人として設立します。

具体的には、評議員や理事はＦからＯおよびＣ・Ｄの12人とします。理事長には当面Ｆが就任することにします。

⑤ 次に、この乙財団法人に、ＦからＯの10人は、その所有する甲社株式

３万6000株を贈与（寄附）することとします。

⑥　乙財団法人は、非営利型法人ですので、寄附を受けた受贈益に対しての課税はありません。

⑦　なお、乙財団法人は公益認定を受けていませんので、寄附をしたＦからＯの10人に対しては、みなし譲渡としての課税が発生しますが、非同族株主ですので、その寄附した甲社株式の時価は１株500円となり、譲渡利益が発生しませんので、課税は生じないことになります。

⑧　その後、創業家のＡ氏の親族であるＢから12万株、Ｃから６万株、Ｄから６万株の計24万株（40％）を各自より甲社が金庫株（自己株式）として買い取り、現金化をして、Ａ氏家族について創業者利潤を得ていただくことにします。

⑨　なお、以後の甲社の経営は、Ｆ以下の役員たちによって、集団で運営されていくことになります。

⑩　なお、甲社の代表取締役に就任する者が、乙財団法人の理事長にも就任することにより、乙財団法人の所有している甲社株式の議決権をバックに、安定的な経営を続けていくことになります。

**(イ)　会社経営の安定と創業者利潤**

このように、創業者の親族で後継者たるべき能力を有する者がいない場合には、愛着のある会社（甲社）が承継され、事業が継続されて、雇用が維持されていくことを願って、能力ある会社の役員たち（Ｆ以下10人とＣおよびＤを含んだ12人）で、運営をしていってもらうことになります。

そして、創業家においても、所有していた株式24万株（Ａ氏の売却後の40パーセントの株式）については、甲社に買い取ってもらうことにより、現金化ができて、創業者利潤を得ることができます。創業家であるということだけで、能力のない者が会社を承継して、会社経営に危機を及ぼすより、会社を離れて、たとえ40パーセント部分に減少し、みなし配当としての課税を受けるとしても、多額の現金を一族で手にするほうが幸せなことではないでしょうか。また、能力ある経営者に会社経営を継いでいただくほうが、より社会のためでもあると思われます。

また、ＦからＯの10人から60パーセントの甲社株式の寄付を受けた乙財団法人は、残り40パーセントの株式が金庫株（自己株式）にされることにより、議決権のある甲社株式を100パーセント所有することになります。そのため、甲社の経営の意思決定は役員たちが協議をして、すべて乙財団法人を通して行っていくことになります。そのため、会社の経営について創業家との間で揉め事が発生する心配はありません。なお、公益財団法人であれば営利法人の株式を100パーセント所有することはできませんが、乙財団法人は一般財団法人を予定していますので、甲株式をすべて所有することができます。また、甲社からの配当金は乙財団法人が受けることになりますので、何らかの社会貢献活動を乙財団法人が行うべきだと考えます。

この承継の方法は、創業家としては、創業者利潤を得て、完全に甲社の経営から離脱するということであり、今後のことは、すべて役員たちに委ねるという意思決定です。

**(ウ)　創業家の税金の問題**

なお、A創業家の税金の問題については、60パーセントの株式が一般財団法人に移転して、創業家が非同族株主になり、配当還元価額の適用が受けられるようになってから、孫世代に贈与という方法が、(3)と同様に検討することができます。

以上述べてきたことは、一般的な内容に基づいて簡潔に述べたものですので、その内容の正確性、完全性、最新性、信頼性、有用性、目的適合性を保証するものではないことをご承知おきください。

**（親泊　伸明）**

**【編者のコメント】**

本章は、資本金３億円、年商300億円、経常利益25億円、純資産額280億円、従業員数1000人という中堅企業甲社の社長Ａ氏が、70歳になり後継者を誰にしたらよいか悩んでいる事例です。Ａ氏には長男Ｃと次男Ｄがおり、ともに甲社に勤めているが、二人の経営能力についてかなり疑問であることから、Ａ氏としては、

①　他人であるＬ取締役に代表取締役社長に就任してもらい、20数年

間甲社の経営にあたってもらったうえ、

② 20数年後、

ⓐ CやDの子息で、甲社の経営を担える者が現れたときにはその者に、甲社の経営権を引き継いで行ってもらい、

ⓑ もしCやDの子息では、甲社の経営を担える者がいないとなれば、甲社の役員・従業員の中から、次に経営を任せられる者を選んで、その者に甲社の経営を承継していってもらいたい、

③ そして、将来いつかＡ氏の家系の中から、甲社の経営を担えるものが現れた際には、その者に甲社の経営権を引き継いでもらいたい、

という一見どこにでもありそうで、その実、かなり複雑で難解な前提条件を設定して、その条件の下で、株主間契約と事業承継税制を使って、税法上有利な事業承継を実現するには、どのような方法がありうるかを検討した、事業承継税務対策大河物語です。

ところが大河物語であることに起因して、執筆者は疑問を提示します。長期にわたる間に当事者の気持ちや周りの環境も大きく変わっていくものであるから、当初の契約時点での状況のままということはあり得ないのではないか、このように長期間にわたる株主間契約や事業承継税制は何十年も先の利害関係人を法的に拘束できるのだろうか、という疑問です。この疑問から、株主間契約の有効性に疑問を感じたのでしょう、本文の「７　株主贈与契約・株主間契約による事業承継の方法の課題・問題点」以下において少し視点を変えています。株式移転による完全親会社を設立して創業家企業を支配する方法、一般財団法人を設立して創業家の株式を配当還元方式による評価額で同法人に移転し、その後同株式を創業家企業に譲渡して課税を受けることなく金庫株とする手法などを検討しています。長期にわたる事業承継では組織再編行為や税法的手法など、株主間契約以外の方法によるべきではないかという問題提起です。

確かに、10年先、20年先、それ以上長期間にわたる株主間契約は利害関係人を法的に拘束できるのであろうか、単なる紳士協定に過ぎないのではないか、という疑問は、日本においてもアメリカにいても過去繰り返し提起されてきた問題点です。たとえば、東京高裁平成12年５月30日

判決（判例時報1750号169頁）は、「昭和62年から平成17年末（控訴人83才、被控訴人75才）までの約18年間の長きにわたって議決権の行使に拘束を加える右の契約は、議決権の行使に過度の制限を加えるものであって、その有効性には疑問があるといわざるを得ず……」として、「長くても右昭和62年８月から10年を経過した後の平成９年末までと解するのが相当である」と判示しています。しかし、この10年間という期間制限は、確かな証拠があってのことではなく、裁判官の独断であって支持が得られる見解ではありません。

とはいえ、18年間にもなると、本当に法的効力を認めてよいのかという裁判官の不安感がわからないではありません。つまり、効力期間があまりに長期間になると、長期間であっても法的拘束力があると主張する側に、明白に長期間にわたって相手方当事者を拘束しても許されると考えてよいだけの事実関係を証明できる確実な証拠の提出が要求されるということでしょう。上記裁判所が言いたいことは、長期間にわたる法的拘束力肯定の可否は、議決権を拘束する株主間契約に法的効力を認めることができるかという理論の問題ではなく、訴訟法上の事実認定の問題であり、証拠の問題であるということでしょう（訴訟法上は裁判官の責任ではなく当事者（つまり代理人たる弁護士）の責任だということでしょう）。

つい最近の、東京高裁令和２年１月22日判決（金融・商事判例1592号８頁）はこのことを明瞭に示しています。同判決は、「株主間契約の効力の判断方法」として、次のように述べています。

「⑴　株主の議決権行使や株式会社の運営に関する株主間の契約の効力については、これを一律に無効と解すべきではない。株主間の議決権行使契約については、契約当事者の一方が他方に対して契約に沿った議決権行使の履行強制をすることができる場合もあれば、契約に沿わない議決権行使により成立した株主総会決議に決議取消事由があることを肯定できる場合もあると考えられる。

⑵　しかしながら、株主間契約については、契約当事者の属性、契約内容、契約締結の動機……などが、千差万別である。これに伴い、株主間契約の法的効力の有無や法的効力がある場合の効力の内容をどの程度の

ものにするかについての契約当事者の認識も、千差万別である。

そうすると、株主間契約に基づく当事者の主張については、事実認定の問題として、個別の株主間契約ごとに……、前記の各要素を検討の上で契約当事者たる株主の合理的意思を探求し、当事者双方が法的効力を発生させる意思を有していたか、法的効力を伴わない紳士協定的なものとする意思を有していたにすぎないか、法的効力を発生させる意思を有していた場合における効力の内容・程度……について、契約当事者の意思を事実認定した上で、当事者の主張する法的効果が肯定できるかどうかを判断していくことになる」。

そして、結論として次のように判示しています。「株主間契約である昭和47年合意について、その契約当事者に強い法的効力（契約に沿った議決権行使の履行強制をすることができる）を付与する意思があったことを基礎付ける間接事実は、非常に乏しいというほかはない。他方において、契約当事者には強い法的効力（契約に沿った議決権行使の履行強制をすることができる）を付与する意思がなかったことを基礎付ける間接事実は，非常に豊富である」と。

かくして、長期間にわたって契約当事者を法的に拘束することができる株主間契約を締結したと裁判所に判断してもらうには、訴訟法上の事実認定に耐えられるだけの確かな証拠を残さなければならないということです。具体的には、口頭だけの契約ではお話にならないでしょう。書面にすることは勿論、弁護士に依頼し錬度の高い契約書を作成するか、事実実験公証証書にするか、議決権行使意思表示の（非金銭的債務履行の）強制執行が予測される株主間契約においては、即決和解調書（起訴前和解調書。民事訴訟法275条）を作成すべきでしょう。この種の強制執行を可能にする法的書面の作成は、厳重な法的手続が法定されていることと、違約すれば迅速な強制執行が予定されていることから、裁判所に契約締結後長期間を経過した後においても契約内容を相手方当事者に遵守させる「本気度」を印象づけることができるといえます。しかし本章の執筆者は、株主間契約の契約書の方式や強制執行力がある書面の作成までは論じていません。

もう一つ考えなければならないこととして、株主間契約の種類の問題があります。本章の事例のように子孫を拘束し、さらにその子孫をも拘束する株主間契約を締結する以上は、契約当事者およびその子孫が死亡し、相続が発生することに備えなければ意味がありません。相続発生に備えるには、当事者の数を、三当事者とする信託契約が真剣に検討されなければならないのです。さまざまな信託契約がありうるが、そのうちでも本章の事例にふさわしいのは株主間契約として議決権留保型の株式信託契約を締結する方法です。株式議決権を信託委託者Ａ氏に留保し、Ａ氏の子孫あるいは甲会社の取締役を受益者として株式を受託者に信託譲渡する方法です。受託者は弁護士法人か信託銀行にすべきでしょう。特に、この種の信託においては、期間が長期にわたるため関係者に何度も相続が発生することが避けられないから、信託契約締結の当初から、委託者、受託者、受益者の三者間で新規信託分割契約（信託法159条）を締結するのが望ましいといえます。この契約類型では委託者が死亡した場合にも対応することができますし（同法159条４項）、信託財産である甲社株式の全部ないし一部を受益者であるＡ氏の子孫あるいは甲会社の取締役に交付することも可能です（同条１項３号）。もう一つの方法として、当該契約期間の終了事由とその時点における信託契約の再契約の条項を当初の信託契約に定めておく方法も考えられるところです。そうすれば、同趣旨の信託契約を長期にわたって維持することができます。

このように考えれば、本章の事例においても、株主間契約で十分対応できたといえるのです。

なお、日本の裁判所が議決権拘束契約の期間を10年に限定した点について、アメリカのデラウエア州一般会社法218条で、議決権信託契約と議決権契約の有効期間を10年間に制限していたことが影響していたかもしれないのですが、同法218条は1994年に改正になっており、議決権信託契約と議決権契約の有効期間を10年間に制限する規定が削除され、同契約期間の延長制限規定も削除されています（“FOLK on the the Delaware General Corporation Law, 5th ED.” GCL-VII-159）。

（後藤　孝典）

# 第3編

# 株主間契約 TEMPLATE

# Ⅰ　取締役選任議決権相互拘束株主間契約

## １　条項例（要旨）

１　株式会社甲の株主であり、かつ甲の代表取締役であるＡは、令和３年１月１日から令和11年12月末日までに（以下この期間を「特定期間」という。）開催される甲の定時株主総会及び臨時株主総会において、株式会社甲の取締役選任が議案となるときは、その都度、当該株主総会において、株式会社甲の株主Ｂ及びＢの長男であるＣを取締役に選任するよう議決権行使することを株主Ｂに対し誓約する。

２　株式会社甲の株主Ａは、本日現在、株式会社甲の株式総数10万株のうち４万株を所有する最大の株主であることを株主Ｂに対し確認し、かつ第１項記載の特定期間中は、Ｂの同意なき限り、同株式を一株たりとも第三者に譲渡しないこと、及び第三者に対し担保設定をしないことをそれぞれ株主Ｂに対して誓約する。

３　株式会社甲の株式３万株を所有する株主であり、かつ甲の取締役であるＢは、同株主Ａが第１項を遵守するときは、令和２年から令和12年にかけて10年間、Ａを株式会社甲の株主総会において取締役に選出されるよう自己の議決権を行使すること、及び同取締役会において、代表取締役に選任されるよう議決権を行使することはもちろん、Ａが株式会社甲の代表取締役の地位を維持継続できるようＡに協力することを誓約する。

４　株式会社甲の株主Ｂは、本日現在、株式会社甲の株式総数10万株のうち３万株を所有する株主であることを株主Ａに対し確認し、かつ令和２年から令和12年にかけて10年間、Ａの同意なき限り、同株式を一株たりとも他に譲渡しないこと、及び第三者に対し担保設定しないことをそれぞれ株主Ａに対して誓約する。

５　株式会社甲の株主Ａは、特定期間中第１項の誓約に一回でも違約した時は、直ちに株主Ｂに対し違約金として金2000万円を支払わなければならない。ただし、BがAを相手方として第1項に定める議決権行使をするよう請求して訴訟提起することを否定するものではない。

6　株式会社甲の株主Bは、第3項の誓約に一回でも違約したときは、直ちに株主Aに対し違約金として金1500万を支払わなければならない。ただし、AがBを相手方として第3項に定める議決権行使をするよう請求して訴訟提起することを否定するものではない。

（以下、省略）

## 2　条項例の解説

①　長期間にわたる約束ですから、裁判になった場合、10年後になお法的拘束力を認めることができるか、裁判所は迷うでしょう。ですから、訴訟にならないよう、Bは第5項につき、Aは第6項につき、違約金支払約定についての強制執行認諾文言付き公正証書（債務者が直ちに強制執行に服する旨の陳述文言がある公正証書。民事執行法22条5号）にしておいたほうがよいでしょう。

②　ただし、公正証書にするには、第3項のうちBは、「Aが株式会社甲の代表取締役の地位を維持継続できるようAに協力することを誓約する」という文言が、何について、どのように協力するのか、意味が不鮮明ですから、公証人はもっと特定性をもたせて意味を明確にせよというか、この部分を削除せよと要求してくるおそれがあります。その場合は、この文言に一般的な意味しかありませんから、削除すればよいでしょう。

③　本契約は、いわゆる議決権拘束契約の典型例です。この契約では、「甲の代表取締役であるAは、令和3年1月1日から令和11年の同年12月末日まで」の満9年間の長きにわたり、「株主総会において、株式会社甲の株主B及びBの長男であるCを取締役に選任するよう議決権行使することを株主Bに対し誓約する」のですから、長い間に事情の変化があり、Aはこの約定を守れなくなるかもしれません。そうなったとき、Bは強制的にAに約束を守らせる方法はあるか、という法律問題が起きてきます。

上記①で公正証書を作成していたとすれば、違約金の額が2000万円で、かなり高額ですからＡは何とか約定を守ろうと努力するでしょう。

④　しかし、もしＢはお金では満足できず、なんとしてＢ自身と我が子Ｃを取締役にしたいという強い願望をもっていたとすれば、公正証書ではＡに約定を守るよう強制する強制力がありません。このためＢはＡの違約をとらえてＡを被告として「Ｂ及びＣを株式会社甲の取締役に選出する議決権行使をせよ」と請求する裁判を起こすことができるか、という問題がやはり起きてきます。

この点について、欧米でも、日本でも、かつては株主間契約で本来自由意思に基づくべき議決権行使を強制することはできないという学説が有力でしたが、現在では肯定説が有力であり、ほぼ決着がついています。つまりＢは勝訴することができます。そして勝訴判決が確定したときは、民事執行法177条により、勝訴判決が確定した時に被告Ａは請求になる議決権行使の意思表示をしたものと擬制されます。

なお、意思表示を求める判決の強制執行は、ほかに、債権譲渡の通知を命ずる判決の強制執行にも認められています（大審院昭和15年12月20日判決大審院民事判例集19巻2215頁）。

⑤　ただ、本裁判では年余の時間がかかるため、保全処分をしておかなければ株主総会に間に会わないことになるでしょう。ところが、本件では仮処分ができるかという法律問題が発生します。というのは、本来、仮処分は本案判決を待っていられない緊急性があるので、本案判決前に、とりあえず、申立てに一応の理由があるとして、仮に、申立人の求める命令を出してください、という仮の手続にすぎないのに（したがって本案判決で敗訴すれば仮処分命令は取り消されることになるのに）、ここで今求めている命令は意思表示を求める仮処分ですから、その性質上、仮処分命令が出てしまうと、即時に効力が発生しますから（民事訴訟法119条）、本案判決が出たのと同じ法的状況が生まれてしまうことになり、仮処分の暫定性に反し、背理ではないか、という問題があるからです。しかし、仮処分命令というものは、多かれ少なかれ、本案訴訟判決の先取りという性質がある（不当解雇の際の賃金仮払い仮処分が頻繁に認容されていることを考えてください）点もあって、この点についての論争は現在ではほぼ決着がついて、保全処分

は可能です（大阪地方裁判所昭和40年10月22日判決下級裁判所民事裁判例集16巻10号1579頁は、意思表示を求める仮処分を認容しています）。裁判所は仮処分命令を出したときの仮処分債務者に発生する不利益状況と、仮処分命令申請を却下したときの仮処分債権者に発生する不利益状況とを比較衡量し、不利益が大きいほうに有利な決定を出すでしょう（この点につき、野村秀敏「議決権拘束契約の履行強制――ドイツにおける議論を中心として――」一橋論叢117巻１号参照）。

# Ⅱ　デッドロック回避解散定款全員同意株主間契約

## 1　条項例（要旨）

甲株式会社設立に際し、設立株主の全員は下記事項に同意し、本デッドロック回避解散株主間契約を締結し末尾に署名捺印する。

1　自今以後、当会社の解散に至るまで、当会社の株主総会において、いかなる事項が決議されようとも、その時点で株主名簿に記載された総株主が賛成しない限り一切の議決は法律上の効力を持たないことを全員が確認する。

2　上記に違反して、当会社の株主の中に、総株主が賛成しなくとも議決を有効とすべきであると主張する者がいるときは、その時点で当該者（複数の場合を含む。）が有する株式の総数がその時点において当社が発行する株式の総数の3分の1未満であるときは、その場合に限り、その者（複数の場合を含む。）は自己の有する株式の総数を当会社に買い取るよう請求することができるものとする。その場合、その買取請求の対価は当該請求者（複数の場合を含む。）のそれぞれが、その有する当該株式全部を取得した最後の時点における取得価額と同額とし、当会社は取得価額の総合計額に相当する金銭を当会社に対し買取請求する者らに交付しなければならない。この場合には会社法第108条第2項第5号イ、第166条、第167条の法意を準用する。仮に、この場合において、第166条1項ただし書に該当して交付金額が当該請求の日における第461条2項の分配可能額を超えているときは、その時点における代表取締役たる個人が、当会社に代わり、同請求にかかる同株式を取得し同金額を支払わなければならない。

3　仮に、前項に定める代表取締役たる個人が、当会社に代わり、同請求にかかる同株式を取得するに足る同金額を自力で調達できない場合には、同代表取締役個人が適当な金融機関から当会社の提供する連帯保証債務の提供を得て同金額総額を借り入れて支払うものすする。

4　前記2にかかる株式取得請求をなす者（複数の場合を含む。）の有する株式総数がその時点において当社が発行する株式の総数の3分の1以上であるときは、その場合に限り、当会社は会社法第471条第2号に該当する解散事由が発生したものとして解散するものとする。当該解散事由が発生したとみなされる時点における代表取締役は解散手続を執るものとする。その費用は当会社が負担する。

5　本契約に定める株数の算定にあたり自己株式は母数に算入しない。

6　本契約は当社の定款にその全文を記載する。

会社代表者は上記約定の実行に備えて適切な登記手続をなすものとする。

日付記入の上、全員が署名捺印する。

## 2　条項例の解説

①　株主全員同意会社の理論に基づき、株主間契約を締結するにあたり最も重要なことは、どうしても全員が意見を一つにできなくなったとき、どうするかです。デッドロックをどうやって回避するかです。しかし、どう努力しても、人の世である以上、どうにもならないことはありうるのです。その場合に備えて会社を解散すると明記した契約を初期段階に交わすことにしましょう。そしてこの約束を定款に記載するのです。そうすれば会社法911条3項4号、471条2号規定の解散事由が定款に定められていることになります。この定款の定めは株主全員の考え方を一つにまとめ上げることに大きく貢献するでしょう。

会社代表者は、上記1～6を定款に記載し、かつ登記（会社法911条3項4号）します。

②　最高裁判所は、終始一貫して、「一人会社の理論」の正当性を繰り返し判示しています。会社に出資した株主の全員が合意している以上、会社法

に規定された事項が、仮に遵守されなかったとしても、全員賛成の結果、権利を害される者が一人としていない以上、法的に無効、取消しの事由はなく有効だと言い続けています。このことから中小規模企業の株主が学ぶべきことの一つは、どうやって株主全員の気持ちを集約することができるかです。この株主間契約では株主全員が署名捺印して株主全員が賛同していることを明示しています。

いかなる状態になったとき会社の解散事由が到来したと構成するかは、もちろん、その会社が抱える課題によって変わってくるでしょう。

# III　譲渡制限株式無承認譲渡全株主間契約

## 1　条項例（要旨）

1　甲会社の株主全員であるA、B、C、D、E、F、そしてXは下記の通り契約する。

2　A、B、C、D、E、Fは各々その所有する株式を、その一部であっても他人に譲渡しようとするときは、その他人が甲会社の他の株主であろうが、甲会社の株主以外の者であろうが、甲会社の株主であるXに対し、それぞれその他人の氏名、住所、譲渡株式数、譲渡価額の合計金額をそれぞれ明示の上、譲渡する意思をそれぞれ別々に、ないしA、B、C、D、E、F一括して、又は一部の数名が一緒に、各内容証明郵便により通知しなければならない。この内容証明郵便は、その全てが令和3年9月30日限りに（同日を含む。）発送されなければならないものとする。

3　第1項の通知を受けたXが、第1項の通知に明示された株数の合計数が本契約成立の日現在における甲会社の発行済株式総数の50％以上（上限は問わないものとする。）である場合に限り、第1項の通知を発した者の全員に対し、一括して、ないしは個別に、同通知の内容証明郵便を受領した日（同日を算入する。）から14日以内に、一括して、ないしは個別にその明示された金額以上の額（明示された金額の5％以上の額をその下限額とする。）を明示した上、買い取るべき株数を明示して第1項の内容証明郵便に明示された甲会社の株式を買い取る意思がある旨を内容証明郵便で回答（以下「回答内容証明郵便」という。）するときは、その発送の日をもって第2項の内容証明郵便に明示された甲会社の株式につき、回答内容証明郵便に示した株式数及び金額の限度で、一括して又は個別に株式売買契約が成立したものとみなす。

4　第3項によって株式の売買契約が成立したとみなされる限度で、Xは第2項記載の者らに対し、第3項記載の回答内容証明郵便の発送の日から２週間以内に第３項に規定する売買代金を個別にないしは一括して支払うべき義務を負い、各々が別途指定する銀行口座に銀行間送金によって支払うものとする。

5　上記第３項において定めるＸの回答内容証明郵便の発送期限内にＸが同郵便を発送しなかったときは、Ｘは以後、Ａ、Ｂ、Ｃ、Ｄ、Ｅ、Ｆらの各人に対して第３項に定める権利を永久かつ確定的に失うものとする。

6　Ｘ並びにＡ、Ｂ、Ｃ、Ｄ、Ｅ、Ｆは相互に、株式会社甲の定款にはその発行する株式の株式譲渡には取締役会の承認を要する旨の制限があることを了解しているが、本契約の締結及び実施にあたり同社取締役会の承認を得ない場合においても本契約の効力には影響がないことを相互に確認する。

（以下、省略）

## 2　条項例の解説

①　この契約は、甲会社の株主Ｘが、甲会社の株主であるＡ、Ｂ、Ｃ、Ｄ、Ｅ、Ｆたちが、その所有する株式を他人に処分したがっている事情を知って、一挙に甲会社の株式絶対的多数派になることを目論んで締結した契約ですから、売主は甲会社の株主であり、買主Ｘもまた甲会社の株主です。それでは、株主同士の売買の場合であれば、株式譲渡制限は働かないと考えるべきではないかどうか、というのがこの契約の問題です。

②　会社法136条の条文は「譲渡制限株式の株主は、その有する譲渡制限株式を他人（譲渡制限株式を発行した株式会社を除く。）に譲り渡そうとするときは、当該株式会社に対し、当該他人が当該譲渡制限株式を取得することについて承認をするか否かの決定をすることを請求することができる」と規定しています。

ⓐ　この条文の末尾を再度みてください。「請求することができる」となっています。この表現は、請求することが「できる」こと、つまり権利規定であって、義務規定ではないことを示しています。会社法136条、137

条の承認請求について「請求しなければならない」としてしまうと、憲法29条１項「財産権は、これを侵してはならない」に違反する可能性がでてくることから、義務規定ではなく、権利規定であることを明確にしたと考えられます。義務でない以上承認請求を求めなかったからといって、会社は不利益処分することはできないことになります。

ⓑ　そのうえ、気になる表現がもう一つあります。それは、この短い条文に「他人」という言葉が二回も出てくることです。「他人」という言葉はおよそ法律条文にふさわしくない言葉で意味が明瞭ではありませんが、この文章は、株主がその有する株式を「他人」に譲渡する、という文脈で使っている以上、この「他人」は、譲渡しようとする株主と同じ会社の他の株主か、それとも同じ会社の株主以外の人か、いずれかしかありません。いずれが、より「他人」らしいか、といえば、明らかに後者でしょう。

ⓒ　旧商法204条１項は「株式ハ之ヲ他人ニ譲渡スルコトヲ得但シ定款ヲ以テ取締役会ノ承認ヲ要スル旨ヲ定ムルコトヲ妨ゲズ」と規定し、やはり「他人」という言葉を同じように使っていたのでしたが、最高裁判所昭和48年６月15日判決（最高裁判所民事判例集27巻６号700頁）は「商法204条１項但書は、株式の譲渡につき、定款をもつて取締役会の承認を要する旨定めることを妨げないと規定し、株式の譲渡性の制限を許しているが、その立法趣旨は、もつぱら会社にとつて好ましくない者が株主となることを防止することにあると解される」と判示していました。「もっぱら会社にとつて好ましくない者が株主となることを防止する」のが法の趣旨であるというのですから、この「他人」とは、すでに同じ会社の「株主となっている者ではない他人」を指していることは明瞭です。そのうえ、最高裁判所平成５年３月30日判決（最高裁判所民事判例集47巻４号3439頁）も、上記判決を引用して「専ら会社にとって好ましくない者が株主となることを防止」することにあると再度同様の判示を示しています。したがって、この「他人」とは同じ会社の株主ではない他人を示していることは明瞭です。

ⓓ　以上のことから、譲渡制限株式を会社の承認を得ないで同じ会社の他

の株主に譲渡した場合の譲渡の法律上の効力がどうなるかについては、法律上有効であると解すべきこととなるはずです。そうすると上記例題において同じ会社の株主間の売買譲渡ですから会社の承認を得ていなくとも譲渡の効力は生ずると考えられます。

ⓔ　ところで、この点について、前掲最高裁判所昭和48年６月15日判決は「定款に前述のような定めがある場合に取締役会の承認をえずになされた株式の譲渡は、会社に対する関係では効力を生じないが、譲渡当事者間においては有効であると解するのが相当である」と判示していました。会社の承認がない場合は、当事者間では有効であるが「会社に対する関係では効力を生じない」というのですから、株式発行会社としては譲渡がなされたことを否認することができ、株式名簿の書換えも拒否することができ、株主総会の招集状の発行義務も免れ、配当金の支払義務も、議決権の行使も拒否できることになります。株式の本質は、これら会社に対する配当請求権や議決権行使請求権などの請求権の束になったものと考えられ、株式は一種の債権（株式債権説）と考えられますから、会社に対する効力がないことになれば実質上、株式譲渡の効力がないことと変わりがありません。

ⓕ　それでは譲渡を受けても結局は意味がないのかといえば、実はそうではありません。前掲最高裁判所昭和48年６月15日判決の事実関係は、その第一審である熊本地方裁判所昭和46年１月12日判決（最高裁判所民事判例集27巻６号706頁）によると、肥後合板株式会社の設立者の一族である株主らは、同社の原木購入資金の返済に窮し当該債務の担保のため、同会社の定款には株式譲渡には会社取締役会の承認を要すると規定があるところ、同承認を得ないで、同会社株式を原木供給業者である債権者に原木債務の担保のため譲渡担保に供した、という事例です。このため、上記の事例の昭和48年最高裁判決の下級審判決（福岡高等裁判所昭和46年10月14日判決最高裁判所民事判例集27巻６号708頁、前掲熊本地方裁判所昭和46年１月12日判決）を検討しても、譲渡担保債権者が株式発行会社の株主であるのか、ないのかはまったく問題になっていません。明らかに、債務者らが設立し会社の株主ではない「他人」に株主所有権が譲渡され

た事例であったのです。

したがって、同じ会社の別の株主に株式を譲渡した上記課題の事例では会社の承認は、定款に書いてあったとしても定款の記載が無効であると考えられ、必要ではないことになります。

# Ⅳ　議決権委付株主間契約

## 1　条項例（要旨）

○○株式会社の株式40％を有する株主甲と、○○株式会社の株式30％を有する株主乙は、相互に株主権行使に関し下記の通り契約する。

1　甲は、○○株式会社の取締役の選出に関して、令和3年1月1日から令和4年12月31日までの期間に限り、開催される定時又は臨時株主総会ごとに、乙がその開催日の前日午後5時までに、別紙に甲が記載して指定するCPメール番号に、開催される株主総会の期日、場所、開催時間を記載し、開封鍵記号を別送する方法で、9名に限り、その選出予定取締役候補者の氏名をメールで送付するときは、○○株式会社の株主総会における甲が有する株式による議決権行使につき、下記の通り実行することを乙に対して誓約する。

① 甲は、当該指定された株主総会において、乙により指定された取締役候補者に対する投票については、甲の判断で投票することはしない。

② 甲は乙の同指示に従い、指定された候補者の全員（乙を含むか否かを問わない。）を選出することに賛成する旨の議決権行使をする。

③ 甲は、○○株式会社の甲が有する株式につき、令和3年1月1日から令和4年12月31日までの期間に限り、いかなる者（法人を含み、自己の親族を含む。）に対しても、一株式なりといえども、第三者に譲渡したり、又は担保等を設定したりしない。

2　乙は、令和4年12月31日において、甲が第1項をすべて遵守したことを確認したときは（その確認の方法については乙が独自に選択するものとする。）、令和5年1月1日から令和10年12月31日の6年間に限り、かつ甲が○○株式会社の取締役に選出されている場合に限り、かつ乙が同社の取締役に選出されている場合に限り、同社の代表取締役を選出すべき取締役会が開催されたときは、甲を選出すべきであると発言するなどしたうえ、甲を選出することに賛成する旨の議決権行使をすること、及び、甲が代表取締役に選出された後、甲を解任すべき旨を討議する運びとなったときは、解任に反対する旨議決権行使をすることを誓約する。ただし、令和5年1月1日から令和10年12月31日の間に○○株式会社が合併（合併と被合併を含む。）、株式交換（株式交換親会社となるとき株式交換子会社となるときを含む。）、会社分割（新設分割、吸収分割を含む。）、事業譲渡（事業譲受を含む。）をしたときは、甲と乙は別途協議して定めるものとする。

3　甲も乙も本契約の存在することを含め、その内容を第三者に漏洩しないよう厳重に極秘とする義務を負う。

4　甲が第1項に違約したときは、乙は甲に対し本契約を全て（第3項を含む）一括して解除する権利を有し、かつ甲は乙に違約金として金▽▽▽万円を即時に支払わねばならない。

　乙が第2項に違約したときは、甲は乙に対し、本契約の未履行部分（第3項を含む）を一括して解除する権利を有し、かつ乙は甲に違約金として金◇◇◇万円を即時に支払わなければならない。

## 2　条項例の解説

①　甲は40％を所有しているだけであり、乙は30％を所有しているだけですから、いずれにしても単独では株主総会において過半数に達せず、株主総会において自己を取締役に選任できるとは限りませんし、特定の他の株主を取締役に選出できるとは限りません。しかし、もし甲と乙が密かに手を握り互いに同一候補を選出することに同意したとすれば、その候補者は必ず選出されることになります。

②　甲と乙とが相互に合意して特定の株主を取締役ないし代表取締役に選出する方法としてはいろいろの方法が考えられますが、甲と乙との内密の協調関係を外部に対して秘匿したまま、確実に目的を達成できる巧妙な方法

として、株式議決権委付契約の方法があります。

株式議決権委付とは信頼できる他の株主に自己の株式の株主権行使の内容を、自分で判断することを放棄し、特定の他の株主の判断に委ねてしまう方法です。議決権行使を他の株主に委ねてしまえば、委ねられた株主は自己にとって最も有利な結果となるよう議決権行使するでしょうから、その結果、議決権行使を委ねた者の議決権行使は議決権行使を委ねられた者の議決権行使と同一内容としてのみ外部的に現れることになります。つまり甲票と乙票とは、投票行為としては別個の投票行為ですが、同一候補者に向かって投票されますから、株主総会では甲票と乙票とが同一候補者に投ぜられることになり、本条項の事例では、甲の40％と乙30％が累積し、取締役選出株主総会においても代表取締役選出取締役会においても、その候補者は70％の投票を得て当選すること必定というわけです。しかも、甲と乙とが手を組んでいることは誰もわからないのです。

③　甲は条項例の１で自己の判断を放棄した結果、乙の望む者（乙をも含むようです）が当取締役に当選します。

④　乙は条項例の２では、自己の判断は放棄しているのですが、甲の指示に従って甲を代表取締役に選出する選挙に投票するだけでなく、甲の選出に賛成と発言したり、甲の解任に反対する議決権行使することまで誓約しています。

⑤　ただ、株式議決権委付契約は、自己の議決権行使を放棄し、消極的に相手に任せてしまう契約ですから、会社に合併、株式交換、会社分割、事業譲渡など会社の重役人事など内部組織が大幅に変更となるときには、周りの様子に合わせ約束内容を改変する必要が高くなるでしょうから、その場合には別途協議する必要があるでしょう。

⑥　また、この議決権委付契約はその存在を人に知られないことが重要ですから、甲も乙も相互に秘密を漏洩した場合には契約解除と違約金支払は必至ということになるでしょう。

このような議決権行使に関する委付契約は、その類似の形（たとえば、議決権の売買契約）を含め、現実にはかなり普及していると推定されます。

# Ⅴ　名義株株主間契約

## 1　条項例（要旨）

1　甲株式会社の株式総数1000万株のうち50万株を有する甲株式会社の代表取締役であるＡは、本日そのうち20万株を一株当たり金600円、合計１億2000万円で、甲株式会社の株式３万株を有する株主であるＢに売却することとし、Ａは本日、金１億2000万円をＢから、Ａが指定した銀行口座に送金を受けて受領した。領収書は別途に発行しない。Ｂは本書面をもって領収書に代えることを了承する。

2　第１項による株式の移動は外部に一切秘匿するものとし、ＡＢ間の株式の移動は甲会社の株主名簿に記載しないことをＡＢ共に合意した。したがって、それ以後も甲会社からＡは50万株の株主として、Ｂは３万株の株主として取り扱われることを了承する。

3　Ａは第１項記載の資金をもって甲株式会社取締役であるＸ、Ｙ、Ｚの３名からそれぞれが有する合計70万株のうちから合計で20万ないし30万株を購入取得する予定であり、Ａが、Ｘ、Ｙ、Ｚの３名から取得することができた株式については適宜株主名義の変更手続をする予定である。

4　来る令和３年の甲株式会社の定時株主総会において、Ａが表向き50万株以上を所有する株主として甲株式会社の取締役として選出され、かつ甲株式会社の代表取締役に選出された時は、Ｂを令和３年度中に甲株式会社の総務部次長に任命し、それ以後開催される直近の株主総会において取締役に選出されるよう万全の準備をすること、かつ総務部長に任命することをＢに約束している。

5　Ａは第１項記載の20万株をＢから買い戻すこととし、その条件は次の通りとする。

買戻金額　　１億2000万円

支払方法　　令和４年12月末日を第１回とし令和９年12月末日を

第6回目とし、毎年毎回2000万円をB指定の銀行口座に送金する。令和9年12月の送金にあたっては、お礼として1000万円を上乗せ送金して支払う。

履行完了　　Aが上記買い戻しを履行完了したときは、AとBの立会いの下に本書面（正本2通）を破棄するものとする。

6　仮に、Aが第4項記載の通りの令和3年の株主総会直後に甲株式会社の代表取締役に選出されなかったときは、AはBに改めて株式買い戻し条件の協議を申し入れる。また、仮に、Aが死亡又は事故により第5項の買戻しがその途中で履行できないこととなったときは、BはAの妻に本書面を示し、未履行の残金の支払を請求することができるものとする。

7ⓐ　本契約によってB又はAに甲会社株式の移動、再移動に起因する課税を回避するため、Aが懇意にしている〇〇弁護士に依頼し、本書面の内容を要約する書面の作成と同書面を所轄税務署に、本契約締結後直ちに、提出することを依頼する。

ⓑ　A及びBは、下記の日に本書面を2通作成し、各々に署名捺印した。A、Bそれぞれ各1通を所持する。

ⓒ　A、Bはそれぞれ本書面の存在すること及びその内容について、厳重に秘匿し口外してはならない。

（以下、省略）

## 2　条項例の解説

①　名義株をめぐる裁判事例は最高裁判所判決も加え数限りなく存在していますが、それでも判例上も学説上も名義株の定義は判然としません。言葉からすれば、株主名簿上の株主が当該株式の株主となった原因として、その株式を取得するに必要とせられた資金または対価を負担しないで、それ以外の他者が負担した場合における、その株主名簿上の株主が保有する株式が名義株式であることになるはずです。要するに、名義株を株主名簿上の株主名と実質上の資金負担者名との違いがある事例として把握しようと

する考え方です。この定義は数多くの会社法の成書に載っている定義と同じで、名義株の定義を定めた判決として著名な最高裁判所昭和42年11月17日判決（最高裁判所民事判例集21巻９号2448頁）と同じだろうと一応考えられます。

② すると本条項例の第１項でＡは自己の20万株をＢに一株600円で売却していながら、第２項でＡＢ間の株式異動は株主名簿に記載しないことでＡＢは合意したというのですから、株主名簿上は依然Ａ名義であることになり、他方、20万株はその所有権がＢに移転していることになり、したがって名義株になったことになるはずです。

③ ところがです。はたして本条項例では、「Ａは自己の20万株をＢに一株600円で」売却したのでしょうか。第５項では、売買代金であった１億2000万円を買戻金額として分割払で支払うというのですから、１億2000万円はＢから借りただけであり、「買い戻す」とはいえ、その実態は、Ａは自己所有の甲の株式を担保にＢから１億2000万円を借入れしただけであり、代表取締役になった後に１億2000万円を分割返済するというのが当事者同士の真意ではないでしょうか。第５項の「1000万円を上乗せ」も「お礼として」は額が多すぎ、金利として考えれば年率1.4％程度ですから妥当で、結局借入れと考えたほうが落ち着きがよさそうです。

そうだとすれば、Ａは甲株式を担保にしただけであり、その担保の形態も株主名簿上の名義を資金貸主の名に変更するのが当然の譲渡担保にさえしていないのですから、Ａは甲株式の所有権をまだ維持しているのです。このため株式名簿上の名義と何らの異同もないことになり、名義株とはいえないことになります。つまり名義株か否かは当事者間の合意内容を重視して判定すべきでしょう。

④ 本条項例の第７項では「本契約によってＢ又はＡに甲会社株式の移動、再移動による課税を回避するため……、弁護士に依頼し……」本書面の内容を要約した書面を所轄税務署に提出するとの記載があります。なかなか念のいった契約書です。しかし、「Ｂ又はＡに甲会社株式の移動、再移動による課税」が発生しかねない場合とは、甲会社の株主名簿上で株主Ａ名義であった株式がＢに移動したり、ＢからＡに再移動する場合しか考えら

れませんが、本条項例では上記２で記した理由から「株主Ａ名義であった株式がＢに移動」することはあり得ないし、上記３で記した理由から「ＢからＡに再移動する」こともあり得ないのです。

本事案では結局、株主名簿上のＡ名義がＢになることはあり得ないのですから、課税当局が疑念を抱くはずがなく、弁護士が当局に書面を出しておく必要もない事例なのです。つまり、本条項例は名義株の事例とはいえないというのが正しいでしょう。

⑤　なお、上記に引用した昭和42年最高裁判決は、名義株における真実の株主とは名義を貸したものではなく実質的に資金を負担して名義を借りた者をいうのであるとしている事例で、極めて著名な最高裁判決として知られているのですが、この判決の下級審判決まで調べてみますと、どうも事実はかなり違います。従業員が12名しかいない零細企業で、取引先から増資するよう要求された社長が、従業員にボーナスを出したことにして、その分の資金を会社から出金し、実は従業員には支給せず、その資金を増資資金として会社に払い込んだという事例なのです。つまり、誰も実質上増資資金を負担してはいないのです。戦後の経済成長期によく行われた「見せ金増資」の事例なのです。真実のところ、誰も出資金を負担してはいないのですから名義株の事例ではないのです。この最高裁判決はひどく誤解されているというべきか、あるいは、最高裁判所は事実関係を誤解しているというべきでしょう。

⑥　とすれば、一体、名義株とは何でしょうか。

甲社が乙会社と取引関係があり、乙社は丙社が甲社の子会社であることを知らないまま、丙社とも取引がある場合などには、甲社は丙社の100％株主であることを乙社には秘匿したい理由があり得ますから、名義株を利用することを考えるでしょう。このような場合には、将来、丙社を吸収合併するか株式交換することを予定している場合であって、その後も甲社は乙社と取引を継続したい場合には、それに備えて、甲社は丙社株式を名義株として保有している事実（丙社株式をすべて甲社が所有している事実）を書面で所轄税務署に事前に知らせておく措置はありうるだろうと思います。このような場合には名義株の事例といえるでしょう。そう考えれば、株式会社の活動を基礎として複雑に構成されている現代の株式会社中心の社会では名義株が日常茶飯に横行しているといえそうです。したがって本条項例のような場合も名義株の事例ではないけれど、名義株類似の事例として扱ったほうがよいのかもしれません。

# Ⅵ　従業員持株会型事業承継――一般社団法人議決権信託契約・吸収信託分割

## １　前提事実

①　甲食料品製造販売会社：無店舗販売が中心、店舗数は数店舗のみ、従業員は50名、売上高は平均年間10億円、資本金5000万円、発行済株式数５万株、発行価額一株1000円、配当は一株年平均10％（100円）。

甲社の代表者社長は甲社株式の90％を所有していたが、つい最近、令和３年５月31日に急死した。遺言状はなかった。

未亡人（$A_1$）が新たに甲社の社長に就任した。役付きの番頭たち３名、従業員たちもよく働き、当面、営業上の問題はない、

しかし、会社を背負って経営していく者がいない、

②　$A_1$は75歳、亡社長の娘は３人。長女（$A_2$）は45歳、次女（$A_3$）は40歳、三女（$A_4$）は35歳、いずれも既婚で皆二人の子持ち。娘たちは会社の事務の手伝い、販売店舗に立っての販売補助はするが、誰一人甲社の経営を担う気はない。その夫たちは自分の仕事で手いっぱいの状態。

遺産分割により甲社の株式総数90％の４万5000株につき、$A_1$は１万8000株 (40％)、 $A_2$は１万3500株 (30％)、 $A_3$は9000株 (20％)、 $A_4$は4500株 (10％) を取得した。

③　従業員50名全員で、民法上の組合である乙従業員持株会が結成されている。その会員は、社長の生存中から各々が、甲社株式を100株ずつ均等に所有している。その合計は甲株式5000株、総株式数の10％に達していた。

④　乙従業員持株会の業務執行者Ｂは、かねて役付きの番頭たち３名の経営能力に疑問を抱いており、何の手も打たなければ会社は衰亡するのではないかと危惧している。Ｂは弁護士Ｃに相談した。その結果、Ｂは$A_1$に対し、社長亡き後会社の将来が心配だ、乙従業員持株会が将来的には甲社の経営を担うようにしたい、同時に亡社長の遺族の生活が安定するような方策を講じたい、ついては$A_1$、$A_2$、$A_3$、$A_4$の４名と乙従業員持株会とは次

のような株主間契約を締結することを提案したいと申し出た。その提案内容は次のようなものであった。

## 2　株主間契約の骨子

① 契約当事者：一方当事者は$A_1$、$A_2$、$A_3$、$A_4$の4名、相手方は乙従業員持株会（組合）

② 丙一般社団法人の設立

ⓐ 設立時社員：$A_1$、$A_2$、$A_3$、$A_4$の4名とB、弁護士Cの計6名

ⓑ 一般社団法人の定款を作成したうえ、設立時社員の議決をもって、Cを設立時理事とし、かつD税理士法人所属の税理士$D_1$を設立時監事として選任したうえ、丙一般社団法人を設立する（一般社団法人及び一般財団法人に関する法律（以下、「一般法人法」という）10条、13条、17条、20条1項、22条、65条3項）。

ⓒ 設立時社員6名は基金の募集事項を定めるものとし、$A_1$は金54万円を、$A_2$は金40万5000円を、$A_3$は金27万円を、$A_4$は13万5000円を基金応募金として引き受けそれぞれが拠出する。乙従業員持株会は各会員の所有する甲株式1株につき30円に当たる現金合計15万円を基金応募金として引き受け、乙従業員持株会の名で拠出する。

ⓓ 丙一般社団法人の設立後は、$A_1$、$A_2$、$A_3$、$A_4$の4名とB、Cの計6名が丙一般社団法人の社員となり、$A_1$、B、Cの3名が理事となり、一般社団法人の業務のうち、下記二本の信託受託に関する業務を除き、その余の甲社の運営に関する業務を$A_1$、B、Cの3名の社員の多数決（一般法人法49条）によって決し、$A_1$理事が執行する（同法76条）。下記二本の信託受託に関する業務については、$A_1$、Bは一切関与せず、理事であるC弁護士が専任として取り扱うものとする。

ⓔ 丙一般社団法人の社員は一般社団法人の業務に係る経費を負担するものとし（一般法人法27条）、

㋐　一般社団法人が成立した日の属する年は、毎月、$A_1$、$A_2$、$A_3$、$A_4$は（その所有する株式一株当たり3円にあたる合計）13万5000円を、乙従業員持株会は（その組合員一人当たり一株につき3円にあたる金300円の50人分である）1万5000円をそれぞれ経費として丙一般社団法人に支払う。

㋑　その翌年以降、下記吸収信託分割合意の定めにより毎年、信託財産である甲株式の株式数が減少するにつれて、株数の一株当たり3円に当たる金額を経費として、$A_1$、$A_2$、$A_3$、$A_4$が毎月一般社団法人に支払うものとし、その年額は信託財産株式数の逓減に従い一株当たり3円の割合で逓減する。

㋒　これとは逆に、その翌年以降、下記吸収信託分割合意により、乙従業員持株会は、その信託財産である甲株数が逓増するにつれて、その受益権の対象たる株数の一株当たり3円に当たる金額を経費として毎月丙一般社団法人に支払うものとし、その年額は下記株式数の逓増に従い一株当たり3円の割合で逓増する。

ⓕ　基金の募集に関する規定の策定については必要に応じ別途丙一般社団法人の定款において定めることとし、設立時社員は関与しない。

ⓖ　ただし、基金募集に関する定款の定め（一般法人法131条）を策定する場合には、各基金拠出者は下記第一議決権信託契約に定める信託の目的が達成された時であって、かつ下記第二議決権信託契約に定める信託の目的も達成された時（信託法163条）には、丙一般社団法人の定時総会の議決に基づき、基金拠出者は同基金の返還を請求する権利を有することを規定する（一般法人法131条）。

③　第一議決権信託契約

ⓐ　$A_1$、$A_2$、$A_3$、$A_4$は、丙一般社団法人と、$A_1$は甲社株式1万8000株を、$A_2$は甲社株式1万3500株を、$A_3$は甲社株式9000株を、$A_4$は甲社株式4500株を、それぞれ信託財産として、自己をそれぞれ委託者兼受益者として、丙一般社団法人を受託者として、（乙従業員持株会が従前から保有する甲株式5000株を除き）乙従業員持株会の保有する甲株式の合計数が、下記吸収信託分割により、$A_1$、$A_2$、

$A_3$、$A_4$の信託株式数が年毎に順次減少し、それに応じて下記第二信託契約による信託財産たる甲社株式数が甲社の発行済株式総数の50％超に至るまで年毎に順次増加することを信託の目的として、信託譲渡する旨の第一議決権信託契約を締結する。

ⓑ　受益者$A_1$、$A_2$、$A_3$、$A_4$の意思の決定はすべての受益者の一致によって決定することを原則とする（信託法105条）が、二回の採決をしても全員の意思が一致しない場合においては$A_1$は、自己の意思をもって$A_1$、$A_2$、$A_3$、$A_4$全員の意思とする権限を有することを同信託契約に規定するものとする。

ⓒ　$A_1$は、甲社の株主名簿に上記ⓐ記載の株式が信託財産に属する旨及び当該株式数が年毎に順次減少した結果の減少後の株式数を毎年の年末毎に同株式名簿に記載する（会社法154条の２）。

ⓓ　甲社の株主総会において、$A_1$、$A_2$、$A_3$、$A_4$から信託された甲株式による甲社株主総会における議決権行使を含め株主としての一切の権限（ただし配当受益権請求権を除く）の行使はＣ一人によって決定され、かつＣによって行使されるものとする。Ｃは同議決権行使に先立ち丙一般社団法人の他の理事、ないし社員らから意見聴取するものとする。ただし、その意見聴取方法についてはＣが決するものとする。

ⓔ㋐　第一議決権信託契約が締結された日の属する年は、毎月、$A_1$、$A_2$、$A_3$、$A_4$は（その所有する株式一株当たり２円にあたる合計）９万円を、信託報酬（諸経費を含む）として丙一般社団法人に支払うものとし、

㋑　その翌年以降は、下記吸収信託分割合意の定めにより、毎月、$A_1$、$A_2$、$A_3$、$A_4$が受益者である甲株式の株式数が一年毎に減少するにつれて、その受益権の対象たる株数の一株当たり２円に当たる金額を信託報酬（諸経費を含む）として一般社団法人に支払うものとし、その支払月額は一年毎に一株当たり２円の割合で下記株式数の逓減に応じて逓減するものとする。

④　第二議決権信託契約

ⓐ　乙従業員持株会は、その総組合員の共有に属する（民法668条）甲社の株式合計5000株を信託財産として、自己を委託者兼受益者とし、丙一般社団法人を受託者とし、乙従業員持株会の総組合員の共有に属する甲株式の合計が（従前から保有している10%を除き）下記吸収信託分割により年ごとに順次増加し甲社の発行済株式総数の50%超に達することを信託の目的とする第二議決権信託契約を締結する。

ⓑ　乙従業員持株会の意思の決定は乙従業員持株会の組合規約の定めるところにより決定するものとし、同組合により委任を受けたＢ業務執行者一人により執行されるものとする（民法670条２項）。

ⓒ　甲社の株主名簿に上記ⓐ記載の株式が信託財産に属する旨及び当該株式数が年毎に順次増加した結果の増加後の株式数を毎年の年末毎に同株主名簿に記載する（会社法154条の２）。

ⓓ　甲社の株主総会における乙従業員持株会から信託された甲株主総会における議決権行使を含め株主としての一切の権限（ただし配当受益権請求権を除く）の行使は丙一般社団法人理事Ｃ一人によって決定され、かつ行使されるものとする。Ｃは同議決権行使に先立ち丙一般社団法人の他の理事、ないし社員らから意見聴取するものとする。ただし、その方法についてはＣが決するものとする。

ⓔ㋐　第二議決権信託契約が締結された日の属する年は、毎月、乙従業員持株会は（その組合員一人当たり一株につき２円にあたる金200円の50人分である）１万円を信託報酬（諸経費を含む）として丙一般社団法人に支払うものとし、

㋑　その翌年以降は下記吸収信託分割の定めにより、毎月、乙従業員持株会が受益権者である甲株式の株式数が増加するにつれて、その受益権の対象たる株数の一株当たり２円に当たる金額を信託報酬（諸経費を含む）として一般社団法人に支払うものとし、その月額は下記株式数が年毎に逓増するのに応じて一株当たり２円の割合で年毎に逓増するものとする。

⑤　吸収信託分割合意

上記第一議決権信託契約及び上記第二議決権信託契約が締結された

たときは直ちに、第一議決権信託の委託者であり受益者である$A_1$、$A_2$、$A_3$、$A_4$の4名を代表する$A_1$、及び第一議決権信託契約の受託者であり、かつ第二議決権信託の受託者でもある丙一般社団法人の理事C並びに第二議決権信託契約の委託者であり受益者である乙従業員持株会の業務執行者Bの3名は、下記要領の吸収信託分割を合意する（信託法155条）。

ⓐ　吸収信託分割

$A_1$の甲社株式1万8000株、$A_2$の甲社株式1万3500株、$A_3$の甲社株式9000株、$A_4$の甲社株式4500株、合計で4万5000株の信託財産について、第一議決権信託の信託財産を分割信託として、第二議決権信託を承継信託として吸収信託分割をするものとし、第一議決権信託の信託財産を9年間にわたって、元々の5万株に対する割合が第1年目は1％、第2年目は2％、第3年目は3％、第4年目は4％、第5年目は5％、第6年目は6％、第7年目は7％、第8年目は8％、第9年目だけは5％の割合で、連続的に毎年一回づつ分割を実行し、合計9回分割を実行して、合計41％の分割信託を承継信託に移転して、第二議決権信託の信託財産に吸収する。

ⓑ　吸収信託分割後の信託行為の内容（信託法155条）

㋐　第一議決権信託の吸収信託分割後の信託行為

上記分割割合の合計は（元々の5万株に対して）41％となるから、第二議決権信託契約により信託受託者である丙一般社団法人に信託されていた信託財産である10％、5000株に吸収されて増加し、（元々の5万株に対して）51％となり、株数は2万5500株となる。この結果第一議決権信託の信託財産は（元々の5万株に対して）49％の2万4500株に減少する。したがって、$A_1$は9800株、$A_2$は7350株、$A_3$は4900株、$A_4$は2450株になり、第一議決権信託における手持ちの受益権の対象株数は4万5000株から2万0500株だけ減少し2万4500株に縮小する。

㋑　第二議決権信託の吸収信託分割後の信託行為

第二議決権信託の承継信託（信託法155条）は、第一議決権信託

において甲社株式4万5000株についての分割信託により減少した株数だけ第二議決権信託における信託受託株数が増加することとなり、この結果、乙従業員持株会の株数は5000株から2万0500株だけ増加し2万5500株と増大する。その反面、亡社長の遺族4名の保有株数は2万4500株と減少することとなり、両者の比率は（元々の5万株に対して）51％対49％となる。

ⓒ　上記吸収信託分割によって各受益権の内容に変更はない。

ⓓ　第一議決権信託の吸収信託分割の結果

上記吸収信託分割の結果、$A_1$は9800株、$A_2$は7350株、$A_3$は4900株、$A_4$は2450株にそれぞれ保有株数は減少したが、信託分割によって第一議決権信託から第二議決権信託に移転承継された承継信託においても、$A_1$、$A_2$、$A_3$、$A_4$はそれぞれ信託受益者として信託受益権を継続保有しているから、吸収信託分割によっても、保有株数の減少とは関わりなく、信託受益権の内容は何ら減少していない。よって、第二議決権信託の承継信託は、第一議決権信託の分割信託に金銭等の補償はしない。

ⓔ　吸収信託分割合意が効力を生ずる日は、亡社長の一周忌にあたる令和4年5月31日とする。

ⓕ　移転する財産の内容

第一議決権信託から第二議決権信託に移転した財産は、いずれも甲株式のみであり、$A_1$につき8200株、$A_2$につき6150株、$A_3$につき4100株、$A_4$につき2050株であり、その合計は2万0500株（5万株に対し41％）である。

ⓖ　移転する信託財産責任負担債務はない。

## 3　条項例の解説

この吸収信託分割により乙従業員持株会の株数は2万5500株に増加し、亡社長の遺族4名の株数は2万4500株に減少しました。この結果乙従業員持株会の持株数は、比率にして51％になり、過半数を制するに至りました。この結果、従業員持株会は誰からも資金援助を受けることなく甲社の経営権（議決権）を掌握したのです。遺族も甲社株式について持株数は２万4500株に減少しましたが、受け取り配当額は何ら株式数の減少の影響を受けておらず、従前の４万5000株に相当する配当金額を受領し続けることができました。配当金額に変動がありませんから税務問題も発生しません。本事例では甲社の年間配当金額は500万円だけであり、遺族４家族が手に入れることができる配当金額は年間450万円にしかならず、４家族の生活資金の一部にしかなりませんが、配当額が十分に大きいか、家族数が少ない事例では、生活資金のすべてを賄うことが可能になるでしょう。

ここで、一応、Ｃ弁護士が助言した従業員持株会、一般社団法人、吸収分割信託の三者を結び付けた議決権信託は信託目的を達成して終了し、信託は清算に入り残余財産が給付されます（信託法177条）。しかし、この仕組みはこの時点で必ずすべて終結しなければならないのかといえば、そうではなく、この後も継続することが考えられます。その第一は、$A_1$、$A_2$、$A_3$、$A_4$は、４人で保有する甲株式が２万4500株に減少した時点で、さらに丙一般社団法人と第三議決権信託契約を締結し、乙従業員持株会も第四議決権信託契約を結び、両者の間で同様の吸収信託分割を５、６年をかけて実行し第三議決権信託における甲社株式がゼロとなるまで第四議決権信託に株式を移転し続ける方法がその一つでしょう。あるいは単純に、この時点で$A_1$、$A_2$、$A_3$、$A_4$は手元に残った２万4500株を、力を付けた従業員持株会に一挙に売却することが十分考えられるでしょう。

ここまでの検討は、甲社の従業員が主導権をもって甲社における事業承継方法を検討したものですが、現実の社会では後継者不足の悩みを抱えた中小企業が数多いことを考えれれば、各中小企業において経営者側と従業員持株会が、経営者が存命中から協力して事業承継に備えて、上記のような信託契約を締結することが考えられ、そのような企業と従業員持株会とのユニットが、何十となく百近くまとまり一つの一般社団法人の下に集結する、いわば「一般社団法人中小企業信託連合」の結成が考えられるでしょう。これが実現すれば、相互の情報交換が進み、新たに事業経営者を、相互に紹介したり、獲得しやすくなるでしょうし、特に、株式の議決権信託は株式の信託譲渡であることを考えると、信託行為において、株式会社からの配当金は一旦信託受託者である一般社団法人に入金され、その入金時点と信託受託者が信託受益者に送金する時点を少し後ろにずらすことが許される定めが置かれておれば（信託法31条2項1号）、丙一般社団法人は社長の急死により困惑している $A_1$、$A_2$、$A_3$、$A_4$ などの遺族に融通するだけの資金を用意できることになるでしょう。

私は、どこにでもある従業員持株会と、やはりどこにでもある後継経営者不足企業を結び付けて、従業員持株会が後継者不在の会社の経営を引受けていくことができないものだろうか、と長い間考えてきました。本条項例はそれに対する、一つの、私の提案です。

同じ事業承継策といっても、経営者側が健在であり、その経営者に先見の明があり、従業員側に自分の事業を引き継いでもらいたいと考えている場合の事業承継の方策は、事業承継税制などすでに立法化されたものもあり、本書第2編にあるように、さまざまな手法が開発されています。しかし経営者が死亡し、または不在で、経営側から先を見越した事業承継の方策が打ち出されることは期待できない場合に、従業員サイドが自分の勤めている会社の経営を引き取ろうとする方策とその手法については残念ながらみるべきものはほとんどないのが現状です。実はアメリカでは、従業員が会社経営者から会社を買い取る事例はいくらでもありますから、日本でもそれに似た実例がまったくないということはないでしょう。ただ、経営者が従業員に会社を「売り払う」方法はいろいろ考えられるにしても、それを買い取る側には軍資金が用意できるかという難問が残ります。また、仮に軍資金はどこかから提供されるにしても、そのような手法では従業員が経営権を手に入れたとは必ずしも言えない結末に終わりかねないでしょう。では、資金が手元にないとすれば、さて、どういう方策がありうるでしょうか。本 Template はそれに対する一つの回答です。

本条項例は、株式の信託譲渡の技法を用いれば、株式の配当受益権と総会・取締役会議決権とを、分離することができること、遺族が最も望むところは受益権でしょうし、従業員持株会が獲得したいものは議決権である点に着目して、株式議決権だけを吸収信託分割の手法で同一受託者が受託している別の信託に分離し、遺族には配当受益権をどこまでも確保し続け、過半数の議決権は従業員持株会に無対価で移転するという方法です。吸収信託分割は同一の信託受託者が二つの同一性質の信託財産を引き受けている場合に、一つの信託の一部が分割されて他の信託に吸収されていく仕組みです。二つの同性質の信託の間でだけ可能になる技法ですから、遺族が一つの会社の株式の受益権を留保しながら自益信託を組成し、従業員持株会が同一会社の同一株式の一部を用いて同性質の自益信託を同じ受託者に信託すれば、仕組みはでき上がるわけです。本条項例の眼目は信託株式議決権の無対価移転、したがって無税の会社支配権の移転が可能であることにあります。

本条項例では、この分離に９年の時間をかけていますが、９年という長時間をかけなければならない特段の理由があってのことではありません。会社経営権が経営者側から従業員側に移動するのですから、遺族が女性ばかりである点に配慮し、一気に事態が変化するのを避けただけのことです。９年もの時間をかければ遺族と従業員側とが経営権移譲をめぐって感情的に揉めるおそれも少なくなるでしょう。もちろん、吸収信託分割の手法を用いて、一挙に50％以上の議決権を移転させることは可能です。何年かけて経営権の移動を実現するかは読者が直面している事案の内容によって変わってくることです。応用範囲が広い手法として提案するものです

**（第３編　後藤　孝典）**

# お わ り に

私たち、一般社団法人企業再建研究会に集まり、中小企業にとって日常的に重要な法務税務問題をバブル崩壊のころから長年勉強してきた者たちにとって、会社法の世界は、何ともよそよそしい、しっくりとこない世界であり続けています。中小企業は、紛れもなく、会社法という法規に規定された諸条項だけに身を寄せて日常を生きているわけではないのです。

顧客である中小企業とその経営者たちが日常的に接している法務税務の世界を、素手でつかみ取るように理解する手法はないものでしょうか。

身を捩るような疎外感の霧の中で何十年も過ごした挙句に、中小企業は実際には法規や定款を準則として生きているのではなく、本音のところ、相互の合意によって身過ぎ世過ぎをしているのではないか、という確認が、本書を出版しようと仲間同士で合意した最初の始まりであった、と思います。

しかし、始めてみると、大変でした。わからないことばかりで。成書や判例の渟名河を泳いでみても底なる玉を見つけ出すこと（万葉集巻十三・三二四七参照）ができるわけでもなく、一から考えなければならなかったからです。それでも名義株とは株主間契約の一種であることがはっきりしたこと、種類株式が株主間契約でほとんど代替できること、組織再編行為は株主間契約の枠組みでとらえると使いやすいこと、従業員持株会を親族外事業承継の母体とする道も見えてきたこと、信託が長期間にわたる事業承継など中小企業経営者の共通の悩みごとに幅広く役に立つ技術であることを確認できたことなどは、一応の成果であったと思います。

それでも、中小企業の株主は会社法から自由になりたいのだ、株主による会社支配を求めて相互に手を握る道を公然と歩もうとしているのだ、と明確に文字にすることには、何とはなく迷いがありました。ところが、思いもかけず、迷いが吹っ切れる事件が起きました。

それは、2019年12月末、日産自動車元会長カルロス・ゴーン被告の国外逃亡事件でした。報道によると、同被告は十数億に昇る自己の報酬の額は、まだ決まったことではないから、有価証券報告書虚偽記載の罪を犯したことにはならないと主張しているということです。しかし、（「経営者支配権」を握ってはいない者であれば自己の報酬額は一刻も早く確定させたいと願うことに対比すれば、）このことは、世界的大企業において会社支配権を握る者は十数億にのぼる巨額な年間報酬の金額を「曖昧」にしておくことができるほど「経営者支配権」を恣にしているのだ、ということを含意しています。つまり、それほどカルロス・ゴーン被告は、自分は法規から自由になっているのだと暗に主張しているのと同じではないかと驚かされたのです。

現代社会が大会社における「経営者支配権」を握る者には、これほど法規から自由であることを許すのであれば、弱小企業、中小企業の株主たちが、会社法規から自由になりたいと願い、株主同士の合意による会社支配を求めたとしても許されるのではないかと、思ったのです。自由になろうとする方向に違いはあっても、会社諸法規から自由になろうとすること自体は同じではないでしょうか。現代においては、会社諸法規を両方向に引っ張る強力な力が働いているのです。そう感じて以降、筆が進むようになりました。

令和元年の夏、奥日光の山中で、これしかないのだという思いで執筆者同士が相談し合い、何とかここまで泳いできましたが、中小企業は株主同士の合意によって規律されているのだという本書作成の初志が、世の中に受け容れられるかどうか気がかりでなりません。しかし、私たちは、もう少し、この考え方を押し進めてみようと思っています。本書の姉妹書である『親族外事業承継と株主間契約の法務』も、なんとか出版に漕ぎつけることができればと祈っております。

令和３年７月

一般社団法人　企業再建研究会

執筆者代表　**後　藤　孝　典**

## 【編著者紹介】

弁護士　**後　藤　孝　典**（ごとう　たかのり）

**［第１編・第２編コメント・第３編執筆］**

**〈略歴〉**

1938年　名古屋生まれ

1965年　名古屋大学法学部卒業

1967年　弁護士登録（東京弁護士会）

1979年　ハーバード・ロースクールに客員研究者

1982年－87年　筑波大学大学院講師。講義名『法と経済』

2008年　一般社団法人日本企業再建研究会　理事長に就任

2012年４月　事業承継ADR法務大臣認証取得、事業開始

**〈著作〉**

『一株運動のすすめ』（ぺりかん社、1971年）、『現代損害賠償論』（日本評論社、1982年）、『日本警察の生態学』（けいそう書房、1985年〔翻訳・ウオルター・エイムズ著〕）、責任編集『クスリの犯罪』（有斐閣、1988年〔クロロキン網膜症事件裁判を通して厚生省指導の問題点を追及、残念なことに同じ過ちが、薬害エイズ事件として起こる〕）、『Japan's dark side to progress』（まんぼう社、1991年〔『クスリの犯罪』を翻訳〕、『沈黙と爆発』（集英社、1995年〔チッソ創設者野口遵の大陸に広がる壮大な夢、戦前戦後の日本経済高度成長期におけるチッソの立場にも思いを寄せる水俣事件の集大成的書籍〕）、『会社分割』（初版、かんき出版、2003年）、『会社分割活用法』（中央経済社、2004年）、『実践会社法』（かんき出版、2006年）、『会社分割』（第６版、かんき出版、2011年）、『事例にみる一般社団法人活用の実務』（共著、日本加除出版、2012年）、『中小企業のおける株式管理の実務』（共著、日本加除出版、2015年）、『会社の相続　事業承継のトラブル解決』（小学館、2018年）、『会社分割をきわめる』（民事法研究会、2020年）　ほか

**〈事務所所在地〉**

弁護士法人虎ノ門国際法律事務所

虎ノ門後藤法律事務所

〒105－0003　東京都港区西新橋１－５－11　第11東洋海事ビル９階

TEL：03－3591－7377　FAX：03－3508－1546

http://www.toranomon.com/

## 【執筆者紹介】（執筆順）

### 税理士　牧口　晴一（まきぐち　せいいち）
**［第２編第１章執筆］**

**〈略歴〉**

2005年　名古屋大学大学院博士課程前期修了

1985年　税理士試験合格

**〈著作〉**

『非公開株式譲渡の法務・税務〔第７版〕』（共著、中央経済社、2021年）

『中小企業の事業譲渡〔第12版〕』（共著、清文社、2021年）　ほか

**〈事務所所在地〉**

牧口会計事務所

〒501－0118　岐阜県岐阜市大菅北４－31

TEL：058－252－6255　FAX：058－252－6512

http://www.makigutikaikei.com/

### 税理士　島田　幸三（しまだ　こうぞう）
**［第２編第２章執筆］**

**〈略歴〉**

1988年　税理士試験合格

1989年　税理士登録

**〈事務所所在地〉**

〒102－0094　東京都千代田区紀尾井町３－10　紀尾井町ガーデンタワー2504号

TEL：03－3262－0099　FAX：03－3262－8777

http://www.shimada-office.net/

### 税理士　阿部　幸宣（あべ　ゆきのり）
**［第２編第３章執筆］**

**〈略歴〉**

㈱西友ストアーにて電気製品の仕入・販売、㈱東京相互銀行（現東京スター銀行）にて渉外営業、シティバンク在日支店にて融資・債権回収、銀行業および信託業の税務を担当

1996年　税理士試験合格

1999年　阿部国際会計事務所設立

2006年　SU パートナーズ税理士法人創業
2015年　証券アナリスト協会プライベートバンカー試験試験委員（現職）
2016年　T&D フィナンシャル生命保険株式会社社外取締役（現職）

**〈著作〉**

『中小企業の組織再編・事業承継』（共著、中央経済社、2007年）
『中小企業における株式管理の実務』（共著、日本加除出版、2015年）
『第２版補訂　事例にみる一般社団法人活用の実務』（共著、日本加除出版、2019年）

**〈事務所所在地〉**

〒221－0056　神奈川県横浜市神奈川区金港町６－３　横浜金港町ビル３階
TEL：045－442－0851　FAX：045－453－2851
https://www.supt.jp/

### 税理士　**深山　　曉**（みやま　さとる）

**［第２編第４章執筆］**

**〈略歴〉**

1973年　青山学院大学法学部卒業
1980年　税理士登録

**〈著作〉**

『中小企業の組織再編・事業承継』（共著、中央経済社、2007年）

**〈事務所所在地〉**

〒733－0011　広島県広島市西区横川町２－５－15　横川ビルディング３階
TEL：082－235－3366　FAX：082－235－3367

### 税理士　**李　　永壽**（り　よんす）

**［第２編第５章執筆］**

**〈略歴〉**

1980年　東海大学工学部卒業
1988年　木内総合会計事務所入所
1992年　税理士登録
2003年　李会計事務所設立

**〈著作〉**

『小でも大を食うことができる実践会社法』（共著、かんき出版、2006年）
『中小企業の組織再編・事業承継』（共著、中央経済社、2007年）

『中小企業における株式管理の実務』（共著、日本加除出版、2015年）

**〈事務所所在地〉**

158－0092　東京都世田谷区野毛３－６－６
TEL：03－3702－9813

公認会計士・税理士　**酒井　修**（さかい　おさむ）

**［第２編第６章執筆］**

**〈略歴〉**

1991年　早稲田大学法学部法律学科卒業

1995年　公認会計士登録

1999年　税理士登録

**〈著作〉**

『企業再構築の法律・会計税務と評価』（共著、清文社、1992年）

『図解入門最新国際会計基準と英文会計がよ～くわかる本』（監修、秀和システム、2006年）

**〈事務所所在地〉**

酒井修公認会計士事務所
〒105－0004　東京都港区新橋２丁目16番１号　ニュー新橋ビル７階
TEL：03－5157－5290

税理士　**親泊　伸明**（しんぱく　のぶあき）

**［第２編第７章執筆］**

**〈略歴〉**

1977年　関西経理学校卒業

2006年　放送大学卒業

1977年　菱村総合税務会計事務所（のち税理士法人日本経営）入所

2001年　税理士法人関西合同事務所（のちウィル税理士法人）設立・代表社員

2017年　日本経営ウィル税理士法人設立・代表社員
（ウィル税理士法人と税理士法人日本経営合併）

2019年　日本経営ウィル税理士法人顧問就任

2020年　税理士親泊伸明事務所設立・代表就任

**〈保有資格〉**

税理士・社会保険労務士・行政書士・一級建築士

**〈得意分野〉**

事業承継対策、組織再編税制・グループ法人税制、信託、日韓国際相続など

**〈著作〉**

『税務是認判断事例集』（共著、新日本法規、2005年）

『小でも大を食うことができる実践会社法』（共著、かんき出版、2006年）

『中小企業の組織再編・事業承継』（共著、中央経済社、2007年）

『検証　納税者勝訴の判決』（共著、税務経理協会、2010年）

『完全攻略　グループ法人税制』（共著、MAS ブレーン出版、2011年）　ほか

**〈事務所所在地〉**

〒563－0103　大阪府豊能郡豊能町東ときわ台９－９－８

TEL：0727－38－5106

# 親族外事業承継と株主間契約の税務

2021年９月16日　第１刷発行

定価　本体 2,800円＋税

編著者　後藤　孝典

著　者　牧口晴一・島田幸三・阿部幸宣・深山　曉・
　　　　李　永壽・酒井　修・親泊伸明

発　行　株式会社　民事法研究会

印　刷　株式会社　太平印刷社

発行所　株式会社　民事法研究会

〒150－0013　東京都渋谷区恵比寿３－７－16

〔営業〕　☎03－5798－7257　FAX03－5798－7258

〔編集〕　☎03－5798－7277　FAX03－5798－7278

http://www.minjiho.com/　　info@minjiho.com

落丁・乱丁はおとりかえします。　ISBN978-4-86556-458-7　C2032　¥2800E

組版／民事法研究会（Windows10 64bit+InDesign2021+Fontworks etc.）

**相続法の大改正や最新の税制改正、法令に対応させ改訂増補！**

# ケースブック
# 不動産登記のための税務

**――売買・贈与・相続・貸借から成年後見・財産管理まで――**

## 〔第９版〕

林　勝博・丹羽一幸編　　大崎晴由　編集協力

Ａ５判・384 頁・定価 4,400 円（本体 4,000 円＋税 10％）

▶第９版では、相続法、家事事件手続法の改正および法務局による遺言書の保管等に関する法律の施行により新たに制度化された配偶者居住権、持戻し免除の推定、特別の寄与等の事例や最新の税法と登記実務を収録！　不動産登記に関わる税務と実務の指針を網羅！

▶第２編の成年後見・財産管理と税務では、「所有者不明土地」、「放置された空き屋」問題や近年利用者が増大している「家族信託」等の新たな設問を追加し、これらに関する税務と登記実務を充実させ、わかりやすく解説！

▶執筆者が実際に依頼を受けた事例をもとにケースを作成しているため、司法書士や税理士、不動産の取引に関与する専門家が実務に即応でき、至便！

### 本書の主要内容

発行　民事法研究会

〒150-0013　東京都渋谷区恵比寿 3-7-16

（営業）TEL. 03-5798-7257　FAX. 03-5798-7258

http://www.minjiho.com/　info@minjiho.com